Brigitte Bardot

MARIE-DOMINIQUE LELIÈVRE

Brigitte Bardot

BIOGRAFIA

Tradução de
CLÓVIS MARQUES

1ª edição

EDITORA RECORD
RIO DE JANEIRO • SÃO PAULO
2014

CIP-BRASIL. CATALOGAÇÃO NA PUBLICAÇÃO
SINDICATO NACIONAL DOS EDITORES DE LIVROS, RJ

L558b Lelièvre, Marie-Dominique
   Brigitte Bardot / Marie-Dominique Lelièvre; tradução Clóvis Marques. –
   1ª ed – Rio de Janeiro: Record, 2014.
   il.

   Tradução de: Brigitte Bardot Plein la vue
   ISBN 978-85-01-40225-7

   1. Bardot, Brigitte, 1934-. 2. Atrizes – França – Biografia. I. Marques,
   Clóvis, 1951-. II. Título.

14-12320
CDD: 927.92028
CDU: 929:792.071.2.028

Título original em francês:
Brigitte Bardot Plein la vue

Copyright ©Marie-Dominique Lelièvre, 2014

Todos os direitos reservados. Proibida a reprodução, armazenamento ou transmissão de partes deste livro, através de quaisquer meios, sem prévia autorização por escrito. Proibida a venda desta edição em Portugal e resto da Europa.

Texto revisado segundo o novo Acordo Ortográfico da Língua Portuguesa.

Direitos exclusivos de publicação em língua portuguesa para o Brasil adquiridos pela
EDITORA RECORD LTDA.
Rua Argentina, 171 – 20921-380 – Rio de Janeiro, RJ – Tel.: 2585-2000.
que se reserva a propriedade literária desta tradução

Impresso no Brasil

ISBN 978-85-01-40225-7

Seja um leitor preferencial Record.
Cadastre-se e receba informações sobre nossos lançamentos e nossas promoções.

Atendimento direto ao leitor:
mdireto@record.com.br ou (21) 2585-2002.

A Valence, Louis e Pauline.

Sumário

I love Bardot	9
Como Brigitte inventou a beleza de Bardot	13
A garota que brilha	25
E Deus criou a mulher	55
Brigitte versus Marilyn	79
Canto, logo existo	119
Uma filha do seu tempo	123
O desprezo	137
Viva Maria	159
Gunter Sexy	167
Tutorial Bardot	189
"Initials B.B."	197
Ressaca	215
Bardot's boys (Um dia meu príncipe virá)	223
Bela e simples	231
Atração animal	243
Jojo ama Bardot	257
Nicolas em pleno fiorde	267
Alô, Brigitte Bardot falando	281
Notre-Dame-de-la-Garrigue	289
Notas	301
Agradecimentos	317
Bibliografia	319

I LOVE BARDOT

"Gosto muito de Brigitte Bardot. Percebe-se nela um coração puro."

Julien Green,
Le Magazine littéraire, junho de 1989

Brigitte Bardot é a mulher mais bela do mundo. O rosto, os cabelos, os tornozelos, as nádegas, tudo é hiperbólico. No dia 7 de dezembro de 1967, o general De Gaulle a recebe no Palácio do Eliseu. O Deus do meu pai convidou a minha deusa particular. De uniforme hussardo, ela quebra o protocolo, que proíbe mulher de calças, como na minha escola, onde as meninas têm de usar saia. O traje sedutor, batizado por ela de roupa de domadora, não desagrada ao general. Domadora de multidões, com certeza. "Bom dia, meu general", diz ela, algo intimidada. O general finge examinar os alamares do dólmã: "É mesmo o caso de se dizer, minha senhora." Ela é sincera, autêntica, ela é francesa. Francesa no sentido de uma certa classe, um certo *panache*. No século XVII, os italianos falavam da *furia francese*. Com um certo elemento irracional, também ele bem francês. O general e BB enxergam o futuro da mesma maneira: um combate a toque de caixa. Essa imagem de Bardot vestida de Sgt. Pepper ficou na minha memória, vinheta do meu álbum de família. Na escadaria do Eliseu, a imprensa ouve as impressões de Bardot: "Em todos os aspectos, Charles de Gaulle é muito maior do que eu."[1] Brigitte Bardot é espirituosa. Suas entrevistas coletivas são sacudidas por essas tiradas. Ela poderia perfeitamente ter chegado nua, envolta numa bandeira da França, e o general se teria inclinado com o mesmo respeito.

E por sinal é exatamente o que ela faz dias depois na televisão. Ao som das primeiras notas de *A Marselhesa*, ela transmite aos franceses votos de um feliz 1968 vestindo apenas uma bandeira de três cores e calçando botas. Exatamente como a Liberdade guiando o povo, o mastro vivo apresenta o show de Ano-Novo. Uma hora inteira de Brigitte Bardot, um presente dos deuses. Eu estou diante da televisão.

Minha sequência preferida, na época: aquela em que ela monta na Harley Davidson. Muda de admiração diante de tanta beleza e audácia, eu a vejo cavalgar sua moto, de minivestido de couro. Uma Polaroid sensacional que nunca mais esqueci. Minha sequência preferida hoje: o magnífico corpo a corpo de Brigitte Bardot com Manitas de Plata e seu primo José Reyes, na praia de Saint-Tropez. Aconchegada entre os violões dos dois califas ciganos, Brigitte parece estar a ponto de pegar fogo em seu vestido de lantejoulas. A selvageria dela compete com a deles.

Eu não gosto de Bardot, eu a adoro. Minha boneca Bella tem o mesmo rosto. Os lábios carnudos, o nariz arrebitado, os olhos grandes, as bochechas redondas. Na *Paris Match*, fico vendo as imagens. O que, em Bardot, pode encantar uma menina? Tudo. Tudo nela é sedutor, a lourice, a atitude. A feminilidade afirmativa, um toque ruivo, os dentes separados, o *sex-appeal* sadio, a audácia andrógina. Bardot é menina e menino, como Mick Jagger, o que me agrada. Tudo que faz parece natural e sem esforço: só o prazer a move. Ela tem um entusiasmo, uma impetuosidade, uma vitalidade fora do comum. Temperamento generoso e ardente, Brigitte Bardot é um personagem do Antigo Regime.

Bardot e De Gaulle são nossos deuses domésticos. Ao lado de Joana d'Arc, cuja biografia de Michelet me foi presenteada por minha avó, de Françoise Hardy, sereia melancólica, e de Françoise Sagan, que dirige a toda velocidade. Para mim, Joana d'Arc e Brigitte são da mesma têmpera. Ambas lorenas, dois símbolos de soberania feminina. Com a diferença, apenas, de que Bardot nasceu em 1934. Minha mãe também.

Desde que as revistas e a televisão entraram em minha vida, ou seja, desde sempre, eu vejo Brigitte Bardot. Vejo e revejo. Como esquecê-la? De todas as imagens arquivadas, é a dela que deixa marca mais vívida. Brigitte Bardot *me impressiona*. Nós somos feitos de água, de minerais, de imagens. A geometria de uma coxa, a linha tensionada de um músculo exercem fascínio indelével, assim como certas catástrofes se inscrevem na lembrança como traumatismos pessoais. Achamos que nossa história é única, que está inscrita na História com H maiúsculo.

Brigitte Bardot sempre ocupou um lugar em minha vida, e por sinal minha irmã se chama Brigitte. Durante dez anos, de 1955 a 1964, Brigitte ficou na lista dos nomes mais adotados pelos pais para suas filhas. O período do reinado de Bardot.

Eu nunca a perdi de vista. No início dos anos 1980, a televisão mostra um documentário sobre ela. Brigitte Bardot atravessa Paris no convés de uma barcaça. Fala de si mesma com palavras claras e conclui as frases, o que é raro. Hoje, eu a admiro. Sua honestidade me impressiona tanto quanto sua beleza. Existe nela algo de heroico e desinteressado. Ela é sincera. Ela é autêntica. Ela é francesa. É bela por dentro e por fora. Deixou o cinema e defende a causa dos animais. No meio do caminho, dá meia-volta. Acusa. Quando Marguerite Yourcenar, que também a admira, vai visitá-la em Saint-Tropez, sua mesa de trabalho coberta de pastas e documentos deixa a acadêmica impressionada.[2] Bardot não é uma estrelinha reciclada, mas uma ativista esclarecida. Do seu jeito desbravador, ela se obstina na defesa dos animais, pouco se importando com o ridículo. Sob sua influência, leis e costumes evoluem. Brigitte Bardot deixa os homens loucos.

Ela é atacada. Denegrida. Criticada. Na raiva, faz acusações precipitadas. Certa noite, na década de 2000, vejo-a num talk-show. Sempre a mesma elegância soberana, apesar da artrose e do cenário absurdo. O apresentador tenta botá-la contra a parede. Percebo uma nota falsa. Não estou gostando nada do que vejo. Por que julgar Brigitte Bardot? Sinto-me pessoalmente afetada pelo que lhe acontece. Foi nessa época que lhe telefonei em La Madrague. Uma voz de menininha responde a minhas perguntas. Digo-lhe que se cuide. Mas será que ela é capaz?

Seu jeito de envelhecer, com os olhos fixados nas objetivas ansiosas por captar as rugas, afirma sua soberania. Enfrentar a idade de frente, numa época que escamoteia a velhice, é sinal de coragem. Sem cirurgia estética. A esta altura, sua fotogenia entrou para o banco mundial de imagens, consultado por mulheres muito jovens. Elas desconhecem até a grafia de seu nome, e nunca viram seus filmes.

"Um sucesso sempre merece ser estudado, pois não pode surgir sem motivos, e esses motivos nos falam da alma de uma época", disse Jean Cocteau a propósito de Brigitte Bardot.[3] Ela é uma rainha. É possível deixá-la de lado, mas não destroná-la. Quem viu seus olhos de réptil em *O desprezo* não pode esquecê-la.

Como Brigitte inventou
a beleza de Bardot

> Coragem (de coração): firmeza, ardor, energia moral frente ao perigo, ao sofrimento, aos fracassos.

Uma miniatura de dançarina fixa os olhos na objetiva, os braços formando uma coroa acima da cabeça. O que logo chama a atenção no rosto exposto da criança é o olhar grave, o sorriso trêmulo. Sobre o instantâneo, ela escreveu: "É minha primeira foto de artista." A primeira imagem de Brigitte Bardot. Algo de que ela já cuida. Tem oito anos. A boca fechada esconde o aparelho nos dentes. A criança cerra os dentes. A imagem foi captada em Passy, na escola Bourgat. Talvez pelo pai de Brigitte, que gostava de fotografia e a filmou ainda muito pequena, com uma Pathé Baby.

Dou a volta pela praça em forma de estrela, deserta nesse dia de verão. No quinto andar, as janelas escancaradas dão para três cúmulos-nimbos de um branco resplandecente que navegam na direção do estuário do Sena. As meninas suspensas nas nuvens conseguem tocar os pés na terra? Na foto no meu bolso, a pequena bailarina de olhar sério faz ponta. Era aqui que ela morava, em frente à place de la Muette, rue de la Pompe, 1. O portão de ferro forjado que dá para um saguão de paredes amarelo-manteiga, o tabuleiro de xadrez exposto ao sol, tudo traduz o charme límpido da burguesia. Uma nostalgia de palácio de pretensão aceitável guardada por um código hermético. Saído de lugar nenhum, um sujeito baixinho brinca no teclado. Quando me aproximo, ele vira a cabeça. Tem o rosto desfigurado por um angioma. Um homem envergonhado segue à minha frente na terra natal da bela Bardot. Toco a campanha no último andar, depois de hesitar entre duas portas. Por trás de uma jovem bronzeada, um raio de sol se projeta numa mesa-console clássica, enquanto crianças fazem algazarra no fundo de um corredor. Sim, confirma a jovem, foi aqui que Brigitte Bardot passou a infância, no apartamento que a condessa de Boigne alugava para sua família. A jovem me dá um número de telefone. O telefone de seu marido, bisneto da condessa.

Infância nas nuvens

Com a cabeça voltada para um cartaz "Aluga-se apartamento", um homem de rosto fino comprimido por um casacão abotoado de alto a baixo estaciona a bicicleta na calçada. Lábios entalhados, queixo pontudo, o sujeito tem a rigidez de um militar ou dono de clínica. Está acompanhado de uma menininha morena. O sujeito abre a porta do elegante prédio. Há dias Louis Bardot e sua filha Brigitte percorrem o bairro em busca de moradia. À parte os Mercedes, são raros os automóveis, e a menina segue o pai de bicicleta, sem correr grande risco. Só o ônibus 92, a caminho do Bois de Boulogne, funcionando com um estranho gás cujas explosões parecem tiros, passa de vez em quando por eles.

Um elevador hidráulico conduz o pai e a filha ao último andar, onde ficam encantados com um amplo apartamento ensolarado. Duas portas de escape, como nas peças de teatro. Quatro quartos ligados por um generoso corredor, salas de estar de boas proporções, uma cozinha, um quarto de serviço para a empregada. A luz de sudoeste entra generosamente por meia dúzia de portas-janelas. Na varanda que dá para a place de la Muette, a menina mergulha num céu violeta percorrido por três nuvens brancas.

Ela não nasceu bela, mas decepcionante. Menina numa família que esperava um menino, Charles. Nome do avô. Mas era apenas ela, Brigitte, Brigit, deusa celta guerreira e protetora das artes, da magia, da medicina, que os romanos confundiam com Minerva. Brigit, muito alta, muito lá em cima. Mãe, filha, irmã e esposa dos outros deuses. Todas as mulheres numa só.

De onde saiu a menininha séria da foto amassada? A infância e a adolescência de Bardot passaram-se no céu ventilado de Passy, criadouro de filhas de boa família no oeste parisiense. Deusa solar, ela nasceu ao meio-dia de 28 de setembro de 1934, no XVe *arrondissement*, mas cresceu no apartamento do quinto andar com varanda dando para a place de la Muette e os tetos de Paris. Todo o seu universo se inscreve nesse perímetro. Seus avós maternos moram na rue Raynouard 12 bis (primeiro andar), sua escola, a Hattemer-Prignet, fica na rue de la Faisanderie e a sede da firma Bardot et Cie, de gás líquido e acetileno, na rue Vineuse 39, Trocadéro, a mesma rua onde hoje se encontra a Fundação Brigitte Bardot.[1] No fundo, Bardot nunca deixou sua infância.

Fruto de uma decepção, a pequena Brigitte é entregue aos cuidados de uma ama italiana, tendo seu nascimento sido anunciado nas páginas do *Figaro*: uma primeira aparição na imprensa. Muito cedo ela aprende a identificar os sinais de ternura da qual sua mãe é tão avara.

Em que momento a família terá tomado conhecimento de sua deficiência? Fisicamente, a menina tem uma singularidade: é quase cega. Num dos olhos, o esquerdo. Ambliopia. "Defeito de nascença", escreveria ela, sem falso pudor, em suas memórias.[2] Uma particularidade notável, a ambliopia. O defeito não é do olho, mas do cérebro. Só o olho bom funciona na primeira infância, aos poucos reduzindo a capacidade do outro, até anulá-la. A conexão entre o olho e o cérebro não é utilizada pelo olho preguiçoso, que perde a noção de profundidade e tem dificuldade de apreender o espaço. A maravilhosa falta de jeito de Brigitte Bardot, sua lentidão, sua imperícia cheia de graça são decorrência disso. Uma deficiência que não impediu Le Corbusier, outro amblíope genial, de revolucionar a arquitetura do século XX. Nem Brigitte Bardot de criar a mulher. O que o olho não vê, imagina. "Estou vendo o que você quer dizer", por assim dizer. Um amblíope pode dirigir automóvel e esquiar. Na foto da pequena bailarina, a característica não pode ser percebida. Por incrível que pareça, a ambliopia não é notada, de tal modo que uma criança acometida do problema, imperceptível, pode crescer sem a marca infamante da "deficiência". E portanto construir-se sozinha, à sua maneira. À sua maneira singular. Em vez de ser constrangida a assumir o papel de doente, de ser considerada "especial", "diferente". E talvez até oferecer aos outros novas perspectivas.

Três anos depois de Brigitte nasce sua irmã Marie-Jeanne, a Mijanou. Como prêmio de consolação, Brigitte ganha um ursinho vestido de escocês chamado Murdoch, dando início a uma coleção de bichinhos de pelúcia. Podemos identificar aí o início de sua paixão pelos animais. Ou não. Como também no lançamento de *Branca de neve e os sete anões* e de *Bambi*, os desenhos animados produzidos por Walt Disney. Ou na publicação, no ano de nascimento de Brigitte, de narrativas hoje cultuadas da literatura infantil, os *Contos do gato empoleirado*. Cerca de quinze fábulas narrando as aventuras de duas meninas travessas e desobedientes, Delphine, a mais velha, e Marinette, a mais loura, que vivem numa fazenda com os pais e uma quantidade de animais domésticos (galinhas, porco, vacas, patos, ganso, cão e gato), mas também veado, águia, elefante, lobo, que falam como seres humanos. A infância de Mijanou e Brigitte é embalada pelos relatos maravilhosos e cotidianos de Marcel Aymé, lidos pelo pai. Criadas por pais intratáveis, Delphine e Marinette são constantemente socorridas pelos animais, que as livram dos castigos.

A fissura

O primeiro drama da vida de Bardot se assemelha a um desses contos, *A pata do gato*, no qual as duas meninas quebram um prato antigo. Sem a presença consoladora dos animais. Brigitte tem sete anos. Sob uma toalha de mesa transformada em tenda na sala de jantar, ela brinca de caubói e índio com a irmãzinha.

"No meio da mesa havia um prato de cerâmica que estava na casa havia cem anos e era muito prezado pelos pais. Correndo, Delphine e Marinette agarraram um pé da mesa e o levantaram sem pensar. O prato de cerâmica deslizou suavemente e caiu no chão, partindo-se em vários pedaços ..."[3]

Na casa dos Bardot, foi o vaso chinês sobre a mesa que se quebrou.

"As meninas não queriam mais saber de correr, estavam muito assustadas."

Se existe uma coisa que a burguesia preza tanto quanto a menina dos olhos, são suas posses, seus troféus. Conscientes da gravidade de seu ato, as duas meninas se escondem, esperando a volta dos pais, convencidas de que o castigo será terrível.

"Foi um horror", recorda Brigitte na televisão, quarenta anos depois.[4] Um raio cai sobre sua infância. A empregada é demitida no ato. "Eu fiquei com inveja dela, que se livrava assim tão facilmente", escreve ela em suas memórias.[5]

"Desgraçadas!", gritavam os pais, "um prato que estava na família havia cem anos! Transformado em cacos! Vocês vão ver só, suas monstras! Estão de castigo. Não podem brincar, e vão passar a pão seco!"

Na rue de la Pompe, o castigo é mais terrível, pois cada uma das meninas recebe vinte chicotadas nas nádegas.

"Considerando a punição branda, os pais pararam para pensar e recomeçaram, olhando para as meninas com sorrisos cruéis..."

A imaginação dos Bardot é ainda mais refinada que a dos pais de Delphine e Marinette. A sentença devastadora é pronunciada por Anne-Marie Bardot, a mãe: "A partir de agora, vocês não são mais nossas filhas, são estranhas, e, como os estranhos, terão de nos chamar de 'senhor' e 'senhora'. Fiquem sabendo que aqui não estão na casa de vocês, mas na nossa casa! Que nada do que está aqui pertence a vocês, que esta casa não é a casa de vocês."

É possível que haja nessas lembranças reconstruídas por Brigitte algo de romanesco, um eco das desventuras de Delphine e Marinette, mas as narrativas de Marcel Aymé não são sombrias. Em suas recordações, Brigitte tem sete anos e meio quando ocorre o terrível episódio. Um limite foi atingido. Uma parte de suas emoções se fecha. Alguma coisa nela morre. Um sentimento intolerável de solidão, de abandono, de tristeza enregela a menina, de tal maneira que ela quer morrer. É a primeira vez, mas não será a última. Para fugir ao sofrimento, a autodestruição. Mais tarde, suas tentativas de suicídio ocorreriam na data de seu aniversário. É o fim de alguma coisa para a criança. Irremediavelmente enlutada por um castigo excessivo, uma parte dela chora, enquanto outra entra na resistência. "Eu nunca mais me senti em casa na casa dos meus pais."[6]

Ela se isola, observa, avalia à distância. Em vez de se dobrar, romper. Menininha excepcionalmente inteligente, ela se fecha para se proteger e sobreviver. Esse drama precoce talvez contenha a semente de todas as suas experiências posteriores: fechar-se, destruir para não sofrer. Em 1974, à morte do pai, quando a mãe propõe o fim do castigo, e que voltem a se tratar por você, Brigitte não consegue mais. Mas com isto ganhou alguma coisa: jamais seria uma esposa-troféu.

Enquanto ela se distancia, sua jovem irmã se aproxima dos pais. Bela e frágil, Mijanou é menos áspera que Brigitte. Ruiva, com os cabelos pela cintura, a caçula de olhos azulados é encantadora. Se Mijanou é uma brilhante aluna do refinado convento da Assunção, na rue de Lübeck, frequentado pelas moças da aristocracia (no formulário de matrícula, há espaço para escrever o nome, o sobrenome e os títulos da família), Brigitte é uma bobalhona da escola Hattemer. O chicote cai com frequência nas costas da mais velha. Os pais certamente não sabem que a ambliopia atrapalha o aprendizado. Hoje, nas provas, as crianças amblíopes dispõem de mais tempo. Os professores de Brigitte não se mostram mais compreensivos que os pais. A escola francesa não tem lugar para o senso crítico, a criatividade, a singularidade. Quatrocentos anos antes de Jesus Cristo, Hipócrates já sabia cobrir um olho para reeducar o outro, mas essa particularidade não era muito conhecida na França. As notas baixas deixam complexada uma menina já excepcional por nascimento. Para corrigir o estrabismo, ela usa óculos, enquanto o aparelho acerta o alinhamento dos dentes, pois ela chupa o polegar. Uma frase cruel da mãe a magoa terrivelmente: "Felizmente eu tenho Mijanou, pois Brigitte é desagradável, tanto no físico quanto nos seus atos." Como se, no fundo, a mãe nunca a tivesse perdoado por ter nascido menina, e não menino. Brigitte se pergunta por que foi que nasceu, por que está viva. Depois das aulas, voltar para a rue de la Pompe é uma tortura. Ela se olha no espelho da entrada e se acha tão feia que fica imaginando se não foi adotada. Sua imagem foi irremediavelmente danificada. Mas ela haveria de consertá-la com uma inteligência fora do comum.

Pais

As lembranças de infância de Brigitte não são felizes. Quem são afinal esses seus pais? O apreciador de chicote e de fotografia é Louis Bardot, o Pilou. A mãe imprevisível, Anne-Marie Mucel, a Toty. Esse casal de hipersensíveis dorme em quartos separados e está sempre brigando. Jovial e cheio de fantasia, Louis Bardot registra as próprias blagues num caderno e compõe poemas. "Lembro-me de um senhor encantador, elegante, que publicava versos em edições próprias", informa o letrista Jean-Max Rivière, que foi seu amigo, e depois amigo de sua filha.[7] *Vers fragiles, Verts de Quatre à Huit, Vers en vrac* foram publicados no início da década de 1960.

Louis Bardot às vezes fica deprimido e se fecha num silêncio morno. Ferido na Primeira Guerra Mundial, ele voltou com uma cruz de guerra, a Legião de Honra, uma menção honrosa e com crises de desespero. Pilou continuaria assombrado pela guerra? Ficou exposto a fogo pesado? Na época, ninguém comenta os desequilíbrios mortíferos causados pelos conflitos armados, nem se fala de estresse pós-traumático. Seus irmãos mais velhos, Jacques e Paul, morreram em 1914 e 1917. Ferido, seu outro irmão, André, morreu prematuramente. O terrível conflito mutilou as famílias. Brigitte é filha da Grande Guerra. Traz consigo a lembrança dos tios mortos.

Brigitte é filha de uma menina-mulher distante e esquiva. Filha única e mimada, Anne-Marie tornou-se uma bela loura minada pela ansiedade neurótica e a insatisfação crônica. Dezesseis anos mais jovem que o marido, é uma adolescente retardada que se recusa a brincar de mamãe e sonha com a carreira de artista que não teve. Em 1945, ela encomenda a Marie Laurencin o retrato da filha mais velha. A amiga de Apollinaire e Picasso, que está perdendo a visão, converteu-se à pintura mundana. Na burguesia parisiense dos anos 1940, esse tipo de encomenda está na moda. Em compensação, nada de doces nem confeitos, isto é coisa de "mulherzinha", segundo Anne-Marie. Frívola e maníaca, ela cobre as filhas de recomendações absurdas.

O amplo apartamento tem quatro quartos, um para cada um, e numerosas portas que batem como no teatro. À noite, as meninas despertavam para ficar ouvindo soluços, gritos, súplicas. Mijanou se insinua na cama da irmã e volta a dormir, tranquila, enquanto a mais velha, em angustiado silêncio, tenta em vão conciliar o sono. Certo dia, ante os olhos da mulher e das filhas, Louis Bardot passa a perna sobre a balaustrada da varanda e ameaça atirar-se no vazio. É impedido pela governanta, que tenta aplacar as feridas das meninas, alarmadas. "Aqueles minutos me deixaram uma fissura no coração", disse Brigitte. Entre uma briga e outra, os pais se reconciliam e recebem para elegantes jantares.

Raio de sol na infância de Brigitte, seu avô materno, chamado de Boum, a adora. "Com os pais, alguma coisa se quebrou. Brigitte não guarda uma lembrança muito boa da infância. Mas do avô, o vovô Boum, ela era muito próxima", diz Jean-Max Rivière.[8] Todo fim de semana, Boum viaja para algum lugar que o atraia. Sem deixar seu quarto, ele percorre o México, sua civilização, sua história, seu clima, sua gastronomia, e depois o Japão, os Estados Unidos, a África, mergulhando numa coleção de atlas, guias, enciclopédias. É com ele que Brigitte estuda depois da escola. Mas com sucesso apenas relativo, pois ela repete a sétima série.

Brigitte se inventa

Estranhos espelhos que não devolvem a imagem exatamente. O grande espelho do saguão na rue de la Pompe é tão pérfido quanto o espelho da madrasta em *Branca de Neve*. Nele, Brigitte se acha feia. Em algum lugar de Passy, um espelho mágico lhe devolve uma imagem lisonjeira. O espelho da academia Bourgat, na qual é matriculada pela mãe aos sete anos. Nas altas vidraças do estúdio, onde se refletem o céu e as nuvens, Brigitte se contempla e se acha bela. Ela tira os óculos, fecha a boca para esconder o aparelho, ergue-se na ponta dos pés e a vida fica leve. Três vezes por semana, ela submete o corpo à disciplina da dança, conquistando a atitude e as cinco posições da dança acadêmica. Nos anos 1930, as irmãs Alice e Marcelle Bourgat dançaram na Ópera de Paris com Yvette Chauviré, Tamara Tourmanova, Odette Joyeux. Desde que se aposentaram, com a ajuda do sobrinho Claude, transmitem sua paixão às meninas de Passy, às quais a dança é ensinada como uma arte de cultivo pessoal. Um resíduo dos costumes da corte, que a burguesia tem prazer em imitar. Mas para a pequena Bardot, a dança torna-se muito mais que isso.

Disciplinada e rigorosa, Brigitte tem senso de ritmo e de medida. Encarnar o gesto perfeito é o seu objetivo. Se a dança é uma dura escola de resistência, o treinamento físico não a assusta. O cheiro muito particular da escola, mistura de suor, poeira, da resina com que as dançarinas untam as sapatilhas, a deixa inebriada. E também a esperança, quem sabe, de arrancar um sorriso à mãe, que sonhou tornar-se bailarina. Anne-Marie Bardot teria projetado suas expectativas em Brigitte? Ela lhe ensinou como caminhar de cabeça erguida, com um jarro na cabeça. Quando se recurva, a pequena recebe água nos cabelos e um tapa no rosto. O porte admirável da cabeça, a nuca majestosa foram moldados nesse aprendizado. Onde essa menininha tão inteligente encontra forças para dominar assim o corpo? "O rosto sempre alegre, ela não deixava transparecer o sofrimento", observou seu professor, Claude Bourgat, impressionado com seu entusiasmo.

Como uma massa de bolo, Brigitte cresce quanto mais persevera. "A dança é uma poderosa disciplina corporal. Ninguém tem direito de ficar cansado, de sentir dor nos pés... é preciso persistir várias horas por dia. O que confere uma disciplina de vida e um porte. Atitude ereta. Uma bela maneira de caminhar."[9]

Diante dos espelhos da academia, Brigitte, longe do olhar cortante da mãe, aprende a se amar. A barra a constrói. "Eu adorava dançar. Era uma outra pessoa."[10] No ano em que completa oito anos, ela faz parceria com uma mais velha, de quinze anos. Com a *Gymnopédie nº 1*, de Erik Satie, elas dançam uma variação intitulada *Amor e Psiquê*. Naturalmente, Brigitte é o Amor.

O porte da cabeça e o andar, essa presença tão especial de Bardot, não foram coisas que recebeu, mas que esculpiu dia após dia. Bardot deve a si mesma sua plástica excepcional. A silhueta, o gestual que mudaram a história do cinema ou inspiraram a mudança foram trabalhados na barra. Bardot não nasceu bela, ela se fez bela. Aprendeu a se superar para sobreviver. Educou a própria coragem. "Torna-te incansavelmente aquilo que és. Sê o senhor e o escultor de ti mesmo", ela aplicou ao pé da letra a recomendação de Nietzsche. Diante do espelho, ela se modela, se reconhece. Para salvar a pele, fabrica um corpo. Uma arma de guerra. É seu treinamento de amazona.

Muitos anos depois, evocando suas lembranças de Brigitte para a televisão, Claude Bourgat haveria de lembrar, primeiro que tudo, as qualidades morais da jovem aluna, tão raras numa criança: "Brigitte tinha vontade e coragem." Coragem. Força de caráter aos sete anos. Qualidade viril por excelência.

Rue de la Pompe

Foto número 2. Voltei à rue de la Pompe, desta vez munida da senha do portão. Laurence e Hans, que moram no quinto andar com os dois filhos, convidaram-me para visitar o apartamento. Nada mudou desde os anos 1930: a ornamentação do teto, a dupla porta de saída, a varanda dando para a place de la Muette. E até o número de telefone. Passy XX XX.

Hans me pôs em contato com Marie-Hélène, sua mãe. Dois anos mais jovem que Bardot, ela me contou a história da primeira foto de Brigitte publicada na *Jardin des Modes*, nº 22, em março de 1949. Procurando alguém para apresentar uma malha de tricô, Marie-France de la Villehuchet, redatora-chefe da revista, consulta sua colaboradora Simone de Boigne, mãe de Marie-Hélène: precisava encontrar alguém com um "peitinho de pomba". Ainda muito jovem, ou então porque não tinha o peito com as características necessárias, sua própria filha não servia. "Tente a pequena Bardot, ela é uma gracinha", aconselha Simone. No apartamento da família Bardot, ela a viu exibindo os chapéus da mãe. Comprando os chapéus dos grandes costureiros nos saldos das coleções, Anne-Marie Bardot os adapta (hoje em dia se diria "customizar") e os vende a um círculo de amigas e conhecidas encantadas com os preços módicos.

Não sendo de uma beleza excepcional, a mocinha tem um porte encantador. Para disfarçar os dentes muito afastados, ela leva a mão à boca ao rir. Brigitte é o primeiro manequim de Anne-Marie, que lhe pede que apresente os chapéus dançando.

"Madame Bardot, uma bela loura, queria ter sido atriz", explica Marie-Hélène de Boigne. "A moda a distraía." As mulheres dessa geração, prossegue, tinham sido obrigadas pela guerra e o nascimento dos filhos a engolir a ambição. A educação das crianças privara a mãe de Marie-Hélène da profissão de estilista no Primavera, excelente ateliê das grandes lojas de departamento Printemps. Quanto a Anne-Marie Bardot, teria de esperar a adolescência das filhas e o fim da guerra para se lançar na moda. Moradora de Passy, ela sabe vestir-se ao gosto do dia sem necessariamente frequentar as casas de alta-costura. Ela é quem escolhe o guarda-roupa das filhas, muitas vezes confeccionado por uma costureira que faz suas compras no império Boussac dos tecidos, nos Champs-Élysées. Tudo é racionado, as mulheres têm poucas roupas. Impressionada com a graça da jovem, Simone de Boigne a apresenta à *Jardin des Modes*. Sua mãe aceita a proposta, desde que Brigitte não seja remunerada nem identificada, e, naturalmente, a acompanha na sessão de fotos.

Embora sejam da mesma geração, Marie-Hélène e Brigitte não conviveram. A pequena sociedade do oeste parisiense observa implacáveis hierarquias. Os Boigne e os Bardot não pertencem ao mesmo meio. Aqueles são aristocratas, estes, burgueses. Embora Marie-Hélène e Brigitte apareçam no mesmo nº 28 da *Jardin des Modes*, em setembro de 1949, numa reportagem sobre a elegância, o fato é que só se cruzavam no ônibus ou na rue de Passy. "Ela possuía um ar perfeitamente banal. Em fotos, era maravilhosa."

As imagens em preto e branco publicadas na *Jardin des Modes* são tão sem graça que a jovem Bardot mal pode ser reconhecida. É Brigitte antes de BB.

A garota que brilha

> "E, sobretudo, não esqueça: nunca seja certinha."
>
> Christian Marquand[1]

Enormes olhos verdes, cílios bem negros

A garota movimenta a cabeça como um gato. Seus olhos deslizam sobre as coisas até se deter em Vadim. Ela entrou no salão atrás da mãe. Como se fosse um estandarte, uma jaqueta de linho azul-rei balançava na ponta de seu indicador. O encontro se dá no fim do dia, depois das aulas. Vadim fez uma mesura diante da mãe e depois, da filha, para em seguida voltar a se sentar ao piano, apoiando-se nos cotovelos. Que pelo menos o instrumento lhe sirva para compor uma pose. Saia azul-marinho, blusa branca, a mocinha se dirige para Marc Allégret, que beija a mão da mãe. Por cima do enorme canapé de veludo tabaco, ela estende a jaqueta para a criada que a espera. Ao se estender, Vadim viu suas pernas. Magníficas. Com todo o brilho da extrema juventude, uma mulher em miniatura ostentando a desenvoltura de um rapaz. Ela então se senta numa poltrona, enquanto a criada traz algumas coisas para beliscar.

Mademoiselle Bardot, no entanto, não fica muito tempo em sua poltrona. Depois de constatar que Vadim a contempla, ela se dirige com indolência até a lareira. Lançando mão da foto de Simone Simon, começa a ler a dedicatória.

Um pedaço de céu extremamente azul, muito puro, é recortado pelas pesadas cortinas. A luz quente do fim da tarde projeta uma faixa clara no carvalho do piso.

"Normalmente, ouvimos as pessoas falando. Já você fica me ouvindo, mesmo quando não digo nada."

Ela se expressa com lentidão, destacando as sílabas como gomos de laranja. O contraste entre as palavras desenvoltas e a aparência de menininha estilo velha França é de uma terrível sedução. Terrível? A palavra lhe veio instintivamente.

A pequena morena o fixa com seus grandes olhos amendoados e esconde o sorriso com uma das mãos. Ela exala autoridade. Embora não passe de uma mocinha convidada para um papel no seu filme, é ele quem tem a impressão de estar se submetendo a um teste. Quando ela se aproxima para sentar no banco do piano, Vadim recua. De perto, é ainda mais encantadora. O pólen sedoso que vibra na faixa de luz parece ter-se depositado na delicada curva da bochecha. Ela sentou-se no banco, coxas abertas, como uma pequena dançarina de Degas, com as pregas da saia roçando na pele. Meias soquete, uma saia plissada, uma gola Claudine vestem essa beleza plena de saúde. Beleza lustrosa das moças muito jovens, que dura pouco mais que o verde tenro de uma folhagem de abril. Em seu braço brilha uma penugem dourada.

Mademoiselle Bardot está radiante de sentir na sua pessoa a atenção de um rapaz tão sedutor. Meu Deus, como é lindo esse Vadim! O que primeiro se vê é o seu olhar. Grandes olhos verdes, cílios de um negro profundo. Vestido de qualquer jeito, calça curta demais e pulôver gola *roulé*, e tão *relax*, ele tem uma classe incrível. Jamais ela poderia agradar a um rapaz assim. Mas está feliz por ser olhada por ele.

No canapé, Marc Allégret brinca com a mãe para convencê-la a autorizar a filha a fazer um teste. Para os Bardot, o cinema tem fama duvidosa: não foi feito para "moças de bem".[2] Especialista em conversas mundanas, o cineasta trata de tranquilizar Anne-Marie Bardot. Já parcialmente conquistada pelo bom gosto do elegante duplex da rue

Lord-Byron 11 bis, Anne-Marie baixou a guarda. Luís XVI autêntico ou imitação, essas cadeiras?

Empolgada por ser recebida na casa de um homem tão famoso, depois de dispor cuidadosamente ao redor a saia rodada, ela cumprimenta Allégret por seus filmes tão revigorantes, belos, juvenis, e faz caras e bocas fumando o cigarro que ele acaba de acender para ela. Bela loura de 38 anos, Anne-Marie Bardot agrada aos homens. Se ela soubesse! Não desperta mais interesse em Marc do que a mãe de Lolita em Humbert Humbert. Cineasta só gosta da juventude, das jovens, das mulheres muito jovens. Basta ela apagar uma ponta de cigarro, e ele se precipita para esvaziar o cinzeiro. É a única mania que Vadim pôde observar nele, à parte as fotos eróticas. Muito animada, Anne-Marie começa a contar sua própria carreira frustrada, foi realmente uma pena, por causa do casamento. Ela gostaria tanto de ter sido atriz. O pescoço do jovem pavão começa a girar sobre o eixo: "Mamãe, não vá aborrecê-los."

Essa menina não mede suas palavras. Tanto quanto sua insolência, seu jeito impassível de falar seduz o jovem Vadim. Em sua cabeça de velho sedutor de vinte anos, acende um sinal de alarme. Essa garota não é uma presa. A presa, bem que poderia ser... ele. Que idade tem ela? Quatorze anos. Um aroma calmante de lenha se espalha pela sala, exalado pela lareira apagada. O cheiro lembra Folliets, a fazenda de sua mãe, na região de Gets. Durante a guerra, Vadim lá recolheu uma gatinha de olhos verdes. Ela bebia na sua tigela e lambia seu rosto antes de dormir ao seu lado. Certo dia, ficou presa num lençol que caiu da corda de secar. Ele a viu debater-se no gramado, contorcendo-se no tecido. Quando foi ajudá-la, uma lâmina afiada cortou sua mão. O animal enfiava os caninos na carne enquanto Vadim se debatia. Durante alguns minutos, ele lutou com um animal selvagem. Quando a gata fugiu, Vadim viu a carne sanguinolenta. O animal havia se dilacerado profundamente. Vadim certamente tinha tocado involuntariamente em alguma ferida. Por que estaria pensando agora nessa história?

Quando a jovem Bardot acorre à varanda, Vadim continua recostando sua indolência contra o piano, sem deixar de olhá-la. Ela dança no espaço, os quadris *cheios de fagulhas mágicas*.[3] A menina se movimenta com uma lentidão elástica. Uma lentidão comovente, sim, um ritmo fluido, como se fosse suspensa por alguma música. Ela caminha sem tocar no chão. Uma negrinha branca, garupa nas alturas, busto altivo.

E ela então se debruça sobre o vazio. Cor castanha, de uma seiva generosa, a pesada massa de cabelos cai para a frente. Marc mora sozinho nos dois últimos andares do 11 bis da rue Lord-Byron. Vadim, fazendo figuração em seu filme *Pétrus*, o conheceu há três anos. Encantado com sua juventude, Allégret oferece-lhe um prato de massa. Vadim tornou-se seu filho adotivo, seu colaborador, sua dama de companhia, seu cúmplice no prazer. E seu motorista sem carteira. Vadim dirige às vezes o Chrysler conversível azul de Marc, estacionado sete andares abaixo.

— Gosto de terraços — diz a mocinha, encostada de costas na balaustrada.

De perto, seus olhos parecem maiores. Áreas de ruivice se espalham na textura da pele lisa como papel cartão.

— Por quê?

Rindo, ela esconde a boca e olha com curiosidade para o jovem incrivelmente belo, mais que belo, sombrio, misterioso, numa palavra... romântico.

— É preciso um motivo para gostar?

Meu Deus, meu Deus... Esse geniozinho vívido e simples é simplesmente Mozart.[4] O entusiasmo e a calma, o orgulho e a atitude, um porte raro, um corpo disciplinado e uma segurança nos movimentos, tudo reflete uma personalidade soberana. Seu jeito de rir, e sobretudo de ficar à vontade, de se expressar diretamente e cheia de humor impressiona o rapaz. Uma graça solta, sim. A naturalidade. Ela o faz lembrar-se de uma frase de Balzac: "elegância é parecer aquilo que se é". Mas que história é essa de ficar evocando a literatura para falar dessa garota?

A mãe se despede. Bambi pega a jaqueta e vai atrás dela. *Ela caminha lindamente.*

> *She walks in beauty, like the night*
> *Of cloudless climes and starry skies,*
> *And all that's best of dark and bright*
> *Meet in her aspect and her eyes.*[5]

Sim, Vadim quer trabalhar com ela. Acaba de escrever seu primeiro roteiro, *Les Lauriers son coupés*. Uma aventura sombria e comovente, romântica, perversa, na qual todos os atores são adolescentes e o personagem principal, uma jovem dançarina. Marc Allégret, de quem é assistente, será o diretor, e Pierre Braunberger, o produtor. Um primeiro teste foi filmado com uma graciosa fada de collant de lantejoulas da trupe do *Daisy*, espécie de Lido inglês. Magra até no rosto, com um olho oblongo de antílope, a maravilhosa figura chegava da Holanda, onde quase morrera de fome durante a guerra. Manequim e depois dançarina em Londres, ela adotara o nome artístico de Audrey Hepburn. Braunberger não gostou.

No *Flèche d'Or*, trem que liga Londres a Paris, Marc e Vadim tiveram sua atenção atraída por uma outra jovem criada na base dos tíquetes de racionamento. Leslie Caron, dançarina no Ballet des Champs-Élysées. Braunberger, sob suspeita, para Vadim, de não querer realmente fazer o filme, a recusou a pretexto de que tinha um nariz de esquimó. Graças a Vadim, amigo de Hervé Mille, dono da *Paris Match*, Leslie teve sua foto estampada na capa do número 59, com um ramo de lírio do vale na boca. Vadim gosta dela. "Eu sentia muita ternura por Leslie, que por sua vez tinha por mim mais que simples afeto", gaba-se ele em suas donjuanescas memórias, em que faz figura de herói.[6] "Era minha mãe que achava Vadim irresistível",[7] corrige Leslie. Ela, na verdade, está apaixonada por seu parceiro, Jean

Babilée, lenda viva da dança. Babilée tem uma autoconfiança tão rara que sobe aos ares sem se dar ao trabalho de descer novamente. Os maiores dançarinos assistem a seus espetáculos com veneração. Infelizmente, Babilée é casado.

Depois de uma briga com a mãe, Leslie se refugia na montanha, onde Vadim vai encontrá-la, na companhia do amigo Christian Marquand. Por economia, os três alugam um único quarto no hotel de Mont-Blanc, em Megève. Leslie dorme no chão: ela e Vadim trocaram apenas beijos.

Brigitte Bardot é tão esbelta quanto as duas outras dançarinas. Vadim consegue abarcar sua cintura com as duas (grandes) mãos. A guerra e o racionamento de alimentos forjaram uma geração de mutantes de arame, os J1, J2 e J3 [8] semelhantes às silhuetas de Bernard Buffet.

A moça que flerta

É a foto número 3. A primeira de uma série milagrosa. A capa da revista *Elle*. A mais americana das revistas femininas. Dois meses depois da publicação na *Jardin des Modes*, Marie-France de la Villehuchet recomendou Brigitte a Hélène Gordon Lazareff, diretora da *Elle*. Ela voltou a lançar a revista em 1945, ao voltar dos Estados Unidos, onde durante cinco anos trabalhou em publicações de prestígio como *Harper's Bazaar*.[9] Na nova fase, a revista precisa de caras novas.

Foi Braunberger quem descobriu a jovem Bardot na *Elle*. Quem foi que chamou a atenção do produtor na bem-comportada imagem da capa? Com uma blusa de gola Claudine, a colegial tem uma xícara de chá nas mãos. Cabelos presos, ela olha de lado para a câmera. Mistura sensual de inocência e sedução, esse olhar prende a atenção. A jovem flerta com a objetiva. Quer que olhem para ela: a própria definição de uma atriz, segundo Braunberger. Com isto, é possível levá-las a fazer tudo que se queira.

Acaso pensaria ele também em Simone Simon, uma das mulheres fatais mais refinadas da história do cinema? Beleza selvagem de cabeça felina lançada por Marc Allégret, ela fez carreira nos Estados Unidos depois de desempenhar o papel principal em *Cat People* (*Sangue de pantera*), filme fantástico de Jacques Tourneur. A garota desconhecida tem a mesma cabeça felina e o andar de leopardo.

Descobridor de talentos, Marc, além de Audrey Hepburn e Leslie Caron, deu a primeira chance a Jean-Pierre Aumont, Michèle Morgan, Corinne Luchaire, Janine Darcey, Gisèle Pascal, Danièle Delorme, Gérard Philipe e mais tarde Jean-Paul Belmondo, o equivalente masculino de Bardot: ar selvagem, dicção singular.

A atitude tranquilizadora de Marc Allégret venceu a resistência (nem tão injustificada assim) de Anne-Marie Bardot, que autoriza Brigitte a fazer um teste. Só Louis Bardot não parece convencido.

— O pai: Nada de ciganos nesta família.

— A filha: É o que veremos!

— O pai: Veremos o quê?

— A filha: Muito bem. Não vou comer mais. Para sempre.

O pai acaba cedendo. Ele sempre cede.

Certo de que manda em casa, Louis Bardot se deixa manipular. É a mãe que empurra a filha para a boca de cena. Brigitte era o nome que Anne-Marie dava a sua boneca favorita na infância.[10] Foi ela que matriculou a filha na academia de dança. Ela que a levou a desfilar como manequim, e também ela que aceitou que posasse para a *Jardin des Modes*, quando ainda não tinha completado quatorze anos, e depois para a *Elle*. Anne-Marie a acompanha nas sessões de fotografia, assim como a acompanhou à casa de Marc Allégret. No início, foi Anne-Marie Bardot que fabricou sua filha.

Brigitte quer ser dançarina, e não atriz. Se por um lado passou a frequentar a escola Hattemer apenas três vezes por semana, por outro está ensaiando no Conservatório de Paris com o coreógrafo russo Boris Kniaseff, que tem entre as alunas grandes bailarinas como

Yvette Chauviré e Ludmila Tcherina. Brigitte tem uma única paixão, a dança, e sonha tornar-se uma *danseuse étoile*.

Ela nunca pensou em cinema, mas já gostando do olhar que pode atrair, Brigitte concorda em tentar com esse Vadim. Intelectual sexy, espécime desconhecido entre os virgens de Passy. Nele, ela acaba de encontrar um Pigmalião.

A infância, a família, tudo aquilo que a moldou é abandonado por Brigitte uma vez por semana depois das aulas de dança. Vadim tenta inculcar-lhe alguns conceitos aprendidos numa breve passagem pelo Conservatório, para em seguida filmá-la num teste para *Les Lauriers sont coupés*. Independente demais para se curvar às leis da dicção ou da arte dramática, Brigitte é uma aluna rebelde. Absolutamente egoica, ela só representa o que lhe desperta interesse: precisa identificar-se com o personagem para vivê-lo.

Na academia de dança, é outra coisa.

Impressionado com a soberana metamorfose da jovem amiga uma vez amarradas as sapatilhas, Vadim gosta de acompanhá-la às aulas no Studio Wacker, na rue de Douai. Mais tarde, recordando esses momentos em suas memórias, ele escreveria "Walker", como no uísque Johnny Walker. O que bem evidencia o efeito vasodilatador que nele tiveram os *jetés arrière*, os *pas de chat*, as piruetas da jovem amiga. Leslie tinha se formado no mesmo lugar, assim como Zelda Fitzgerald, que descreve esse estúdio em seu livro *Essa valsa é minha*. Leslie e Brigitte cresceram no mesmo bairro, frequentaram o mesmo Conservatório e chegaram à dança na esperança de conquistar a aprovação das mães, duas mulheres nem calorosas nem maternais. Brigitte nada sabe do idílio entre Vadim e a jovem dançarina de nariz de esquimó, que acaba de partir para Hollywood. Ela foi contratada pela MGM a pedido de Gene Kelly. No Ballet des Champs-Elysées, na noite de estreia de *La Rencontre*, ela desempenhava o papel principal ao lado de Jean Babilée quando o dançarino americano a viu. Roger lembra-se do corpo de Leslie, tão pequena e musculosa, com seu charme petulante, essa mesma Leslie que não foi sua amante mas se sente tão sozinha em Hollywood que lhe pede que vá ao seu encontro. Tarde demais.[11]

Dos estúdios próximos chegam trechos de Scarlatti, Chopin ou Satie. O estúdio Wacker é impregnado de um cheiro ácido de jovens corpos suados, mal ventilados pelas janelas de claraboia. Antes dos exercícios "no meio", o professor rega com um filete de água o soalho de carvalho, para impedir que a poeira suba. A paixão, a disciplina, o fervor de sua jovem bailarina deixam comovido o preguiçoso Vadim. Em nenhuma outra ocasião, nem mesmo diante de uma câmera, ele haveria de vê-la mais harmonizada consigo mesma: ela se entrega de corpo e alma à dança.

"A dança era sua vida. O cinema, uma brincadeira que deu certo",[12] diz Vadim.

De *Les Lauriers sont coupés* ficaram apenas 4'14 de copião em preto e branco, filmados por Marc Allégret no estúdio Lhomond, perto do Panthéon, antiga capela que serviu à Gestapo. Durante um ensaio conduzido por um professor de balé de sotaque russo, Vadim dialoga com uma Brigitte infantil e encantadora que parece encontrar o tom certo. Apesar de honroso, o esquete não é considerado satisfatório por Braunberger. "A garota fala com a dentadura da mãe", teria declarado.[13]

"Não estou nem aí", retruca Brigitte.

O filme não chegaria a ser realizado. O produtor parece de fato em dúvida desde o início. Esse mesmo produtor com medo de arriscar seria o produtor da *nouvelle vague*: entre um momento e outro, alcançaria o triunfo com *Et Dieu créa la femme* (*E Deus criou a mulher*). Quanto a Vadim, sua intuição revelou-se acertada, pois Audrey Hepburn, Leslie Caron e Brigitte Bardot, as três dançarinas desconhecidas que submeteu a testes, haveriam de se transformar em estrelas internacionais.

O despertar de uma admiração por uma graça insólita. Mas uma paixão também? Não. Apenas admiração. Anos depois, Vadim classificaria dessa maneira o choque emocional que lhe foi causado pela vitalidade animal, a força expressiva do corpo em movimento de Brigitte Bardot.[14]

Admirar: ver com espanto. Ficar pasmo. Estupefato. Antes de entrar em uso o verbo "admirar", dizia-se "maravilhar-se". O maravilhoso desse encontro é que Vadim quis de alguma forma expressar seu rastro magnífico e indelével. Como nos contos, sete anos depois da varanda na Lord-Byron, ele filmaria *E Deus criou a mulher*. Apaixonado por uma mulher magnífica, tentaria filmar o que o havia comovido.

Enquanto era seu professor, Vadim prometeu a si mesmo não misturar prazer e trabalho, não tentou seduzir sua aluna. Nem mesmo quando ela balança as pernas elásticas ouvindo seus conselhos. Além do mais, algo o impede de se apaixonar. Ela não é bela, é bela demais. Bela demais para ser humana, pensa. Tudo nela é belo, até o interior rosado da boca. Ele se apaixonou por outra mulher encantadora, Françoise Dreyfus, nome artístico Anouk Aimée, que já fez dois filmes. Mas nunca conheceu alguém como Brigitte. Que sente realmente? Medo, desconfiança? Paris é um grande campo de aventuras. Nessa época, ele mora na avenue Wagram, na casa de Danièle Delorme, irmã de Evy Girard, ex-namorada. "Vadim era meio vagabundo de alma, e até meio preguiçoso",[15] diverte-se Danièle Delorme, que na ocasião o acha mais belo que Brigitte.

Morando na mesma casa, Vadim e Danièle compartilham suas aventuras. Além de Evy, o belo Roger teve um caso com Marie-Thérèse, a Théote, irmã mais nova de Danièle. "Eu adoraria dormir com as quatro irmãs Girard", diz à amiga. Enquanto isso, Danièle instalou para ele uma cama em seu próprio quarto. Na maior inocência, pois é casada com Daniel Gélin. O casal dorme em quartos separados, pois Gélin volta tarde do teatro.

Vadim também se encaixa numa família de sedutores marginais, os Marquand. Jean, o pai, nunca na vida pagou impostos. Tem seis filhos: Huguette, Christian, Serge, Lilou, Nadine (que viria a se casar com Jean-Louis Trintignant) e Carole.

No inverno de 1941-42, um dos mais frios do século, quando as privações foram mais rigorosas que nunca, Jean Marquand reservou certa vez uma mesa para almoçar no Berkeley, na parte baixa dos Champs-Elysées. Sem um tostão no bolso, levou toda a prole. "A coisa estava esquisita, com nossos casacões velhos no meio daqueles visons",[16] conta Lilou Marquand. Pedissem tudo que quisessem, ordena o pai. "Foi uma espécie de banquete",[17] diz Nadine Trintignant. Quando chegou a conta, Jean Marquand não tinha como pagar. Segundo Lilou, um oficial alemão resolveu o problema. Segundo Nadine, foi o gerente quem os convidou, depois de beijar a mão da mãe. Mas não importa. Vadim, o órfão, gosta da generosidade e do espírito de boemia de uma família que vive um dia após o outro. E não é o único. No número 15 da rue de Bassano, na casa dos Marquand, Marlon Brando e Anouk Aimée sentem-se em casa. Uma família à parte, a única que ele jamais adotaria. Ele conheceu Christian, o filho mais velho, no colégio Simon. Os dois têm a mesma idade. Vadim vagabundeia por Saint-Germain-des-Prés com um bando de boas-vidas, Christian e Serge Marquand, mas também Maurice Ronet, Robert Hossein, todo um bando de *bons vivants que atrasa a hora de virar adulto*. O Café de Flore é o seu quartel-general, por causa da estufa a carvão. Eles convivem com Gide, Genet, Cocteau, Colette, adultos atraídos pelo seu frescor. Vigaristas e machões pelas ruas da cidade, metem a mão nos bolsos desses mais velhos, como quem rouba de uma amante rica. E não faltam lances de sorte. Nadine Trintignant tem até hoje um Max Ernst subtraído há tempos pelo irmão. Desde a explosão da bomba de Hiroshima e Nagasaki em agosto de 1945, essa rapaziada considera que vive uma espécie de liberdade condicional antes da deflagração final, e aproveita o momento presente com um cinismo juvenil.

Em meio a tudo isto, Brigitte parece uma criança. Curiosamente, Vadim acaba esquecendo o medo que sentiu no primeiro encontro. Afinal, Brigitte não passa de uma colegial. No fim da última lição, ela o beijou nos lábios. Desde o fracasso do teste filmado, ele não voltou a vê-la. Até o dia em que, quase por acaso, telefona para a casa dela na ausência dos pais. Desde então, Vadim se encontra com Brigitte na rue de Bassano, no estúdio de Christian Marquand, onde lhe ensina brincadeiras mais sensuais. Despudorada e tímida, a jovem mexe com ele. "Será que agora sou uma mulher de verdade?", pergunta-lhe depois de cada encontro. "Ainda não. Apenas 25%", responde ele.

Perfeita andrógina, ela tem quadris de rapaz e opulentos seios de moça num corpo estreito.

"O que tem realmente classe é a linha dos seus quadris", diz ele.

Ele daria esta fala a Jean Marais em *Futures vedettes* (*A mais linda vedete*), filme de que seria roteirista em 1955. Depois de alguns encontros, quando Vadim finalmente responde à pergunta obrigatória: "Cem por cento", ela abre a janela e grita: "Eu sou uma mulher de verdade", segundo conta ela mesma em suas memórias. A cena de fato teria sido vivida? Ela repete um plano de *En cas de malheur* (*Amar é minha profissão*), o filme de Claude Autant-Lara. Yvette, a personagem principal interpretada por Bardot, grita na varanda: "Somos felizes!"

Vadim é o amante de uma moça muito jovem que ainda leva palmadas do pai aos dezesseis anos. Para encontrá-lo, ela mata aulas. Vadim falsifica a assinatura da mãe nos bilhetes de justificação. Um ano depois de se conhecerem, ele se instala com Christian Marquand no apartamento de Évelyne Vidal, mulher de um rico industrial, no número 16 do Quai d'Orléans. Marlon Brando, amigo de Christian, encontra-se com eles quando está em Paris. Os dois se conheceram por acaso num terraço, em Montparnasse, quando Brando ainda não havia filmado com Elia Kazan.

Apesar de muito mexido com a mistura de inocência e feminilidade de Brigitte, Vadim continua preferindo a companhia dos amigos e a engana quando lhe dá na veneta, lamentando que ela seja tão sentimental. "Ela era moderna em sua insolente busca de liberdade, e antiquada em seu romantismo à Bovary",[18] queixa-se. Ela começa a dar mostras de uma forma extrema de possessividade, que acabaria destruindo a relação, como mais tarde aconteceria também com as relações de Brigitte com os outros homens.

Bichette

Nos arquivos do Conservatório Nacional de Dança, podemos ler: "Brigitte Bardot, 1948, 1º prêmio." Um primeiro prêmio já no primeiro ano do Conservatório indica uma dançarina talentosa. Em 1949, de maneira mais lacônica — mas não é possível ganhar o primeiro prêmio todo ano: "Concorreu." Em 30 de setembro de 1950: "Afastada." Brigitte Bardot abandonou portanto a dança. Por que teria renunciado a sua paixão? Em suas memórias, ela resume a decisão numa frase lapidar: "Adeus, diploma, Conservatório, eu ia ser estrela de cinema."

Segundo Brigitte, foi para fazer seu primeiro filme, *Le Trou normand*, que ela abriu mão da dança. Mas as filmagens só transcorreram dois anos depois, na primavera de 1952.[19] Uma coisa é certa: ela deu prosseguimento a sua carreira de manequim. Tomou gosto pelas sessões de fotos. Sem óculos nem aparelho nos dentes, ela é vista, bem recebida. Exceto na dança, e já agora também pelo olhar de Vadim, Brigitte nunca recebeu muitos elogios na vida. As fotos de revistas, fixando um reflexo fugidio de sua imagem, a consolam. Às vezes, ela se acha bonita. Em 1950, chegou a posar para Robert Doisneau na *Vogue*, numa série intitulada "Baile de Debutantes". Na *Elle*, apresenta tailleurs, mantôs e saias *crayon*, modeladoras da silhueta. Um corpete pouco maior que um bracelete enlaça sua cintura minúscula. Certa vez, ela traja um vestido de festa da Dior que a transforma em princesa. Os fãs de BB colecionam hoje os números antigos da *Jardin des Modes*, da *Veillées des chaumières* e da *Elle* nas quais ela aparecia como garota da capa. Virginie Prévot, criadora de um importante site dedicado a Bardot, possui uma coleção tão grande dessas revistas que ocupa um aposento inteiro. [20]

Em 4 de janeiro de 1951, numa reportagem sobre a moda dos esportes de inverno na recém-inaugurada televisão francesa, Brigitte apresenta o conjunto "Remonte-Pente" da maison Hermès, calças verdes e colete de xadrez escocês. Não passa então de um jovem e belo manequim anônimo de dezesseis anos, cuja estreia coincide com a de um novo meio de comunicação, a televisão. De franja curta e pega-rapaz romântico, sua cabeleira cresceu. Esta primeira versão de Brigitte trabalha vários anos como manequim júnior, sem que seu nome jamais seja mencionado.

Por que terá renunciado ao sonho de se tornar uma *danseuse étoile*, tendo passado mais de metade da vida a se preparar para isto? Para ir atrás de Vadim, simplesmente? No verão em que completou dezesseis anos, durante duas semanas ela dança num navio da Compagnie Générale Transatlantique, o *De Grasse*. Ao retornar, declara que para levar uma vida em turnês seria obrigada a constantes separações, e que por isto vai parar de dançar. O cinema não teria as mesmas consequências? Sim, mas Vadim quer fazer cinema e, portanto, ela também.

Quando um amigo de seu pai a convida a filmar com Bourvil, Brigitte Bardot aceita fazer um papel em *Le Trou normand*. Nesse filmezinho absolutamente sem graça, ela interpreta sem excesso de talento uma pestinha antipática que abusa da ingenuidade de um camponês (Bourvil) para botar a mão em sua herança. Sua voz não é devidamente empostada: ela fala alto demais, num tom monocórdio. Está claro que foi contratada por sua juventude, e não por seu talento ou sex-appeal.

Se aceitou o convite, foi para conquistar sua independência financeira. A liberdade tem um preço. Duzentos mil francos, o valor de seu cachê. Para viver com Vadim, ela tem de ganhar a vida. Na burguesia parisiense de 1950, as moças casam com um status social, e não com um amante. E Vadim não tem esse status. Bardot não é exatamente do seu meio. Vadim deu-lhe um livro escandaloso, *O segundo sexo*, de Simone de Beauvoir, publicado no ano em que se conheceram. A cartilha da mulher emancipada.

O abandono da dança talvez tenha um outro motivo: orgulho. Brigitte Bardot não teria decidido abandonar a dança antes que a dança a abandonasse? Um traço do seu caráter: romper, partir primeiro, poupar-se da dor da rejeição. Disciplina austera e cruel, a dança não perdoa deslizes. Em turnê, é possível que Brigitte se tenha dado conta de todo o trabalho que ainda a separava das companheiras mais destacadas. Ao primeiro prêmio sucedeu um período de estagnação. Seu professor a recriminava pelo absenteísmo, a falta de concentração. A paixão amorosa acarretou menor assiduidade. Brigitte não pode aceitar o olhar desaprovador de um professor de dança. Obcecada pelo medo do abandono, ela precisa que as atenções se concentrem nela. A única coisa que a atrai é a boca de cena. Em segundo plano, ela teme a desgraça. Ser a primeira, sim. Atrás, nunca. Abandonar para não ser abandonada.

O Conservatório, dirigido pela severa Jeanne Schwartz, que desestimulou Leslie Caron, integrada à companhia de Roland Petit para em seguida ir para Hollywood,[21] nunca foi uma escola fácil. Leslie Caron a deixou antes da prova final, como Bardot: recusava-se a usar o traje de coelhinha imposto pela inflexível diretora, um tutu curto que deixava à mostra as coxas e a calcinha bordada de rendas. Quanto a Boris Kniaseff, o próprio Jean Babilée o achava inflexível.

Leslie cruzou com Brigitte em 1949 durante uma turnê no interior do país. Recomendada pelo grande dançarino Christian Foye, amigo de sua mãe, Bardot era chamada de Bichette pelas colegas, homenagem a sua silhueta graciosa, que parecia não tocar o solo. "Brigitte não passava na época de um *corps de ballet* promissor. Um pouco fraca nas pontas, teria de trabalhar muito. Não muito compenetrada, ela deixava as coisas pela metade",[22] afirma Leslie Caron. Leslie certamente era compenetrada e corajosa, pois se afastou dos seus, enfrentando a solidão no exílio para só depois tornar-se atriz numa Hollywood cuja disciplina Brigitte não seria capaz de aceitar. Quando a Warner lhe fez um convite, Bardot recusou. Já Leslie tem seu nome nos créditos de alguns dos filmes mais emblemáticos da cultura hollywoodiana: *Sinfonia de Paris* (*An American in Paris*), *Lili, Gigi, Papai Pernilongo* (*Daddy Long Legs*).

O estúdio de dança é um mundo à parte no qual Brigitte encontrou refúgio. O espelho a fecha em si mesma. Dele, não mais sairia. Quando dá um passo para o lado, era a direção do cinema, um outro mundo fechado pelo olho da câmera.

Suicídio nº 1

Desde que descobriu seu corpo e o de Vadim, Brigitte se sente cheia de segurança. Enquanto ela vive um período de descobertas extraordinárias, os pais se alarmam. Apesar de encantados com o rapaz, preocupam-se com a presença de um jovem que não tem situação nem fortuna. "Nessa família, Vadim era considerado um negro: a perdição total", diz Jean-Max Rivière.

Os Bardot decidem afastar a filha num internato inglês. Brigitte fica arrasada com o projeto, que ameaça sua integridade. Esperar e submeter-se não são alternativas que ela contemple. Certa noite, quando os pais saíam com Mijanou para ver a cidade iluminada pela primeira vez desde o fim da guerra, Brigitte recusa-se a acompanhá-los. Vadim, por sua vez, foi ao encontro da mãe no sul da França. Brigitte está sozinha, tão sozinha quanto uma criança esquecida no fundo de um bosque. No apartamento vazio e silencioso, ela desmorona. "Tenho pânico da solidão. O silêncio, o verdadeiro silêncio, tem algo de terrivelmente angustiante." Para fugir do vazio, ela decide morrer. Tendo deixado uma carta de despedida na mesa do escritório, abre a torneira do gás e põe a cabeça no forno, caindo inconsciente. Tem apenas quinze anos.

Os pais acabariam cedendo, mas exigindo que Brigitte esperasse completar dezoito anos para casar com seu boêmio. "Era bem o jeito de Pilou, conduzir a casa *manu militari* para em seguida deixar-se manipular como um noviço", comenta Jean-Max Rivière. Outros suicídios fracassados ainda viriam.

Delicioso Vadim?

> "Se o prazer é um direito humano, Vadim é um de seus principais artesãos."
>
> Alain Riou

Deus teve a boa ideia de fabricar Roger Vadim Plemiannikov seis anos antes de Brigitte, em 26 de janeiro de 1928, para dá-lo de presente quando ela fosse grande.

A Ocupação foi a universidade desse belo rapaz. A invasão alemã, a colaboração, a perseguição dos judeus, o *maquis*: aos dezesseis anos, Vadim concluiu a faculdade. Viu tudo, sabe tudo, não tem mais nada a aprender. As categorias do bem e do mal confundidas por uma sociedade sem prumo. Mulheres de cabeça raspada em praça pública, colaboracionistas denunciados, escritores executados, e a vida que continua. Depois, Hiroshima e Nagasaki, duas cidades apagadas do mapa por ordem de um político. Oitenta e nove mil mortos em Madagascar para reprimir a insurreição de 1947.[23] André Gide, seu parceiro no xadrez, o chama de Désarroi [desorientado]. "Eu tinha visto coisas demais durante a Ocupação e nos anos depois da Libertação. Desde os dezesseis anos, eu me impunha uma regra: para não cair no cinismo e, pior ainda, na amargura, eu ia aproveitar tudo que a vida me oferecesse de melhor. O mar, a natureza, os esportes, as Ferraris e os amigos, a arte, as noites de embriaguez, a beleza das mulheres, a irreverência, dando uma banana para a sociedade."[24] O hedonismo como remédio para a confusão. Uma estratégia de sobrevivência, ou antes, de fuga. Uma forma de não enfrentar o real, ou pelo menos não muito, de se anestesiar pela embriaguez, talvez porque seja difícil demais pedir aos adultos que construíram esse mundo assustador que se retratem. Mais um estratagema que uma moral.

A inteligência de Vadim, como a dos escritores Bernard Frank e Françoise Sagan, do pintor Bernard Buffet — outros jovens desencantados da mesma geração —, foi afiada pela guerra. Vadim: "Graça, camaradagem, cinismo, audácia publicitária, rapidez mental, amoralidade inata e imoralidade consciente", escreve Raymond Cartier na *Paris Match*.[25]

Vadim é filho de Marie-Antoinette Ardilouze, feminista excepcional, e de um diplomata. Forte e vulnerável, Ardilouze tem um gosto tão pronunciado pela independência que se casa aos dezoito anos para se emancipar da família e estudar arquitetura. "Em comparação com ela, Beauvoir não era nada", diz seu genro, o cineasta Pascal Thomas.[26] Tendo atingido seus fins, ela larga o marido e mais adiante se casa com um exilado russo, o príncipe Igor Nicolaievitch Plemiannikov, cônsul da França em Alexandria. Eles têm dois filhos, Vadim e Hélène, onze meses mais jovem. Vadim tem nove anos quando, um belo dia, em Morzine, Igor cai com a cabeça para a frente na mesa do café da manhã e morre diante dos filhos. Felizmente, deixou-lhes uma mãe fora do comum. Dotada de prodigiosa vitalidade, Marie-Antoinette assume a educação dos filhos. Sem formação mas com muitos recursos, ela é datilógrafa, operária, professora, tecelã. Em suas memórias,[27] Yves Robert, o futuro realizador de *A guerra dos botões*, conta ter-se hospedado durante a guerra em Gets, numa pousada de jovens. Local de passagem para os judeus, ela era mantida por uma mulher muito bonita, a mãe de Vadim.

Segundo sua mulher, Danièle Delorme, Yves Robert foi amante dela.[28] Descobridor de mulheres excepcionais, Vadim é filho de uma mulher nada banal. Marie-Antoinette transformou uma velha fazenda, Folliets, em albergue para jovens. Histórica adversária de Pétain e seu regime, ela dá abrigo e esconderijo a fugitivos. Esconder um judeu é uma coisa, compartilhar com ele seus vales-alimentação é outra. Ela faz as duas coisas.

Em Folliets, não há água corrente nem eletricidade, o banheiro fica no fundo do quintal. A vida cotidiana é tão rudimentar que Marie-Antoinette sofre de cansaço e dores e se trata com injeções de Propidon, donde o apelido Propi. Durante a guerra, matricula o filho em internato no liceu de Nice, do qual ele é expulso por tráfico de leite em pó e biscoitos Lu. Pelo menos é o que ele conta em suas memórias, cheias de imaginação. Aos doze anos, ele foge e tenta chegar sozinho à região da Alta Saboia. O filho de Marie-Antoinette não é nenhum desajeitado. Yves Robert é quem vai encontrá-lo em Lyon, levando-o para casa da mãe. Ela, por sua vez, casa com o arquiteto Gérald Hanning, braço direito de Le Corbusier, ao qual dá abrigo em Folliets.

Aos cinquenta anos, Marie-Antoinette é antiquária, diretora de documentários, autora de livros de espiritualismo. Aos 85, cega, ela ainda dirige o seu Citroën 2 CV. "Para atravessar um túnel perto de sua casa, em Aix-en-Provence, ela dobrava a antena do rádio do carro e se orientava pelo barulho", alega Pascal Thomas.[29] Ela continua a acampar. Sua técnica quando percebe que um dos filhos corre perigo ou está infeliz: "Fazer ovo." Projetar mentalmente na direção dele um casulo espiritual, uma rede de amor protetor.

"Ela me ensinou a respeitar as mulheres sem temê-las", diz Vadim. Graças a Marie-Antoinette, que transmitiu sua vitalidade aos filhos, ele também sabe jogar tarô, ler a borra do café, fazer girar as mesas. Único defeito: ela é invasiva. Em Folliets, Vadim pode ouvi-la fazendo amor com Hanning por trás da fina divisória que os separa. É excitante e perturbador. Será que ela não tornou o filho um tanto misógino? Há quem a considere um pé no saco, inoportuna. Marie-Antoinette Ardilouze tem acessos de fúria inacreditáveis que assustam o filho, indignado por ver uma mulher adulta tão incapaz de se controlar. Segundo Pascal Thomas, para conseguir o que queria ela era capaz de rolar na neve quase despida.

Vadim sempre preferiu a companhia dos amigos à das mulheres. Marido inconstante, ele foi fiel ao seu *alter ego*, Christian Marquand, atlético e viril gigante de 1,88m. Conta a lenda que nos voos de longa distância os dois apostavam para ver quem transaria primeiro com a aeromoça.

Vadim transformava as mulheres, como Pigmalião (outro misógino). Escolhendo mocinhas maleáveis, ele as transformava em símbolos sexuais, figuras representando um ideal sexual que era seu e de seus amigos, e que se transformou no de uma época. Bardot, Annette Stroyberg, Catherine Deneuve, Jane Fonda saíram de sua fábrica. Tingidas de louro, cabelos ao vento — eu sou jovem e muito sexy, com uma cabeleira de deslumbrante energia vital —, olhos pesadamente maquiados, todas elas fazem cinema. "Experiências matrimoniais apaixonantes", assim Vadim resumiu sua vida conjugal em suas frouxas memórias.[30]

Propidon fez do filho, ao qual transmitiu seu espírito livre, um mentor das duas mais célebres ativistas do século XX, Bardot e Fonda, além de marido de três poderosas estrelas, contando-se Catherine Deneuve. "É em certa medida à minha mãe que devo o fato de sempre ter ajudado as mulheres que amei a desabrochar e a se realizar, sem temer que o sucesso as afastasse de mim." Vadim, que gostava do que é fácil, só se casou com mulheres mais ambiciosas que ele. Como sua própria mãe, elas tinham uma energia fora do comum. Diletante e descuidado, ele desprezava o trabalho. "É uma qualidade a ser levada em conta: Vadim não se dava ao trabalho de fazer muito esforço. Seu charme bastava", diz Pascal Thomas.

Conhecer Vadim foi uma das melhores experiências da vida de Brigitte. Ele ensina-lhe tudo, ou quase. Professor particular, fornece-lhe livros, apresenta-a a criaturas que jamais poderia ter encontrado em Passy, abre-lhe os horizontes. Sedutor e suave, quase feminino, ele sabe lidar com ela. As devastadoras oscilações de humor de Brigitte são por ele desmontadas com um temperamento sorridente que nada leva a sério. Ele nunca julga, nem a ela nem a ninguém.

Brigitte inspira em Marie-Antoinette Ardilouze uma indulgente compaixão. "Ela me dá pena", diz ela dessa rapariga cujo drama íntimo bem percebe. Quando Brigitte se refugia em sua casa, observa com avidez a mãe de Vadim, tão diferente da sua. "Uma mulher engraçada, relax, boêmia, hippie antes da hora. Exatamente o contrário dos meus pais. Eu gostava muito dela."[31] Marie-Antoinette divorcia-se de Gérald Hanning apesar de amá-lo, pois ele trabalha demais e ela não quer acompanhá-lo à Argélia, onde o esperam os canteiros de obra. Aos cinquenta anos, ela ousa enfrentar a solidão. Brigitte admira sua independência e sua garra. Marie-Antoinette emancipou-se financeiramente dos homens. Uma mulher que trabalha é algo que Brigitte não conhece muito no meio de sua mãe. Aos olhos de Marie-Antoinette, Brigitte parece demasiadamente ávida de felicidade para um dia chegar a ser feliz. "Ela não vai crescer. Será sempre uma criança. Para ser feliz, é preciso saber amar", diz ela, perspicaz.

À guisa de anel de noivado, Brigitte pede a Vadim... um cãozinho. Ganharia Clown, o cocker negro, pelúcia viva e substituto afetivo.

Brigitte ama Roger

Em 24 de novembro de 1952, Brigitte posa para uma matéria sobre pijamas no nº 365 da *Elle*. Dezoito anos e parecendo uma menininha vestida pela mãe. Dali a um mês, o bebê vai casar. Em 21 de dezembro, Brigitte se casa com Roger Vadim na igreja de Auteuil. Para se converter ao catolicismo, o noivo tomou aulas de catecismo da rue de la Pompe. Outras três vezes Brigitte Bardot haveria de se casar no civil, mas no coração dessa mulher cristã o vínculo indefectível do casamento religioso guardaria toda a sua força. Para Christine Gouze-Rénal, a produtora de seus filmes e amiga íntima, à parte Vadim, Bardot nunca amou. "Ela seria eternamente uma criança. Francamente, não creio que um dia tenha encontrado o amor. Mas Vadim sempre ocuparia um lugar à parte; ela não pode esquecer que ele lhe ensinou a vida. Mas e os outros? É o que me pergunto ..."[32]

Marc Allégret, Anouk Aimée e Françoise Arnoul estão entre os convidados para a cerimônia na prefeitura do XVIe *arrondissement*. Françoise Arnoul! A favorita dos adolescentes! Filha de general, ela mostrou os seios em *L'Épave*, seu primeiro filme, em 1949. As testemunhas são Danièle Delorme e Daniel Gélin. Também estão presentes os fotógrafos, amigos da *Match,* onde Vadim, para tranquilizar os sogros, trabalha como redator na revista. Em 29 de dezembro, o casal aparece na capa da *Elle*, com o título "Um ano feliz cheio de amor!" Mas o nome dos dois jovens não é mencionado. Certamente um presente da redação a uma garota fotogênica.

Nunca visto antes

Essas imagens são comentadas em conversa comigo por Philippe Collin, o assistente de Louis Malle. Acaso eu conheço as famosas fotos de Marc Allégret?, pergunta ele. Fotos? Que fotos? Segundo Philippe Collin, que também foi seu assistente,[33] o cineasta tinha uma incrível coleção de fotos na qual todo o cinema francês da época aparecia trepando. Ou chupando, detalha Philippe. "Os contrarregras de cinema faziam isso com garotas nuas nos cantinhos do estúdio."

Voyeur, Marc Allégret é fotógrafo de imagens eróticas.[34] As debutantes que se apresentam para testes têm direito a uma sessão de fotos. Às vezes, estão simplesmente nuas. Outras vezes, ficam pelos cantos do estúdio namorando com algum técnico ou assistente de direção, fingindo ou não propriamente fingindo jogos sexuais que ele registra em película. Marc Allégret vai formando uma enorme coleção de fotos de starlettes despidas.

Ah, sim? Mas qual a relação com Brigitte? Justamente, Philippe teve nas mãos uma imagem de Bardot. Que tipo de foto? Muito explícita, diz ele, misterioso. Erótica. Pornográfica, acrescenta. Não acredito muito. Não consigo imaginar Brigitte Bardot numa encenação obscena. Vadim, tudo bem. Mas ela, não. Ela é livre demais para isto. O sexo, para ela, não era sinônimo de pecado. "Ela era Eva antes do mau humor do bom Deus..."[35] Talvez essa inclinação lhe viesse do pai. "Sedutor, delicioso, divertido, elegante, Pilou, o pai de Brigitte, nem por isso deixava de ser um garanhão. Um grande garanhão. Na avenue Victor-Hugo, seu terreno de caça preferido, paquerava as vendedoras das lojas. No chalé de fim de semana em Louveciennes, lembro-me do teto vibrando quando Pilou transava com uma garota", conta Jean-Max Rivière.[36] Como Pilou tomasse um avião para a URSS com um estoque de meias e perfumes, Boum, seu sogro, pediu-lhe um favor: "Pilou, seja bonzinho, não vá nos trazer nenhum vírus"... Mais tarde, convidado a um jantar elegante, no momento em que a anfitriã o apresentava aos convivas como "o pai de Brigitte Bardot", Louis inclinou-se diante dela e perguntou, exibicionista: "Quer experimentar?"

Ser livre é uma coisa, fazer amor diante de uma câmera é algo muito diferente. Que não combina com o romantismo sentimental que Vadim deplorava em Brigitte: "Os sentimentos, o ambiente, o cenário tinham tanta importância quanto o prazer." Onde encontrar essa foto? Philippe Collin me recomenda os brechós de curiosidades. Ou Serge Bramly, especialista em fotografia. O instantâneo está em poder dele.

A foto na verdade foi extraída de cópias de negativos Rolleiflex 6x6. Foi tirada na casa de Marc Allégret, na rue Lord-Byron, talvez em 1950. A data não é certa, mas foi antes de *E Deus criou a mulher*, pois Brigitte Bardot parece realmente muito jovem. Quinze anos, talvez. Numa delas, usando uma saia comprida, as coxas afastadas, ela mostra sua intimidade. Está vendo o que eu quero dizer?, pergunta Bramly. Não, não *vejo*. Não sei se quero *ver*. Será que isto *me diz respeito*? O material de diversão sexual muitas vezes desumaniza as mulheres. Numa outra cópia contato, prossegue Bramly, Brigitte está deitada num sofá, com a saia levantada, mais uma vez sem calcinha.

"Abrindo a braguilha, Vadim mostra uma arma magnífica." Vinte e cinco centímetros, afirma uma de suas companheiras (Annette Stroyberg). "A gente fica perturbado com a idade e a beleza de Bardot, que tem quinze ou dezesseis anos, e a forte virilidade de Vadim." Segundo Bramly, essas fotos foram tiradas à revelia da jovem, que de modo algum participa da elaboração da imagem e certamente ignora que está sendo espiada por Marc Allégret, talvez com a cumplicidade de seu jovem assistente Vadim. "Tendo acompanhado André Gide ao Congo, Allégret tinha feito fotos obscenas para ele", acrescenta Bramly. Onde estaria a foto? Bramly não a tem mais em seu poder. Emprestou-a, e nunca mais voltou a vê-la.

Ele me recomenda que vá ao encontro do especialista Alain Paviot, que na época lhe havia oferecido as cópias. E também que procure o cineasta Pascal Thomas. "Eu vi um desses contatos. Lembro-me de uma jovem maravilhosa, de espírito livre. É exatamente o contrário do que se pode imaginar: alegre e sadio, sem o menor sinal de pecado", responde Thomas. Mas ele não guardou a foto.

"Essas fotos? Malditas. Eu mesmo dei uma delas ao meu pai, de quem veio a ser roubada", diz Alain Paviot. Amigo da filha de Marc Allégret, o especialista confirma a informação de Philippe Collin: o cineasta colecionou milhares de imagens. "Mocinhas querendo trabalhar no cinema posavam para fotos na casa dele. Danièle Delorme, por exemplo, completamente nua diante de uma piscina." Mylène Demongeot, acompanhada de Isabelle Corey, também teve direito a sua sessão de poses. "Gênero camiseta e calcinha. Na época, Odile Rodin era sua favorita", confirma Mylène.

Reproduzo para Paviot a descrição de Bramly. "Eu vi coisas muito mais explícitas, como ação. Mais pornográfico, impossível." Bramly não teve a mesma impressão: "Era algo cheio de frescor e encantamento, e não pornográfico." Muito bem, mas Paviot acaso teria um exemplar do contato fotográfico? "Foi tudo queimado pela família Allégret", responde ele prontamente. Não consigo acreditar. A contragosto, ele me fornece as coordenadas de Christian Rothmeyer, executor testamentário de Marc Allégret.

O galerista me conduziu à boa pista. As fotos se encontram num cofre-forte do Banque Nationale de Paris, em Aix-en-Provence, Rothmeyer descreve para mim o contato fotográfico 6x6 cujos negativos tem em seu poder, ao mesmo tempo que me dá notícia da existência de um filme mostrando Bardot e Vadim em pleno ato, que teria sido entregue por ele a um arquivo.

E com efeito, nos Arquivos Franceses do Filme, em Bois-d'Arcy, a caixa nº 793337 de fato contém o negativo nitrato de um "elemento curto" de 2 minutos intitulado *Prénuptial: Brigitte Bardot et Roger Vadim*, registrado em 1952 com a menção "Reservado a Brigitte Bardot e Roger Vadim".

Esse tipo de imagem, à beira da exploração sexual, seria hoje em dia passível de processo penal. Essas práticas equívocas comportam sempre abuso, maus-tratos, desprezo. O cinema dos anos 1940 e 1950 estava voltado para o sexo, um sexo doentio. Cabe perguntar se a lembrança negativa dessas imagens não seria em parte responsável pelo ódio que Bardot viria a desenvolver pelo cinema. O arquivista me explica que, para ver o filme, preciso de uma autorização escrita de Madame Bardot. Christian Rothmeyer, por sua vez, me convida a ir a Aix. Mas eu não vou. Certas imagens não nos *dizem respeito*.

Bardot antes de Bardot

Antes de surgir completa como Bardot em *E Deus criou a mulher*, Brigitte é uma jovem estrelinha que faz, um atrás do outro, papéis secundários em comédias insignificantes nas quais lhe é concedido o papel de irmãzinha, filha ou criada, invariavelmente uma ingênua desprovida dos atributos genéticos de BB — cabelos louros, silhueta de ampulheta, biquinho, olhar provocante. Sua juventude conta mais que o sex-appeal nos dezesseis filmes feitos por ela antes da estreia com Vadim.

Quem recomendou a Brigitte que escrevesse a Olga Horstig, grã-sacerdotisa dos agentes parisienses, tendo aos seus cuidados Michèle Morgan, Edwige Feuillère, Françoise Arnoul? Marc Allégret, provavelmente, ou Daniel Gélin. Nesse que era conhecido como o cinema da Qualité Française, a jovem Brigitte mais ou menos consegue se adaptar ao molde, embora seu talento para a interpretação deixe a desejar. Por sinal, só lhe interessa participar quando pode impor suas regras. Os atores dessa época se expressam numa dicção empostada, têm o rosto coberto com maquiagem pesada, trajam os figurinos como atores da Comédie-Française, enquanto a música reproduz uma melodia envolvente de Georges van Parys. Não pode deixar de haver uma bonequinha em cena, mesmo que fale alto demais. Olga Horstig consegue inicialmente que ela seja contratada para *Manina, a moça sem véu*, um filme de aventura de Willy Rozier, o mesmo cineasta que havia mostrado os seios de Françoise Arnoul em 1949. Brigitte fica com o papel de uma jovem de biquíni, com um cachê que logo é engolido pela compra de uma BMW em oferta para o marido. Uma atrás da outra, ela filma uma série de "porcarias para botar comida na panela", segundo sua própria expressão, pois sonha em decorar o pequeno apartamento emprestado por seus pais na rue Chardon-Lagache.

"Depois de Clown, eis, pela ordem, o que Brigitte mais gosta no mundo: os cães, os pássaros, o sol, o dinheiro, o mar, as flores, móveis antigos, relva, gatinhos, camundongos. Não tive coragem de perguntar onde eu ficava, talvez entre a relva e os gatinhos", escreve seu marido na *Elle* dessa época. Dinheiro, então. Em quarto lugar. Vadim casou-se com uma materialista. É para ele que ela trabalha. Ela não gosta do meio do cinema, das filmagens, da comédia. Ganhar dinheiro é embriagador para uma jovem que sempre viu a mãe, casada com um homem mais velho, depender dele. Sem dinheiro, não há liberdade.

Assim é que vem a filmar *Le Portrait de son père*, um filme de André Berthomieu, tendo Jean Richard como astro principal. Exatamente como Aggie Mack, a heroína de história em quadrinhos americana nascida em 1946, ela usa rabo de cavalo, jeans ou saias escocesas e meias soquete. As formas são menos importantes que sua idade. Nas filmagens de *Un acte d'amour* (*Mais forte que a morte*), de Anatole Litvak, com Kirk Douglas, ela contracena com seu ídolo, Dany Robin, como ela uma antiga dançarina. Dany é a estrela, Brigitte, sua criada. Em *Le Fils de Caroline Chérie* (*Carolina e os rebeldes*), de cabelos negros, ela é uma das apaixonadas por um bonitão.

Nesses primeiros filmes, Brigitte Bardot não passa de uma coadjuvante ainda meio crua de uma infinidade de jovens galãs, Roger Pigault, Louis Jourdan, Daniel Gélin, Jean-Claude Pascal, Gérard Philipe. Não fazendo sucesso na França, ela participa de épicos italianos: uma escrava em *Helena de Troia*, interpretada por Rossana Podestà, bela sex-symbol italiana, e depois Pompeia em *Mio Figlio Nerone* (*Meu filho Nero*). Do outro lado do canal da Mancha, contracena com Dirk Bogarde em *Doctor at Sea* (*A noiva do comandante*), comédia que, intitulada *Rendez-vous à Rio* na França, passa-se num navio em que ela interpreta uma cantora francesa. Betty Box, produtora de comédias baratas, sempre procura ter em seu elenco um nome estrangeiro que permita a exportação do filme. "Muito cedo Bardot chamou minha atenção. Ela era muito doce, muito voluptuosa, muito francesa."[37] Brigitte ganhou o triplo do que ganha na França: 750 libras por semana. O que afinal de contas não era tanto assim, em comparação com o cachê de Bogarde: 10 mil libras por semana.

Nos estúdios de Pinewood, James Robertson Justice, um de seus companheiros de elenco, apresenta-lhe o príncipe Charles, que se encanta com ela. Ele tem seis anos.[38] Brigitte causa tão boa impressão em Bogarde que ele se vangloria de tê-la descoberto. "Ela era divertida, cheia de sabedoria, muito bem informada sobre tudo que dizia respeito à Inglaterra. E, naturalmente, ninguém sabia lidar com ela." Exceto Vadim, que ficara em Paris.

Durante as filmagens de *Doctor at Sea*, Brigitte tem de tomar uma ducha, nua por trás de uma cortina de plástico. A figurinista prendeu-lhe fita isolante nos seios e a meteu num collant cor de carne.

Não obstante as tentativas do diretor e dos técnicos de controlar a iluminação, dá para perceber que a jovem atriz não está nua. Preocupada com o bom resultado, Brigitte propõe uma solução. "Digam em que momento eu tenho de tirar esses trecos." E cumpriu o prometido perante toda a equipe, reunida na ponta dos pés para admirar uma atriz tão cooperativa. Brigitte torna-se assim a primeira atriz completamente nua da história dos estúdios britânicos. O que mais impressiona seus colegas puritanos é o seu frescor. Ela fez a cena sem afetação nem falso pudor, como se estivesse se despindo no vestiário. "Para ela, a nudez é simplesmente um sorriso ou a cor de uma flor", explica Vadim. O comentário vaza dos estúdios de Pinewood até Londres. Na entrevista coletiva de lançamento do filme no hotel Dorchester, embora fossem esperados poucos jornalistas para entrevistar a jovem desconhecida, eles são quase trinta esperando no saguão. Mas ela se recusa a deixar seu quarto: está se achando feia.[39] Quando afinal chega, modelada por um vestido sensacional, usando um par de enormes brincos, seu atraso é perdoado. Seu autodomínio e sua sinceridade fazem o devido efeito:

— Qual foi o dia mais belo de sua vida?

— Uma noite.

— Qual a personalidade que mais admira?

— Sir Isaac Newton. Ele descobriu que os corpos podem se atrair.[40]

Os jornalistas ficam olhando para ela, hipnotizados. Fascinado, um editor parece quase a ponto de saltar pelo círculo dos seus brincos.

— Por que não usa batom?

— Porque deixa marcas.

A imprensa britânica inventa então a expressão *"sex kitten"*. Especialmente para ela. *Sex kitten*. Gatinha sexy. O sexo, a libido, o pecado da carne, a parte animal, a inocência. Um animal tépido, terno e brincalhão como um gatinho.

Nessa primeira vida cinematográfica, Brigitte é o arquétipo da criada de Molière: viva, franca, cheia de bom senso, atrevida, brincalhona, honesta. Um bibelô açucarado para o humor lascivo numa varanda aberta a doces perspectivas. Ela não ameaça (ainda) a virilidade.

Enquanto isso, formou seu *shadow cabinet* rumo à glória. Em *La Lumière d'en face* (*A luz do desejo*), trava conhecimento com Christine Gouze-Rénal, mulher e administradora do produtor Jacques Gauthier. Vinte anos mais velha que ela, Gouze-Rénal tem uma longa experiência no cinema, iniciada durante o regime de Vichy, durante o qual esta bela mulher foi amante e secretária de Louis-Émile Galley na Direção do Serviço de Cinema. [41]

Com a morte de Jacques Gauthier, Brigitte e Vadim a exortam a assumir a sucessão do marido. Ele se torna assim a primeira produtora da França. Ao lado de Brigitte, que se sente abandonada sempre que é afastada dos seus por uma filmagem, a jovem viúva, rebatizada de Ma Cri-Cri, garante uma presença afetiva em tempo integral. Além do mais, Christine dá cobertura a suas escapadelas. Durante as filmagens de *A luz do desejo*, Brigitte teve um caso com André Dumaître, o diretor de fotografia. Christine nada disse a Vadim, naturalmente. Nas filmagens de *Cette sacrée gamine* (*Garota levada*), a jovem atriz conclui a formação de sua equipe com uma peça fundamental: uma titular da função de maquiadora. A importante conquista chama-se Odette Berroyer. A jovem e bela mulher, antes de se dedicar quase exclusivamente a Brigitte e de se tornar Minha Dédé, acompanhando-a até seu último filme, maquiou Martine Carol, a sex-symbol anterior a Brigitte nas telas francesas, e Dany Robin. Mais tarde, Odette Berroyer maquiaria outras mulheres de Vadim: Jane Fonda e Catherine Deneuve.

Os filmes da jovem Bardot têm um certo encanto retrô, mas nenhum deles é memorável. Em *En effeuillant la marguerite* (*Desfolhando a margarida*), um dos últimos filmes anteriores a sua metamorfose, ela não passa de uma moreninha meio boba que se inscreve num concurso de strip-tease. Essa margarida, alusão a Marguerite Sacrez, a grande maison de lingerie da rue du Faubourg-Saint-Honoré, serve sobretudo para que Marc Allégret se dedique a seu passatempo favorito, desfolhar mocinhas. Chegou a hora de inventar Brigitte Bardot.

E Deus criou a mulher

Bardot lava mais branco

E Deus criou a mulher... É aí realmente que tudo começa. Para ela, para o cinema, para a França dessa época. Um personagem feminino decididamente novo, um cinema revitalizado, um país de perfil inédito. *E Deus criou a mulher* é o ato de nascimento de um mundo novo. Por trás da tela de um lençol branco, ela está nua, ao sol, completamente nua ao sol, completamente. Filmada de costas, com a coluna em cinemascope por trás das roupas secando. Alegre e sedosa em Eastmancolor. Roupa limpa e traseiro limpo, Bardot lava mais branco. O lençol a separa... de um alemão. Um rico alemão com fortuna de origem duvidosa, interpretado por Curd Jürgens, exemplar teutônico amistoso tendo passado em 1944 por um campo de concentração por suas opiniões antinazistas. E Juliette Hardy não quer saber desse velho, ela, uma garota que escolhe seus amantes, pois o prazer é um fim em si mesmo.

Mulheres nuas já tinham sido vistas no cinema. Bardot não é a primeira loura a tomar banho de sol em decúbito ventral, mexendo os dedos dos pés. Edwina Booth a antecedeu em 1931 em *Trader Horn*, um filme de aventura na selva. Trajando um colar étnico e uma tanga, Edwina desapareceu rapidamente do cinema americano. Pouco depois, Hedy Lamarr corria nua pelo bosque a pretexto de alcançar um cavalo em *Ecstasy (Êxtase)*, filme tcheco de Gustav Machaty que teve uma cópia queimada nos Estados Unidos, embora o filme exaltasse mais o higienismo e as alegrias rurais que a depravação. Novamente vestida, essa beldade fez carreira de *glamour girl* em Hollywood, para em seguida inventar um sistema de codificação de transmissões de rádio até hoje utilizado no WiFi e tornar-se o modelo de Dita von Teese. Vadim conhecia bem Hedy Lamarr, que em 1953 filmou *L'Éternel féminin* sob a direção de Marc Allégret. Na França, Arletty apareceu completamente nua debaixo do chuveiro, com uma enorme esponja na mão, em *Le jour se lève* (*Trágico amanhecer*), de Marcel Carné. A cena foi incluída no filme lançado em 1939. Retalhados pelo regime de Vichy, os seios em forma de pera de Arletty desapareceram das versões posteriores. Em 1953, foi possível vislumbrar os 95cm de busto e depois o traseiro de Martine Carol tomando banho em *Lucrécia Borgia*, de Christian-Jaque. "Sempre houve nudez no cinema. Era a nudez alegre, insolente, a nudez sem pecado que irritava mas ao mesmo tempo excitava as pessoas", disse Vadim.

Mas não só. É bem verdade que a Juliette Hardy de *E Deus criou a mulher* assume seu lado animal, mas ela também maltrata a ordem patriarcal, escolhendo seus amantes. Sua nudez é leve, insolente, completamente desprovida de remorso. "Quando um homem tem muitas amantes, é considerado um dom-juan. Quando uma mulher tem muitos amantes, é considerada uma puta", comenta Brigitte Bardot na época. Graças a ela, deixou de ser assim.

A imagem de Brigitte Bardot se foi elaborando em torno das ideias de naturalidade, juventude e simplicidade: em *Le Trou Normand*, seu primeiro filme, ela interpretava uma jovem normanda, e no segundo, a filha de um vigia de farol corso que passava a vida no mar. Aos dezessete anos, ela aparecia pela segunda vez na capa da *Match*,[1] em estilo rústico: blusa escocesa, tranças, flores silvestres. "Era para ilustrar uma reportagem sobre o tema 'Mantenha sempre a juventude aplicando o método do dr. Gayelord Hauser'. Eu estava horrível nessa foto, parecendo um coco de peruca! Ninguém me conhecia, pois eu ainda não tinha feito filmes. E por sinal, meu nome nem era mencionado na capa."[2] Na verdade, seu nome aparece na capa. E longe de parecer horrível, ela respira saúde. De chapeuzinho pendurado no pescoço, preso a um colar vermelho, ela segura uma braçada de ranúnculos desafiando o lobo mau, a boca maquiada com um vermelho provocante em lábios entreabertos. No rosto infantil, o desejo de seduzir parece um convite. Potencializada pelo vermelhão da roupa e dos acessórios, a mistura de inocência e sensualidade é perturbadora. Ela está promovendo Gayelord Hauser, a marca de produtos dietéticos. Higiene e saúde são as novas ideologias do pós-guerra. "A podridão é expulsa dos dentes, da pele, do sangue, do hálito: a França tem fome de limpeza", observa Roland Barthes em suas *Mitologias*. Na Libertação, os cabelos de milhares de mulheres acusadas de *colaboração horizontal* são tosados. Em 1946, Marthe Richard, uma prostituta arrependida, consegue que sejam fechadas as casas de tolerância, também contaminadas pelo antigo ocupante. "Chegou a hora de perseguirmos o objetivo da limpeza e do progresso moral", declara ela.

O corpo jovem de Brigitte Bardot não tem passado nem memória. Linda garota sadia exibindo um sorriso desconcertante e uma cabeleira abundante, ela é dona de uma beleza regeneradora. "Eu não sabia que o amor era uma doença", diz ela em *E Deus criou a mulher*. Como Françoise Sagan, um ano mais velha, ela é um corpo novo no qual a nação projeta um desejo de juventude, modernidade e renascimento. No dia do enterro de Sagan, no pequeno cemitério de Seuzac, Brigitte mandou flores com esses enigmáticos dizeres: "A minha gêmea." Uma irmã midiática, sem dúvida. Françoise tem seu pseudônimo Sagan, Brigitte, seu diminutivo, BB, iniciais perfeitas para uma menina-mulher. Só mais tarde as pessoas passariam a dizer Bardot, Sagan, designando-as pelo patronímico, como os senhores da guerra, quando todo mundo já souber que elas são mulheres de personalidade.

Como escreveu a professora universitária inglesa Sarah Leahy em seu estudo sobre Bardot, "ela apaga as manchas que a guerra deixou no corpo das mulheres".[3] Bardot está aqui, a mancha moral se foi.

Amor por prazer

Sim, tudo começa para Brigitte Bardot com *E Deus criou a mulher*. Cada característica do personagem Juliette Hardy, uma órfã sensual e imoral, apaixonada por um homem mas casada com seu irmão, foi inspirada nela: audácia, necessidade de afeto, amor pelos animais, negligência, dicção arrastada. As locações são filmadas na aldeia em que a família Bardot passava as férias. No verão anterior, Bardot e Roger lá se hospedaram num pequeno apartamento da rue Saint-Esprit.

Vadim filma sua mulher: sua ingenuidade, sua espontaneidade, sua franqueza brutal. O corpo livre de Bardot. Uma liberdade nunca vista antes no cinema. Ele pensa em James Dean, mas sobretudo em Brando sob a direção de Kazan em *Um bonde chamado desejo*. Para captar uma espécie de autenticidade selvagem, de sinceridade, Vadim arranha a superfície. O que não deixa de causar problemas. Como qualquer pessoa reservada, Brigitte se sente vulnerável e se assusta. Ela nunca se abre e controla sua imagem: a cabeleira cai como uma cortina. Não o louro nórdico de Madeleine Sologne durante a Ocupação, aquele louro limpo e quase branco do ideal ariano. Nem o louro platinado de Mae West, Jean Harlow ou Marilyn. Não, é um louro dourado, meio descolorido pelo sol, o louro da pin-up de Milton Caniff, que faz os franceses entrarem em devaneio desde que a viram pintada nos aviões americanos. Brigitte tem suas medidas. Altura, 1,66m. Cintura, 50 centímetros. Busto, 90 centímetros. Quadris, 88 centímetros. Ela acentua essas vantagens, ao mesmo tempo que se esconde. Sua maquiagem, uma máscara que a dissimula. Seu rosto é coberto com um creme espesso como resina, os olhos esfumados. À noite, Brigitte dorme maquiada, temendo que pela manhã seu companheiro descubra que ela é feia. Ao despertar, as bochechas estão sujas de rímel. Mais tarde, nos voos de longa distância, ela jamais dormiria, temendo alguma foto roubada durante o sono. Ao longo das filmagens, Brigitte e Vadim jantam com Françoise Sagan, que alugou uma casa em La Ponche. "Brigitte Bardot era de uma beleza extraordinária", recorda-se Florence Malraux, amiga de Françoise. "Apesar disso, várias vezes durante o jantar ela pegava o pó de arroz para se olhar e refazer a maquiagem. Tanta insegurança numa mulher tão bela!" A maquiagem, os cabelos, uma membrana protetora. Brigitte Bardot parece mostrar muito, mas dissimula tudo. Seu exibicionismo é uma ilusão. É mais fácil mostrar as nádegas que a alma.

No início de *E Deus criou a mulher*, ela aparece maquiada demais, penteada demais. Em seus quinze primeiros filmes, sua maquiagem era violenta, pois o cinema clássico não permite mexer a cabeça. O rosto é enquadrado em máscaras que projetam sombras e obrigam à imobilidade. Para fazer retoques, os maquiadores utilizam pincéis de vários comprimentos, podendo os maiores alcançar 1,5m.

Filmando em luz natural, Vadim recusa-se a entrar nesse jogo e inventa o rosto (quase) nu que seria a marca registrada da *nouvelle vague*. Entre uma cena e outra, despenteia sua atriz e proíbe Odette Berroyer de acrescentar maquiagem. A starlette excessivamente pintada do primeiro plano dá lugar a uma esplêndida adolescente de sensualidade selvagem. Na cena do casamento, Vadim consegue captar por baixo do véu de tule o singular brilho da adolescente antes da muda, uma graça leitosa que dura apenas uma ou duas estações antes da maturidade.

Com Brigitte, Vadim sabe o que fazer. A intimidade lhe facilita a direção da atriz e lhe permite captá-la bem, pois ela confia nele. Jean-Louis Trintignant lembra-se da primeira cena que filmaram juntos, no quebra-mar, o braço de pedra que enlaça o velho porto de Saint-Tropez.

"Então, Vava, o que eu digo?"

Raramente Vadim lhe pede que faça uma cena mais de duas vezes. Sem pedir que interprete, limita-se a acompanhá-la de perto. Ele filma o corpo de sua mulher sob todos os ângulos. Juliette anda de bicicleta, Juliette nada, Juliette dança, Juliette mostra o traseiro, Juliette beija, Juliette deita no capô de um carro, Juliette dorme. Ele filma seu corpo, mas também uma atitude. Insolência, o gosto da provocação. E, sobretudo, registra seus gestos mais comoventes. A adorável cena na livraria onde Juliette Hardy trabalha: ela atende uma matrona sem interromper a leitura de uma revista, ao mesmo tempo que morde uma maçã. De repente, como quem não quer nada, calça as sapatilhas sem mesmo se voltar...

Para conseguir que Brigitte se identifique com Juliette, Vadim tenta filmar o roteiro em sua continuidade, e como ela pode fazer qualquer coisa desde que... seja o personagem, faz com que ela própria escreva boa parte de seus diálogos. "Quel cornichon, ce lapin" (Que coelhinho mais estúpido!) tornou-se uma fala cult da *nouvelle vague,* porque Juliette Hardy se comporta e fala como os jovens da época, tem sua marca registrada. "Vadim permitiu que eu me expressasse livremente e fosse absolutamente eu mesma, o que eu não teria sido capaz de fazer sozinha", disse Bardot.[4]

E Deus criou a mulher não é um sonho que virou realidade, mas uma realidade que virou sonho. O filme tem algo de documentário, de autorretrato estilizado. A equipe técnica, bem típica de um filme da Qualité Française, é sólida: Armand Thirard, o diretor de fotografia, trabalhou com Julien Duvivier, Clouzot, René Clair, e fotografou *Hôtel du Nord (Hotel do Norte),* de Marcel Carné. Os cenários são entregues a Jean André, que acaba de trabalhar com Jean Renoir. Em compensação, os atores, à exceção de Jürgens, são desconhecidos. Vadim entregou o principal papel feminino a sua mulher e o principal papel masculino a seu melhor amigo, Christian Marquand. Ele mesmo e o produtor Raoul Lévy fazem figuração, assim como Clown, o cocker spaniel de Brigitte, numa cena no velho porto. Quanto a Jean-Louis Trintignant, ator de teatro, ninguém o conhece. Vadim o teria contratado por ser sobrinho de Maurice Trintignant, piloto de automóveis? Ao ser apresentada a ele antes do início das filmagens, Brigitte o achou sem graça. Ela, por sua vez, não agradava a Trintignant. "Fiquei pensando, é realmente uma babaca, mas na verdade não era nada disso, só que no início foi como eu a vi, e ela devia me achar um babaca, um tímido, um provinciano, o que eu realmente era, e eu ficava pensando, mas que mulher imbecil, só pensava em trabalhar com Delphine Seyrig."[5] Uma atriz do teatro de vanguarda, nessa época. Um ícone muito mais intimidante. A envolvente encarnação do glamour solene. O exato oposto de Bardot.

Se as cenas de interiores são filmadas em Nice, nos estúdios Victorine, uma grande parte do filme é realizada em locações externas, o que é insólito para a época. De 3 de maio em 7 de julho de 1955, Saint-Tropez se transforma em cenário. Thirard tira partido das construções cinzentas de La Ponche, enquanto Jean André se exime de exagerar no pitoresco. No porto, há um armazém, uma farmácia, uma livraria.

Os atores se hospedam no La Ponche. Lilou Marquand vai visitar o irmão Christian. "Eles estavam de férias, autênticas férias. Eu me hospedei no hotel La Ponche."[6]

Os prédios da beira-mar não foram pintados da cor de sorvete de creme italiano, como hoje, mas deixados como se encontravam. A primeira ordem de "ação" foi dada numa pequena praia da baía de Canoubiers, onde Brigitte Bardot mora atualmente.

Manine Vachon, figurinista

Bardot não entra na pele do personagem, é o personagem que toma a sua de empréstimo. É por isto que sentimos tanto prazer em ver esse filme B iluminado por sua presença. Bardot transforma o personagem algo inverossímil de Juliette num ser de carne e osso. Seus trajes parecem uma segunda pele no seu corpo, isto quando ela não se veste apenas com a camisa do marido, o adorável Trintignant. A figurinista se abastece em Saint-Tropez, na lojinha do cais Suffren fundada em 1919, tecidos provençais e estamparias antigas. Claire Vachon, conhecida como Manine, vende na loja adoráveis criações, uma moda de verão inspirada pelos pescadores, blusas e panos de cores fortes e cruas. Ela utiliza os tecidos mais rústicos, cambraia, cretone, estampados vichy, tecidos grossos e ásperos para confeccionar calças corsário, camisolas, vestidos leves. Picasso, Annabel e Françoise Sagan já se abastecem ali de suas blusas listradas e sandálias. As sandálias gregas, conhecidas como *spartiates,* são fabricadas nas oficinas da família Rodini na rue Clemenceau, ou nas de Jacques Keklikian, na rue Allard. Alma de estilista, Brigitte comprou uma blusa cinza que usa de maneira sensual, deixando-a desabotoada, com as mangas arregaçadas. Pela primeira vez na França, a atriz principal de um filme exige um guarda-roupa tão leve. Cabelos soltos, roupas sumárias, nua e livre em seu corpo, Bardot livrou-se de um cabresto. "Comprei no porto, vou lhe dar o endereço", diz Juliette Hardy à amante quarentona de Carradine, vestida com roupas de alta-costura, que examina invejosa o simplérrimo vestido vermelho de *E Deus criou a mulher.*

Bardot dança

Nos filmes de Bardot, sempre esperamos o momento em que ela dança. A cena mais deliciosa é a do mambo. Trepada numa mesa, ela firma sua lenda, collant preto debaixo da saia desabotoada.

"Eu não representava, eu era", diz ela. Dá para ver, ela está suando. Em maio, numa festa em Cannes, Vadim e Raoul Lévy a viram entrar em transe. Embriagada de si mesma, ela dançava freneticamente, liberando tensões obscuras. "Era como se um outro eu se apoderasse do meu corpo! O champanhe refrescava minha garganta e, de repente, *merde*! Eu estava com muito calor e derramei champanhe no peito, nos ombros, nas coxas." Esses excessos deixaram no marido uma impressão obsedante.

Nos cenários cheios de fantasia de Jean André, que criou uma boate modernista, Brigitte improvisa uma minicomédia musical que em sua energia prefigura *Amor sublime amor.* Descalça, coxas abertas, ela imita o amor ao ritmo da percussão.

Com seu corpo andrógino, ela seduz ora os homens, ora as mulheres. Os homens, por ser sexy. As mulheres, por se afirmar. Se o corpo de BB foi modelado ao estilo pin-up por Vadim para provocar e eletrizar o sexo masculino, não deixa também de emitir fortes sinais na direção das mulheres. A extraordinária energia de Brigitte Bardot, sua força vital, não é apenas vasodilatadora. Ver Bardot dançar é sentir imediata animação, um desejo incontrolável de aventuras inéditas. Ela é a forma coreográfica de um ideal feminino. "Brigitte encantou minha vida", disse-me Francine Rivière, uma de suas amigas mais antigas. Francine não é a única.

Para quem dança Juliette-Brigitte? A dança é uma autoafirmação no júbilo — e no desespero. No filme, ela começou diante de um espelho. O espelho do narcisismo feminino sedento de olhares. Subiu na mesa para em seguida voltar a se mostrar no espelho. Há algo de trágico nesse mambo que inaugura um novo período da vida das mulheres.

Bye bye Vadim

Além de ganhar um cachê de 6 milhões de francos e seu exíguo guarda-roupa de filmagem, Brigitte Bardot trocou o marido de verdade pelo marido do cinema, Jean-Louis Trintignant. "Eu nunca me senti atriz, mas quando fazia um filme entrava na pele do personagem com todas as minhas forças. De tal maneira que me apaixonava por meus parceiros."[7]

A intriga começou a ser tecida pela altura do fim do filme. Para ensaiar, Brigitte e Jean-Louis se isolaram na região de Nice onde o ator estava hospedado durante as filmagens. Até a última imagem, Brigitte nada confessou. Antes de se proceder à montagem do filme em Nice, ela já tinha deixado Vadim. Covarde, limitou-se a deixar que ele mesmo se conscientizasse do próprio infortúnio. Quando lhe manda um bilhete, é para se certificar de que ele ainda a ama. "Vadim era um sujeito meio perverso. Muito afetuoso, mas perverso. Gostava de situações... complicadas", diz Jean-Louis Trintignant. Complicadas? Que estaria insinuando? Seria uma alusão ao voyeurismo do cineasta? Trintignant nada mais diz.

Em seus anos de aprendizado, Brigitte foi a jovem pupila de Vadim. Ele lhe ensinou a liberdade, e ela soube fazer uso. E ele, Vadim, acaso amou Brigitte?

"Toda vez que eu caminhava, me despia ou tomava o café da manhã, tinha a impressão de que ele ficava me olhando com olhos de um outro, com os olhos de qualquer um. Mas sabia que não era para mim que estava olhando, mas para um sonho que perseguia através de mim", disse Brigitte, perspicaz.[8] Seu bilhete de rompimento era assinado Sophie, apelido pelo qual Roger a chamava: uma heroína inventada antes de se conhecerem para um romance por ele escrito. Ele dizia que Brigitte se parecia com seu personagem imaginário. "Nessa época, eu me divertia muito, achava que eram apenas pequenas excentricidades dele, perfeitamente inocentes. Não entendia a que ponto ele estava brincando com fogo — e, por mais cínico que seja, nem ele." Ela se julgava um ideal para ele, mas talvez não passasse de seu fantasma.

Os homens escolhidos na idade da inocência condicionam para o resto da vida. A lenda atribui ao casal por eles formado a maior liberdade amorosa. O generoso Vadim, segundo se diz, compartilha tanto o dinheiro quanto as parceiras. Em suas memórias, publicadas em 2005, sua ex-mulher Jane Fonda afirma que ele gostava de bacanais. Às vezes a três, ou mesmo mais. "Eu sabia recalcar tão bem meus sentimentos reais que me dividia em duas e acabei por me convencer de que gostava daquilo",[9] escreve ela. Vadim era seu primeiro amor e Jane Fonda não se amava. Sua relação com Vadim a valorizava a seus próprios olhos. Como Brigitte e as outras mulheres de Roger, ela acabou por deixá-lo.

A partida de Brigitte magoa Vadim. Abandoná-lo por um ator de charme desajeitado como Trintignant — muito embora fosse dono de uma força física insuspeitada! Vadim não tem sentimento de posse, mas daí a aceitar que Brigitte escolhesse por si mesma seus amantes e o largasse...

Desde as filmagens de *A mais linda vedete*, a madame Plemiannikov se emancipa. Vadim tem dois vícios, bebe e joga. Acaba de estourar uma parte do cachê da mulher numa jogatina qualquer. Depois de uma briga, ela exige que a produção a hospede no hotel Bellman. Antro de fotógrafos da *Match* e de atores, instalados no último andar, o Bellman é na época o laboratório experimental das mocinhas da burguesia. Mijanou, a irmã de Brigitte, encontra-se nele com um homem casado. Brigitte se diverte com Odile Rodin. De boa família de Lyon, a ninfeta perdeu o pai, médico, quando era pequena. Seu padrasto, Paul Dupuy de Frenelle, é um grande anestesista. Marc Allégret brincou de médico com Odile e Isabelle Pia antes de contratá-las para *A mais linda vedete*. Aos dezesseis anos, Odile é tão desembaraçada que a própria Brigitte fica espantada: nunca conheceu uma garota tão desinibida.

"Odile era uma mocinha linda com seios tão bonitos, muito grandes e firmes, que os mostrava sempre que pediam", conta a atriz Mylène Demongeot,[10] parceira de ambas em *A mais linda vedete*. Acima desses peitos provocantes, um rosto bonitinho para despistar. "Sempre nua debaixo do pulôver, e naturalmente sem sutiã." A ausência de sutiã é interpretada como sinal de provocação. Ante os amigos fascinados, Odile explica a escolha de seu pseudônimo: "Meu nome verdadeiro é Odile Bérard. Bérard é muito comum. Decidi então me chamar Odile Rodin. Muito melhor, não?"

Brigitte, decidida a aproveitar todas as opções da vida de hotel, a convida a seu quarto, onde as duas variam o cardápio do serviço de quarto, comparando as respectivas aparências e os prazeres a serem extraídos delas. Posteriormente, Odile se casaria com o velho playboy Porfírio Rubirosa, mas Vadim continua a encontrá-la no New Jimmy's ou na Calvados, aonde vai sozinha. Quer dizer, sem o marido. As garotas estão ficando perigosas.

Depois de uma separação vem inicialmente um momento inebriante. A vida nos pertence de novo. Conversar com um desconhecido a noite inteira, dormir atravessado na cama, tomar café da manhã no bistrô da esquina. Sentimo-nos alegremente disponíveis. Vadim se refugia com seu coração arranhado na casa de Françoise Sagan, na rue des Pêcheurs, onde ela escreve um roteiro com Alexandre Astruc, outro assistente de Marc Allégret. "Devemos comemorar o fim de um amor como se comemora a morte em Nova Orleans", diz ela. "Cantando, dançando, rindo e tomando muito vinho." Em 21 de junho, Sagan afogou seus 21 anos no champanhe do L'Esquinade, onde Vadim passa agora as noites, acompanhado de Christian Marquand e de um jovem turista alemão que gostaria de se parecer com ele, Gunter Sachs.

Ao voltar a Paris é que Vadim é surpreendido pelo ciúme. Certa noite, vai dar diante de seu antigo endereço conjugal na rue Chardon-Lagache, em Passy. As luzes estão acesas no apartamento. Como num filme de segunda, a porta se abre e aparecem Brigitte e seu novo amante trazendo Clown pela coleira. Este detalhe atinge Vadim como uma bala perdida. Uma víbora, um peixe venenoso, um animal arcaico planta os caninos em sua pele. Ele foi destronado por um outro, que sai para passear com o cão. O roteiro é escrito sem sua participação. O choque, no fundo, é a violência de Brigitte. O fato de abandoná-lo no momento em que ele lhe oferece o filme que a consagra. No amor, a primeira impressão é sempre a boa. Na rue Lord-Byron, quando se conheceram, ele sentira um perigo. Para defendê-la do julgamento dos amigos, que a achavam idiota, ele preferira deixar de lado suas prevenções. "Sua nova dançarina é meio fraca", dizia Danièle Delorme. "Sim, mas viu como é bela?", respondia ele.[11] Ela é como o gatinho que o mordera em Folliets: inocente e cruel.

Bardot aplica na verdade o método de Vadim: aproveitar a vida. "Amo meu marido, mas amo ainda mais Jean-Lou", declara ela numa revista. O dom-juan é ela, agora. O mar, o amor, as Ferraris e os amigos. Não, o carro e os amigos são mais coisa dele. Ela é o Amor com A maiúsculo. Ou um P maiúsculo como em Paixão. Brigitte só é capaz de viver num clima de alta voltagem amorosa. Não consegue ficar sozinha um só momento. Ou então fica achando que não a amam mais. Que ficou feia.[12] Quando sonhava que Vadim a tratava mal, acordava de cara feia. Na cena de *E Deus criou a mulher* em que Juliette-Brigitte se agarra a Michel-Trintignant, ele põe em sua boca suas próprias palavras:

— Juliette: Você tem de me amar muito.

— Michel: Mas eu a amo como um louco.

Era ele, Vadim, que ela questionava na vida real. Brigitte exige um amor devorador. Um amor monstro. Ele não esperava que um filme feito para sublimá-la, um filme que construiu para ela, viesse a separá-los. "Ela era um objeto dele, o Pigmalião. E lhe escapou por entre os dedos",[13] diz Trintignant. Uma piada se espalha no mundinho do cinema: "Eu não sabia que era tão maravilhoso fazer amor a dois", diz Brigitte na imitação das pessoas, com sua dicção arrastada, como se ela e Roger tivessem passado a vida em bacanais.

Consumido de ciúmes, Vadim chantageia. Telefona ameaçando se matar. Ela o acalma, mas ele começa de novo. "Ele ameaçava, e até se suicidava um pouco, mas sem exagerar", conta Jean-Louis Trintignant, que o achava desagradável. "Passei por momentos algo desagradáveis com ele, pois tivemos essa transferência de mulher, e foi um pouco penoso, fiquei com certa raiva dele. Não gostava muito dele nessa época. Quando vim a conhecê-lo melhor, dei-me conta de que era um sujeito maravilhoso. Mas naquele momento, como ele certamente estava infeliz — e hoje eu o entendo perfeitamente —, não era muito simpático. E além do mais, éramos rivais."[14]

Felizmente, restam os belos automóveis. O filme não lhe permitiu comprar um carro novo. Ele ganhou menos dinheiro que Brigitte. Enzo Ferrari propôs a Vadim testar um protótipo. Ele aceita.

Um encontro fracassado

> "Cheguei ao mundo do cinema no momento em que a imagem da mulher mudava. Fui eu que cheguei nesse momento. Eu fui a bomba que correspondia àquilo."
>
> *Actuel 2*, 9 de abril de 1973

Os recortes de imprensa arquivados na Cinemateca Francesa permitem sentir o pulso da sociedade francesa em 4 de dezembro de 1956, dia da estreia de *E Deus criou a mulher* em três cinemas de Paris, o Rex, o Normandie e o Moulin Rouge. O slogan publicitário não quer saber de meias palavras: "Deus criou a mulher... e o diabo inventou BB."

O público francês não comparece, e a imprensa não se mostra muito favorável. Os críticos, julgando manifestar um ponto de vista, traduzem os preconceitos da época. O sex-appeal de Brigitte Bardot funciona como um projétil de fragmentação. Por um lado, críticas um tanto licenciosas, as mais numerosas: "Este filme mostra que as contorções de fundilhos podem ser consideradas uma das belas-artes", debocha *Le Canard Enchaîné*. Por outro, um punhado de entusiastas. Alguns jovens ficam comovidos, à frente deles François Truffaut e Jacques Doniol-Valcroze, o fundador da revista *Cahiers du cinéma*. "Brigitte Bardot está magnífica, pela primeira vez totalmente ela mesma",[15] escreve Truffaut. "Tínhamos James Dean. Temos Brigitte Bardot (...). Ela é o lugar geométrico da metade das jovens que conhecemos nos últimos dez anos",[16] acrescenta ele. "Uma atriz encantadora", chega a dizer Godard, o que não é pouca coisa.

Muito embora Vadim, eternamente deslocado, jamais estivesse destinado a pertencer a uma família, *E Deus criou a mulher* prefigura a *nouvelle vague*: filmagens em locações externas, atores desconhecidos, diálogos que reproduzem a vida. Vadim e a *nouvelle vague* são mais ou menos como Rousseau e a Revolução Francesa.

A partir de um roteiro convencional e de personagens estereotipados, Vadim consegue, graças a seus atores, gerar criaturas vivas. Para começar, Brigitte. Vadim reconhece: *"E Deus criou a mulher* é meu preferido dentre os filmes que fiz, aquele em que tive mais liberdade para contar o que queria realmente. Atribuo seu sucesso ao personagem de Brigitte, primeiro que tudo físico, mas sendo também o papel que lhe permitiu mostrar o que trazia de angústia, dinamismo, confiança, totalmente livre em seu comportamento sexual. Eu nunca quis mostrar a jovem de 1956, mas esse personagem excepcional não poderia ter existido numa outra época." Godard concorda: "É um filme autoral. Vadim conta a si mesmo através dos seus personagens", observa ele na *Cahiers du cinéma* nº 73, de julho de 1957, encantado com o tom novo dos diálogos.

Diante da tela, o público debocha, incomodado com a sensualidade de Bardot. François Truffaut não se deixa enganar: rir para não ficar com a garganta apertada. Quando não está debochando, o público esnoba. Cento e oitenta mil ingressos vendidos. Um encontro fracassado. No ano seguinte, escorado no sucesso americano, o filme seria relançado com êxito.

Adeus, Pétain

Em 23 de julho de 1951, Philippe Pétain morre na ilha de Yeu. A *Paris Match* estampa na capa as marcas registradas do marechal caído em desgraça: quepe, luvas brancas, capote azul. Última foto: Philippe Pétain toma sua sopa num toldo. "Nos últimos meses de prisão, ele tinha perdido a memória. Não sabia mais por que estava preso na fortaleza da ilha de Yeu. Não se lembrava mais de Vichy", diz a legenda da foto. Como um ser humano, um país sem memória é um país sem identidade. A época só pensa numa coisa: perder a consciência do que acaba de viver.

E Deus criou a mulher marca o nascimento de uma sociedade nova. "Em 1954, estávamos diante de uma mulher fazendo amor porque tinha vontade, amando um homem e depois outro, sem experimentar em nada disso qualquer vergonha, mas uma inebriante sensação de liberdade",[17] escreve Françoise Sagan.

Na França católica e patriarcal do presidente René Coty, a maioria dos franceses ainda frequenta a missa dominical, embora a prática religiosa recue com a urbanização. O futuro da mulher é o casamento, que antes legaliza sua inserção na sociedade do que oficializa uma relação amorosa. "Nunca foi tão profundo o abismo entre pais e filhos", observa Jean-Luc Godard nos *Cahiers*. E por sinal, Juliette é órfã, como Michel, seu marido, que perdeu o pai. Humilhados, os pais fracassaram. A Ocupação os reduziu à impotência. Não existe mais autoridade.

Uma cena parece mais chocante que as outras. A da "noite" de núpcias consumada em plena tarde. Depois de fazer amor acima da sala de jantar onde os adultos se empanturram, uma Juliette descalça, cabelos revoltos, desce de penhoar ao seu próprio banquete nupcial para recolher na mesa o que comer. Está fazendo tábula rasa do passado. Juliette Hardy pisoteia a família com seus pés descalços. "Chegar vestida daquela maneira à mesa dos pais! Era inconcebível na nossa época. Hoje parece perfeitamente normal. Mas ainda me lembro do choque que senti durante a projeção!"[18], conta Mylène Demongeot, nascida exatamente um ano depois de Brigitte.

Os bem-pensantes se enfurecem. "Quando três vagabundos de famílias respeitáveis assassinaram um velho num trem em Angers, a Associação dos Professores e Pais de Alunos denunciou BB a Chatenay, o prefeito da cidade. Diziam que era Bardot a responsável pelo crime. *E Deus criou a mulher* tinha sido projetado em Angers, e os jovens imediatamente tinham sido pervertidos", comenta indignada Simone de Beauvoir. Em resposta aos moradores de Angers, Vadim publica na edição de 5 de julho de 1957 de *L'Express* um texto absolutamente contundente, autêntico rascunho das profissões de fé da juventude de 1968. Depois de observar que certos pais só podem estar profundamente desorientados ao culpar um par de pernas pela amoralidade dos filhos, ele faz uma reflexão política sobre a sociedade francesa do fim dos anos negros. "As palavras muitos pomposas parecem ocas. Se muitos jovens não reconhecem as regras de moral ancestrais, é por serem vítimas de um mal-estar, do hábito de tudo pôr em dúvida a todo momento, de uma falta total, absoluta e irremediável de confiança ou admiração pelos mais velhos."

Total falta de admiração pelos mais velhos, humilhados pela derrota, filhos que desprezam os pais, pais desorientados: nunca se viu coisa assim. Vadim, e através dele toda uma geração, acertam as contas. A família satisfeita da vida que se empanturra em seu filme é a família do *Trabalho, Família e Pátria*, o lema do marechal Pétain. "As palavras muito pomposas parecem ocas: FAMÍLIA...". "Patriota o húngaro que atirava contra os russos, mas bandido o indochinês que usa o uniforme do Viet Minh"... E, referindo-se à atualidade de 1957, ele cita o exemplo perturbador do general Speidel, oficial da Wehrmacht que acaba de ser nomeado para chefiar as forças terrestres da Otan. "Era patriota aquele que arriscava a vida para eliminar os soldados do general Speidel. Continuam sendo patriotas aqueles que vão servir sob as ordens deste mesmo general." Os massacres da guerra, as bombas atômicas, a descolonização mataram Família e Pátria, prossegue Vadim, contando os mortos de Madagascar. "Existem assim muitas palavras pomposas (...) que são imutáveis para os mais velhos, mas que nos parecem meio vagas." As palavras de Vadim, por sua vez, não sabem o que são rodeios. Com um desapego que não poderia ser mais direto, ele traduz a confusão da época e a aversão que inspira. "Os mais velhos acreditam que sem seu código de moral não existe noção de bem e mal. Os jovens consideram, pelo contrário, que esse 'código' acabou confundindo toda noção de bem e mal." E ele então aconselha às mães de Angers que mandem seus filhos ver seu filme, e até mesmo filmes policiais. "Neles, pelo menos, sabemos quem é o mau, quem é o bom e podemos estar certos de que o mau será punido."

O artigo tem um título premonitório: "OS JOVENS PREPARAM UMA SURPRESA." "Quando a nova geração chegar à maturidade social, haverá de reservar uma grande surpresa." Onze anos antes de maio de 1968, Vadim e Bardot derrubam a primeira barreira.

Como diz Godard a propósito de *E Deus criou a mulher*: "Chegou na hora certa." Um novo estilo de vida está surgindo, com seus comportamentos e sua linguagem. *E Deus criou a mulher* é o primeiro filme a expressá-lo na França. Uma mulher é o seu estandarte. Uma página é virada, a página do pós-guerra. "Os jovens franceses participam globalmente de uma maravilhosa reconstrução em profundidade de sua nação", observa Raymond Cartier, então quinquagenário, nas páginas da *Paris Match*. A juventude tem ótima reputação: segundo o cronista, ela é uma das mais "puras" surgidas em muito tempo. Desde a mancha moral, na verdade. Com ares audaciosos, Bardot moderniza a França sem perder o fio de sua história.

"As pessoas costumam dizer que eu 'fiz' Brigitte Bardot. Foi pelo fato de ela não ter sido fabricada, nem seus pais, e de a sociedade nunca ter influenciado sua natureza profunda, que ela chocou, seduziu, criou uma moda e no fim das contas explodiu no mundo como um símbolo sexual", disse Vadim.

Vadim não criou Bardot. *E Deus criou a mulher* é o poema que ele escreveu para a mulher sensacional cuja graça admirava. Um canto lírico, um hino a um corpo, a seu gestual musical. O filme, é verdade, envelheceu: uma obra inventiva envelhece a partir do momento em que suas inovações são reproduzidas. Um outro cineasta levaria o exercício a uma culminância sete anos depois, com uma grande escultura moderna, *O desprezo*.

Enquanto isso, a França encontrou uma forma de recalcar seu passado. Essa forma atraente chama-se Brigitte Bardot.

A invenção de Bardot

O filme assinala uma virada na história do cinema, observa Bardot com orgulho. "Eu fui a primeira a ser despojada de todo artifício e a aparecer naturalmente." Uma naturalidade relativa, pois seus cabelos são oxigenados, e sua maquiagem, das mais estudadas. A estrela francesa sexy da época é Martine Carol: cabelos impecáveis, rosto engessado, mais atrevida que sensual. Na época, uma mulher que se despe não é sexy: corpete, calcinha, sutiã, combinação, ligas parecem ter mais a ver com uma bandagem para hérnias do que com artifícios de sedução. "Um choque, sim, um choque. Uma garota como Brigitte não existia. Havia nossas mães, que jogavam bridge com as amigas, as jovens que as imitavam, as datilógrafas que trabalhavam e as mulheres da vida, que por sinal não se vestiam como Brigitte", analisa Mylène Demongeot. As prostitutas mais chiques, no bairro da Madeleine, parecem com Martine Carol: laquê nos cabelos, tailleur e luvas, écharpe de vison.

O personagem erótico elaborado por Bardot nada tem a ver com a figura da prostituta. Os fotógrafos lhe deram as coordenadas da *candid girl* de Peter Basch, cujas imagens de pin-up são publicadas na *Playboy*. "Nós aprendíamos a sentar, entrar em cena, sair de um carro, estufar o peito... Onde colocar os pés, as mãos, as pernas... Brigitte, naturalmente, sabia mais das coisas graças à dança. Uma gazela. Um belo animal", diz Mylène Demongeot. No ano seguinte, Vadim contrataria Peter Basch em pessoa para promover Brigitte no lançamento de *Les Bijoutiers du clair de lune* (*Vingança de mulher*).

Em *E Deus criou a mulher*, ela caminha com os seios apontando para a frente, mas subverte a assepsia da pin-up americana: nada de penteados sofisticados, nem de saltos altos, nem de batom muito chamativo. Cabeleira desalinhada, pés descalços (e provavelmente sujos), olhar sombrio, tudo se inspira na sintaxe sensual da mulher boêmia. Bardot é filha de Carmen, a cigana incendiária. Uma hippie antes do tempo, com suas opções legitimadas pelo fato de ter nascido num bairro de classe alta.

No cinema, Bardot inventou um gênero. *E Deus criou a mulher* é o seu *Anjo azul*. Ao passo que Dietrich constrói uma *persona* sintética de misteriosa perfeição, a figura de Bardot é sua própria substância. Ela habita o próprio corpo como Marlene habita seus vestidos. Se não tem a magia inacessível de Dietrich, está mais próxima do público. Até Bardot, o cinema hollywoodiano fabricava mitos. Lançadas pelos estúdios, Garbo, Dietrich, Monroe aspiram à mesma reputação que os grandes atores de teatro e extraem seu prestígio dos filmes que fizeram. Bardot extrai o seu da própria atitude. Depois dela, as mulheres não seriam mais as mesmas. Se Vadim fez de Brigitte uma mulher de verdade, Bardot fez de si mesma uma mulher verdadeira.

La Madrague

Um perfume defumado de folhas de eucalipto envolve o caminho pedregoso. A casa é invisível. Um cão feroz acompanha a moto até o portão de La Madrague, no fundo de um bosque desordenado de eucaliptos. Ela é escondida dos olhares por uma cerca de bambus, um alto muro branco com uma porta azul e dois muros hostis de alvenaria que se enfiam pontudos pelo mar, com ar ameaçador. "Bar do totó", lê-se numa inscrição. Pombos montam guarda sobre o muro. De tamanho modesto, à sombra de uma buganvília, La Madrague desaparece numa confusão selvagem, numa plumagem de juncos, uma cobertura de mimosas, figueiras, cactos hirsutos. É a cabana de Robinson Crusoé no país dos miliardários, uma reserva indígena no reino do luxo espalhafatoso, uma tenda de beduíno em meio aos arranha-céus.

Uma casa resume um universo mental. Por trás das muralhas, Brigitte Bardot construiu um mundo à parte onde vive autarquicamente, movida pela nostalgia da infância. As folhagens cobrem a casa como sua franja cobre os olhos. La Madrague é uma máquina solipsista cujas fronteiras Bardot ampliou sem autorização, uma república imaginária onde ela reina sobre uma tribo de amigos animais. Eles nunca a interrompem nem a contrariam ou criticam, observava

Vadim. Ela os enterra no jardim com uma cruz datada, como faz qualquer criança com seus hamsters. Tania, 1989-2002. Bombom, 1997-2000. Croquignol, 1994-2000. É o ossuário de Douaumont, o Caminho das Damas.

No principado de sua infância, ela criou um microcosmo do qual trata de afastar uma realidade incômoda. "Eu invento meu mundo próprio dentro do mundo dos outros, e tento não sair muito dele. Trago em mim a imagem de um mundo bonito que tinha na infância. Um dos objetivos da minha vida é conservar um mundo próprio o mais bonito possível e o mais honesto possível."[19] Bonito, palavra-fetiche de Brigitte Bardot.

No cemitério marinho, um velho senhor cuida de um túmulo coberto de rosas de cerâmica parecidas com as que Vadim filma em *E Deus criou a mulher*. Achando divertido, ele me observa enquanto tento ler as inscrições: "A senhora se interessa por túmulos de personalidades célebres, não é mesmo?", pergunta, malicioso. Ele parece com André Pousse, o ator mascote de Michel Audiard. Boa parte da lenda de Brigitte Bardot repousa aqui, ao pé da cidadela. Roger Vadim, claro, debaixo de uma pedra branca na qual seu nome está inscrito em grandes letras vermelhas de tipografia romântica. No dia do sepultamento em Saint-Tropez, as mulheres de sua vida o acompanharam com braçadas de mimosas: Brigitte, Annette Stroyberg, Jane Fonda, Catherine Schneider, Marie-Christine Barrault. Há o túmulo de Raoul Lévy, o produtor de *E Deus criou a mulher*, que se suicidou por amor. Entre os túmulos dispostos na altura da água deslizam velas brancas. Há também Félix de l'Esquinade. E escondida por trás de um espesso bosque de loureiros, a família Bardot em peso: os avós, papai Pilou, mamãe Toty. No túmulo de Eddie Barclay, produtor dos discos de Brigitte, coberto de LPs gigantes, esta inscrição: "Que a festa continue." E, justamente, ela continua. De 2 em 2 minutos, um barco de passeio passa diante do cemitério, chamando a atenção para os nomes dos ilustres moradores.

Rue de la Miséricorde

No inverno de 1958, Bardot e seu novo companheiro, Ghislain Dussart, o Jicky, se refugiam na casa dos pais de Brigitte, na rue de la Miséricorde, para cuidar dos corações machucados. A grande fachada iluminada pela luz violeta de uma buganvília, onde a família Bardot passou todos os verões desde a guerra, ainda hoje existe, na esquina da rua, na direção da igreja, na calçada da esquerda, com o cartaz "La Saravia".

Brigitte se recupera do rompimento com o cantor Gilbert Bécaud (infelizmente, casado) e Jicky, com Anna Karina (que infelizmente fugiu com Jean-Luc Godard). Um amigo, não um amante: mais velho que Brigitte, Jicky é um irmão protetor desde que lhe emprestou uma cabana em Cassis para esconder seu idílio com Jean-Louis Trintignant, um dos momentos mais felizes de sua vida.

Em Saint-Tropez, o inverno de 1958 é... epicurista: palavra que Brigitte aprende com Jicky. O sol ilumina o golfo como um enorme projetor que acaba com as sombras. Mais transparentes que em outras paragens, suas águas são relaxantes. Do La Ponche, os dois amigos divisam os cumes nevados do Esterel. Brigitte ouve sem parar o adágio de Albinoni e Georges Brassens, que lhe lembram Trintignant. Ou então relê os poemas que ele lhe deu: William Saroyan e Charles Cros. Para consolá-lo da traição, ela lhe deu um Austin Cooper verde-maçã (ela costuma dar um carro a seus homens. Vadim ganhara um Chrysler). Mas não foi suficiente. Ele acabou por deixá-la. E ela o substituiu por... outros. Entre eles Bécaud, na época um astro da canção.

Atriz mais bem paga do cinema francês, Brigitte ganha bem a vida desde *E Deus criou a mulher*. Raoul Lévy assinou com ela um contrato para quatro filmes. Ela vai ganhar 12 milhões de francos pelo primeiro, 15 pelo segundo, 30 e 45 pelos seguintes. Embolsou 5% da bilheteria de *Vingança de mulher*, 25% dos filmes seguintes. [20]

Pouco afeita ao risco, essa garota paradoxal se comporta como burguesa no terreno financeiro. Capaz das maiores audácias amorosas, ela nem por isso deixa de ter os reflexos materialistas da sua casta. Aconselhada pelo pai, investe em imóveis. Com os lucros, compra inicialmente a Doumer, seu apartamento parisiense na avenue Paul-Doumer, e agora quer ter uma fazenda no interior, ao sol, onde se veja cercada de animais.

De tanto dar longos passeios de bicicleta ao redor do golfo, Brigitte acaba tendo vontade de procurar ali mesmo sua casa. Sua mãe é quem descobre La Madrague, a dois passos da Treille Muscate, a lendária casa de Colette. No dia 15 de maio de 1958, Brigitte assina o contrato de compra por 25 milhões de francos, o equivalente a 370 mil euros de hoje.[21] Etimologicamente, uma almadrava [*madrague*] é uma rede de cabos e fios colocada perto do litoral para capturar os atuns em migração. Pois a casa de Brigitte Bardot haveria mesmo de capturar peixes.

BRIGITTE VERSUS MARILYN

Brigitte não consegue ver outra coisa. Marilyn diante do espelho. A Marilyn Monroe de *Os homens preferem as louras*, inspecionando a própria lourice. Mais bela ainda que nas fotos. Ela tira as luvas de cetim marfim e ajeita as melenas que tombam em curvas sedosas na nuca. Com um lenço de papel, tira o brilho da pele. Perfil direito. Perfil esquerdo. Como uma funcionária do controle de qualidade, Monroe procede a uma verificação metódica dos seus atributos.

Um silêncio banhado em talco reina no toalete do cinema Empire. Em meio ao fru-fru dos vestidos de noite, mulheres muito paramentadas se empoam diante de toucadores portáteis. Em cada mesinha há um cesto de bordado inglês com alguns produtos de beleza, algodão, lenços. Sentada num canto, Brigitte observa a americana de esguelha. Os seios por trás do vestido de madrepérola seriam acaso elevados por um sutiã *Rising Sun*? Tudo que Marilyn usa é perfeito. Deslumbrada, Brigitte registra as mechas rebeldes tocando o rosto vulnerável, dando a impressão de que Marilyn acaba de sair da cama, uma cama feérica, naturalmente, na qual os vestidos não amassam e o batom não sai.

Bem ao lado de Brigitte, uma mulher molha com saliva uma escovinha e em seguida a esfrega no rímel de uma caixinha cinzenta, cujo minúsculo espelho usa para alongar os cílios. O gesto lembra a Brigitte que esqueceu em Paris a maleta preparada por sua maquiadora. Desembarcar em Waterloo desarmada! Ela se desmanchou em lágrimas até conseguir superar a crise moral (e material), correndo de um lado para outro para reconstituir uma *nécessaire*. Não conseguiu o estranho lápis dourado dotado de uma escova de ferro que dispensa cuspir na escova, o Mascara Matic de Helena Rubinstein.

Graças à *Paris Match*, Brigitte sabe que Marilyn está filmando *The Prince and the Showgirl* (*O príncipe encantado*), de Laurence Olivier, nos estúdios de Pinewood. A própria Monroe produz o filme, na esperança de se tornar uma atriz respeitável. Sua carreira de símbolo sexual lhe trouxe sucesso... e desprezo. No convívio com o grande ator shakespeariano, ela sonha conquistar finalmente o rótulo de boa atriz. Vai embolsar 10% dos lucros, mas não é de dinheiro que Marilyn tem sede. Como Brigitte, que começou a filmar muito antes de formada sua personalidade, Marilyn sofre de um destruidor descompasso entre sua imagem de boneca sexual e o que realmente é, o que deseja ser. Monroe queria ser uma grande atriz. Ela é uma grande atriz. Mas ninguém está nem aí. Ela está apaixonada pelo novo marido, Arthur Miller, mas a imprensa só quer saber de sua suposta rivalidade com Vivien Leigh, a mulher de Laurence Olivier, que espera um filho. Em Pinewood, Olivier a trata com superioridade. Mas se equivoca. Com sua comovente naturalidade, a interpretação de Marilyn em *O príncipe encantado* deixa a dele no chinelo, com seu estilo teatral enrijecido num academismo cheirando a naftalina.

Tendo visto todos os seus filmes, Brigitte acha Marilyn sensacional, mas algo sofrida. A americana parece expressar confusamente algo que se rompeu.[1] Juliette Hardy, o personagem de *E Deus criou a mulher*, por sinal, se inspira na vida da americana: ambas são filhas rejeitadas, recebidas em famílias refratárias, que projetam seu afeto nos animais. Para não serem mandadas para orfanatos, ambas se casam com um jovem operário. O vestido vermelho de Juliette, simples como uma camiseta, é inspirado nos vestidos de jérsei de seda de que Marilyn tanto gosta. Ela os encomenda na Casa Pucci, em Florença.

Muda, a estrelinha francesa se deixa envolver pela aura vibrante de Marilyn, que ilumina o *ladie's room*. Uma nuvem de fótons paira acima de sua cabeleireira. A graça infantil que emana daquela jovem tão loura comove Brigitte, que não sabe que lhe restam apenas seis anos de vida. Talvez ela reconheça naquela garota mal-amada a mesma infinita carência que sente, de atenção e reconhecimento.

Marilyn levantou-se para pingar no olho uma gota do colírio Schwab's. Ao se inclinar, Brigitte vê seus sapatos. Sandálias de salto de um furta-cor castanho inacreditável, com uma sola interna dourada. Os olhos das duas se cruzam por um breve momento no espelho. Marilyn vira-se e sorri. Seu olhar é doce, leve, uma carícia. Ela deixa o local levantando o vestido de lamê com uma das mãos.

A deusa americana sabe o que quer. Na véspera, durante o ensaio, o chefe do protocolo esclareceu que era proibido usar decote na presença de Sua Alteza Real, Elizabeth II. Um monstro sagrado impõe as próprias regras, e as de Marilyn exigem a devida valorização de seus atributos. Ao contornar o protocolo dos Windsor, não só Marilyn o desafia como demonstra que no firmamento da grandeza a extrema celebridade leva a melhor sobre o nascimento em berço de ouro. Ambas de 1926, Elizabeth II e Marilyn não nasceram sob a mesma estrela cintilante, mas Hollywood rivaliza com a monarquia de direito divino.

Marilyn certamente não viu nenhum filme de Bardot, nem prestou atenção naquela nova estrelinha chamada de *sex kitten* pela imprensa britânica, mas as duas beldades se avaliam com o olhar. Que pensaria ela da linda francesa neste momento? No vestido branco bordado com pérolas e strass que lhe foi emprestado pela maison Balmain, e em cujo decote uma camareira do Savoy costurou um pedaço de tule para atender ao protocolo, Brigitte sente-se terrivelmente provinciana. Foi vestida por Christine Gouze-Rénal, mais mundana que ela. De qualquer maneira, não faltou quem notasse a jovem francesa: o marido de Marilyn. "Havia uma jovem pequenina, de ar tímido, com longos cabelos presos no alto. Como ela estava bem atrás de mim, pude ouvir seu nome: Brigitte Bardot", diz Arthur Miller, intelectual de óculos.

Em 29 de outubro de 1956, exatamente um mês antes do lançamento de *E Deus criou a mulher*, Brigitte Bardot conhece portanto Marilyn Monroe no *ladie's room* do cinema Empire, em Leicester Square, Londres, durante a Royal Film Performance, evento anual de gala no qual personalidades da sétima arte são apresentadas à rainha. Brigitte foi convidada graças à produtora inglesa de *A noiva do comandante*. O fugidio encontro da *bombshell* americana com a que acaba de se acomodar no lança-foguetes da fama é uma divertida coincidência. Na segunda metade do século, nenhuma atriz americana foi mais famosa que Marilyn. E nenhuma europeia, mais célebre que Bardot. A segunda marcha descalça nos traços da mais velha. Cinco anos antes de Brigitte, a presença declaradamente sexual de Marilyn Monroe em *Niagara (Torrentes de paixão)* fora reprimida por uma América conservadora e puritana. Privada de animalidade, a criatura hollywoodiana não podia ultrapassar os limites do decoro superficial. Corpo condutor do erotismo, a francesa retoma a bandeira e lhe confere uma realidade orgânica: Bardot transpira. Algo que o cinema de Hollywood proíbe. É isto a "naturalidade" de Bardot. Brigitte é Monroe sem o puritanismo.

Duas mulheres notáveis se encontraram... num espelho. "Eu a bebia com os olhos. Achava-a sublime. Ela representava tudo aquilo que uma mulher sonha ser. Encantadora, de uma beleza sublime e frágil."[2] Uma característica extraordinária de Bardot: sua lealdade em relação às outras mulheres, cujos encantos nunca deixa de ressaltar, desde que não sejam pálidas cópias dela própria.

Brigitte, que viu *E Deus criou a mulher* na montagem e se acha "nada mal" no filme, não tem ideia do impacto que ele terá em sua vida. No toalete do Empire, ela tira o tule que cobre o decote, despenteia os cabelos arrumados demais e vai ao encontro das objetivas dos fotógrafos, sorrindo como se vivesse o mais belo dia de sua vida.

Nesse dia de 1956, quatro símbolos sexuais se enfileiram no tapete vermelho.[3] Fresca como um copo d'água, a rainha, seguida da irmã Margaret, cumprimenta primeiro Brigitte Bardot, a caminho da celebridade. Nas orelhas da jovem francesa, os pingentes de pedra do Reno balançam enquanto ela vira a cabeça para olhar a soberana, que já está cumprimentando a veterana Joan Crawford, que já vai descendo a ladeira, e depois Anita Ekberg, que não chegaria ao topo. A espetacular sueca contorna o protocolo com impertinência. Embora esteja coberta até o pescoço, um sutiã provavelmente concebido por um protético modela seu busto em dois cones tão perfeitamente geométricos que ninguém enxerga mais nada. Depois, a rainha se demora junto a Marilyn. Embora na realidade seja magra, Marilyn parece rechonchuda, esculpida pelo vestido. Parece inclusive alta, embora seja tão baixa quanto a rainha: pouco mais de 1,60m. Para compensar a altura que poderia afastá-la das objetivas, Marilyn encomendou na Annelo & Davide, a célebre confecção de sapatos artesanais do show-business em Londres, um par de sandálias de salto plataforma. A miniescada lhe permite ultrapassar o real obstáculo por meia cabeça. Os flashes poderão alcançá-la! Os sapatos que a francesinha admirou há pouco não são uma arma de sedução, mas um instrumento de trabalho. Em Hollywood, nada é deixado ao acaso. Nem jogado fora. Os famosos sapatos Anello & Davide seriam revendidos por 33.350 dólares em 27 de outubro de 1999, no lote 19 do leilão 9216 da Christie's, no Rockefeller Plaza.

BB Party nos estúdios Victorine

Batalhões de jornalistas começaram a seguir os passos de Brigitte, mas ela ainda consegue despistá-los no volante de seu conversível Simca Week-End, desenhado pelo fabricante dos Facel Vega. Ela dirige um igual em *La Parisienne* (*O príncipe e a parisiense*), comédia-biquíni de Michel Boisrond calcada em *O príncipe encantado*, na qual Brigitte aparece em seus trajes-fetiche: os trajes de banho.

Mas logo ela seria impedida de se sentar ao volante pela própria celebridade. Mas não faz mal. O sucesso lhe faculta os serviços de um motorista-secretário-babá-cozinheiro, Alain Carré.

Em 1957, quando conclui as filmagens de *O príncipe e a parisiense* em Nice, BB é convidada a fazer a promoção do filme no Festival de Cannes. Brigitte se recusa terminantemente. "'Eles' que venham aqui", ordena, refratária. "Eles" são os jornalistas. Tomando-a ao pé da letra, a produção inunda a imprensa de convites para uma BB Party. Americanos, espanhóis, italianos, franceses, os jornalistas acorrem aos estúdios Victorine. Vão dar no bar, onde ficam à espera da estrela. A semântica muito bem preparada das aparições em Cannes obedece a um protocolo tão rigoroso quanto o dos Windsor. Os repórteres acabam de fotografar Elizabeth Taylor subindo majestosamente a escada, vestido arrastando no chão e tiara de diamantes. As estrelas americanas — das quais Taylor é a manifestação mais recente — pertencem a uma galáxia onde tudo parece possível. Submetidas aos onipotentes estúdios hollywoodianos que determinam e controlam sua imagem pública, elas são tão desencarnadas quanto deusas sintéticas.

Na França, as atrizes nunca foram uma pura e simples fabricação da indústria cinematográfica. A espontaneidade, a vivacidade, a animação, um jeito de interpretar (falsamente) natural sempre foram levados em consideração. O charme tem precedência sobre o artifício ou a extrema sofisticação. As antecessoras de BB, como Micheline Presle ou Danièle Darrieux, têm esse tipo de energia que agrada na França. Bardot está na extremidade dessa escola. Nem uma explosão sexual à italiana nem estrela sofisticada hollywoodiana, ela inventa um gênero e o leva ao mais alto grau de êxito. "Bardot mudou os cânones da beleza", teria dito Arletty. "Antes dela, as estrelas desciam as escadas cheias de plumas. Bardot as sobe nua. Quem saiu ganhando foi o público..."

Depois de esnobar o batalhão de jornalistas nos estúdios Victorine, a jovem atriz leva a coisa na brincadeira. Escondendo-se num caixote de embalagem, ela é carregada por dois maquinistas e depositada diante dos representantes da imprensa. "Tarã!! Eu saí lá de dentro de jeans e camiseta, me escangalhando de rir."[4] Eles ficam literalmente enlouquecidos. Uma sacada de gênio. Em seguida, ela faz seu trabalho de objeto: o número da garota gostosa, com gracinhas sedutoras e poses sugestivas. De camiseta moldando o tronco e jeans de cintura alta, sua aparência é compatível com as exigências da produção. Afinal de contas, como qualquer outra estrela, ela tem a capacidade de ser aquilo que se espera dela.

Empresária da própria sedução, BB dá mostra de habilidade experimental sem comprometer seu prestígio. Desviando a atenção da Croisette, ela fez com que a imprensa fosse até ela. Sacode as convenções ao mesmo tempo em que aumenta seu poder de sedução. Aos encantos da beleza e da juventude vem somar-se o de uma certa liberdade de tom. Ela aumenta o desejo. Uma criatura celestial veio se misturar aos mortais. Dietrich, Garbo, Monroe, Liz Taylor, as estrelas hollywoodianas eram inacessíveis. A muito astuciosa Bardot acaba de abolir a distância que separa as estrelas do público. As antecessoras ficam, com isto, mais velhas.

Brigitte Bardot na Time Magazine

Quando *E Deus criou a mulher* é lançado em Manhattan em dezembro de 1957, Brigitte Bardot é uma desconhecida na América. Seu nome só foi citado uma vez, e entre parênteses, na *Time Magazine*, por seu papel em *A noiva do comandante*, estrelado por Dirk Bogarde. Ao ser lançado o filme de Vadim, o crítico da revista se pergunta por que os franceses destacaram uma garota para fazer o trabalho de um símbolo sexual. Pois se Marilyn Monroe é uma garotinha disfarçada de bomba, Bardot é uma bomba autêntica disfarçada de garotinha. Oito meses depois, a francesa é uma estrela. Os americanos sabem que ela é de boa família, saboreiam suas medidas tanto quanto os detalhes nada convencionais de sua vida privada. No fim do ano de 1958, *E*

Deus criou a mulher já arrecadou 4 milhões de dólares, o equivalente à venda de 2.500 Dauphines da Renault. Nos quatro cantos do país, o público acorre para ver essa francesa num filme legendado. Diante de suas curvas, os americanos arregalam os olhos.

Por que ela? Os adversários de BB, que a consideram uma idiota — mas por que esse preconceito? Por que a beleza cega? Dietrich, tão cultivada, tão brilhante, tão sólida, enfrentou as mesmas prevenções — e má atriz, afirmam que ela só faz sucesso por se despir. "Mulheres nuas, estúpidas e incapazes de representar são o que não falta nos lares americanos a partir de 23 horas",[5] retruca o crítico Paul O'Neill numa penetrante análise publicada na *Life* em 30 de junho de 1958. É verdade, prossegue o crítico, que Bardot é um belo espécime francês que pode se arriscar em cenas mais ousadas do que seria permitido em Hollywood e em trajes sem autocensura. Mas essas vantagens não explicam por que em qualquer cidade dos Estados Unidos, país que se mostra mais que reticente aos filmes legendados, um dono de cinema que programe *E Deus criou a mulher* ou qualquer bobagem com o nome de Bardot nos créditos enche as burras durante semanas. "Uma atriz que deixa os cabelos caírem nos olhos, transpira um pouco e se agita avidamente quando beija um homem é uma revelação", escreve Paul O'Neill. Naturalidade: eis a novidade que Bardot traz para o cinema.

O poder exercido por Brigitte Bardot vai além da plástica, e por sinal ela não é a primeira europeia sexy e cheia de frescor a passear em pelo nas telas, observa O'Neill. Ela deve seu triunfo ao carisma. É um dos raros seres capazes de exercer um impacto tão forte no público com suas fotos quanto com seus filmes. Esse impacto é tanto mais perturbador na medida em que até mesmo em seus atos mais banais ela obriga o espectador a redescobrir em si mesmo as facetas subterrâneas da natureza humana que os seres humanos passam o tempo todo negando. E ninguém as nega com mais vigor que seus detratores, sejam profissionais ou particulares, homens ou mulheres. Com sua ausência de inibições, Bardot defronta o espectador com seus desejos secretos. Bardot não se limita a aparecer nua: ela desnuda os desejos e os medos do público. Sua autenticidade coloca cada um diante da própria hipocrisia. Ava Gardner é de uma beleza mais espetacular (conservada até o fim), Marlene Dietrich, de uma inteligência mais aguda, Simone Signoret, melhor atriz que Bardot. BB, todavia, com ou sem razão, é vista como um ser livre em seus desejos e desprovido de remorso. E isto é de fato excepcional.

O segredo está no espírito do tempo. Num pequeno ensaio visionário publicado no verão de 1957, Norman Mailer traça o perfil do "negro branco", de quem está "ligado", "na onda", um adolescente desiludido pela violência dos dois conflitos mundiais, que só busca gratificação imediata, especialmente sexual.[6] Como Vadim na *L'Express* nesse mesmo ano, Mailer deduz daí uma moral do imediatismo: como a bomba atômica pode ser explodida a qualquer momento, resta apenas viver o momento presente, sem referência ao passado nem ao futuro. Brigitte Bardot é a sedutora miragem dessa sensualidade violenta e autêntica que sua geração aspira viver. Ela mexe em algo muito profundo, a libido. Bardot é a clave de sol que inaugura a partitura hedonista.

Recortes de imprensa

Time Magazine, 11 de novembro de 1957
"De acordo com os franceses, BB (Brigitte Bardot) vai substituir MM (Marilyn Monroe), já símbolo sexual. Morena, ela é esbelta, embora toda cheia de curvas. Do pescoço para cima, parece ter doze anos, lembrando Shirley Temple na mesma idade..." Segundo a revista, ela ganha 30 milhões de francos por filme.

Time Magazine, 18 de novembro de 1957

"Tudo decorre da imoralidade da heroína", comenta a revista. O que é verdade. Em virtude de suas promessas eróticas, o filme legendado é lançado em 4 mil cinemas.

Time Magazine, 16 de dezembro de 1957

"Divorcia-se Brigitte Bardot (BB), 23 anos, o saboroso petisco francês (*E Deus criou a mulher*), do roteirista e diretor Roger Vadim, 29 anos, após três anos de casamento, por incompatibilidade de gênios."

Time Magazine, 23 de dezembro de 1957

"Vejam só a ingenuidade dos franceses em matéria de relações humanas. BB propôs ao ex-marido Vadim ser madrinha da filha da atual mulher dele."

Time Magazine, 17 de fevereiro de 1958

A *Time Magazine*, lamentando que o filme indiano *Pather Panchali* [*A canção da estrada*], de Satyajit Ray, que ganhou a Palma de Ouro em Cannes em 1956, não faça sucesso de bilheteria, observa que três filmes de Bardot estão em cartaz. Além de *Et Dieu créa la femme* [*E Deus criou a mulher*], *La lumière d'en face* [*A luz do desejo*] e *La mariée était trop belle* [*Brotinho de outro mundo*].

Time Magazine, 24 de fevereiro de 1958

E Deus criou a mulher, filme em que "a incandescente Brigitte Bardot desvenda generosamente seus encantos, história de uma jovem que busca sem muito critério um companheiro de cama", pode ser proibido na Filadélfia a pedido de Victor H. Blanc, representante do ministério público. As cópias foram apreendidas em dois cinemas e os exibidores estão sendo processados por atentado à lei antiobscenidade. A Suprema Corte não reconheceu a legitimidade da iniciativa de Blanc". Conclusão da *Time*: "Neste fim de semana, Brigitte atraiu mais curiosos do que nunca."

Time Magazine, 17 de março de 1958

"Recuperando-se das cansativas filmagens de *Amar é minha profissão*, a saborosa Brigitte Bardot também se refaz de uma separação: do ator Jean-Louis Trintignant, seu marido em *E Deus criou a mulher*, que está prestando serviço militar na Alemanha. Explicando que não suporta longas separações e que ele não tem folgas suficientes, BB declara: 'Sou terrivelmente exigente, eu sei, mas preciso ter a meu lado o tempo todo aquele que amo.'"

Time Magazine, 21 de julho de 1958

A revista manda um repórter ao pequeno porto em que foi filmado *E Deus criou a mulher*. Saint-Tropez é lançada.

Time Magazine, 28 de julho de 1958

Longa resenha de *O príncipe e a parisiense*, "o melhor dos sete filmes de Bardot que vimos recentemente".

Time Magazine, 24 de agosto de 1958

"Em Lake Placid, 3 mil habitantes, mais da metade católicos, o monsenhor James T. Lying, escandalizado com o fato de o cinema local exibir Brigitte Bardot em *E Deus criou a mulher*, exortou a população a boicotar o cinema durante seis meses. Lying, afirmando que o filme é 'uma agressão a cada homem e cada mulher de nossa comunidade e de todo o país', ofereceu 350 dólares a título de indenização financeira se o cinema abrir mão de exibir o filme aos domingos. O exibidor preferiu ficar com Brigitte."

Time Magazine, 8 de setembro de 1958

"Brigitte Bardot está tão despida que nossos cabelos ficam em pé. Que vergonha!", Marion Smith, Fort Benton, Montana, carta do leitor.

"Na realidade, qualquer homem normal sonha secretamente que sua própria mulher seja tão provocante com ele quanto Brigitte." William H. Tatro, Bakersfield, carta do leitor.

Time Magazine, 15 de setembro de 1958

"No céu, aviõezinhos desenharam as curvas de suas iniciais. Toda Veneza recebeu a mensagem: 'Brigitte Bardot está chegando.' Alguns críticos míopes talvez se deem ao trabalho de ver filmes, mas uma coisa é certa, o décimo Festival de Cinema de Veneza está no papo da atraente felina francesa. No dia seguinte, no Lido, Brigitte atendeu aos fotógrafos que exigiam que ela posasse na praia, e que chegaram a subir uns sobre os outros para alcançar melhores postos de observação. Imperturbável, Brigitte Bardot declarou que estava encantada de ser um símbolo sexual universal... Quanto ao sucesso do filme estrelado por ela, *Amar é minha profissão*, história de um advogado famoso que se apaixona por uma qualquer, está garantido. Elza Maxwell, por exemplo, declarou: 'Bardot não é nada, uma pobre gatinha sexy sem importância. Não tem o menor talento, só mesmo o de tirar a roupa. Uma catástrofe para a juventude americana.'"

Uma foto de Willy Rizzo

"Vejam essa encantadora feiticeirinha loura cavalgando sua vassoura. Vejam-na voando em direção a Valpurgis. Vejam essa jovem esfinge de formas perfeitas e que faz beicinho. A moda pode muito bem movimentar fortunas, mas basta que essa feiticeira, que essa esfinge compre uma calça, um pulôver masculino na Mme Vachon em Saint-Tropez, para que as mocinhas da Côte adotem a mesma roupa e ela se transforme em moda."

Jean Cocteau

Para refrescar a memória, Willy Rizzo tira de uma caixa de plástico um minúsculo peixe de chocolate, colorido como uma joia Fabergé, e lhe corta a cabeça com uma dentada. Para qual jornal tirou essa foto de Brigitte? Usando um short micro de xadrez vichy, ela bota a cabeça travessa para fora da cabine de um barco, como um duende saindo de uma caixa. Para não decepcionar, Rizzo inventa: "Devo ter-lhe dito algo do tipo 'Você sabia que fica uma gracinha de quatro?'" Em que ano? 1958, o ano em que ela comprou La Madrague. Tirada no pequeno porto de La Ponche, é uma das mais famosas fotos de Bardot, e muitas vezes Willy é convidado a contar sua história. Na verdade, Rizzo não se lembra mais. Nascido no mesmo ano que Vadim, ele trabalha há setenta anos. Marilyn no lombo de um elefante, Marlene ao lado de um minúsculo eletrofone, Le Corbusier beliscando petiscos, Yves Saint Laurent em seu salão modernista, Chanel em meio a seus manequins-clones na rue Cambon. Pendurados na parede de sua galeria e misturados aos móveis que Rizzo desenhou em Roma para o jet-set dos anos 1960, seus retratos formam uma galeria de grandes ancestrais em meio aos móveis de família. Atores, grandes arquitetos, grandes costureiros, essas estrelas sobreviveram à atualidade mais imediata. Algum dia, Willy viu-se diante de cada uma das estrelas penduradas nas paredes. Numa relação provavelmente boa, o que se traduz em imagens enquadradas como planos de cinema. Uma boa foto é antes de mais nada uma boa troca. Willy tem esse *tato rápido* de que fala Nadar,[7] e que permite a comunicação com o modelo.

Quando foi que ele conheceu Brigitte Bardot? Muitas vezes ela ia ao encontro de Vadim na redação da *Paris Match*, na rue Pierre-Charron, ou então se encontravam no café La Belle Ferronnière ou no Bellman. Brigitte conhecia todos eles, Vital, Michou Simon, Jacky Garofalo, Walter Carone, Georges Ménager, Jean-Claude Sauer. Um bando de 25 boas-vidas que cedo ou tarde viriam todos a fotografá-la. Alguns, segundo a lenda, se prevaleciam de seu generoso temperamento. Recrutado por Hervé Mille, Willy Rizzo entrara para a revista antes do lançamento, como Walter Carone. Fotografou a primeiríssima capa da *Paris Match*, o número 1, de 25 de março de 1949: uma foto em cores de Churchill escondendo o rosto.

Sedutor e jogador, Willy Rizzo é um dos mais belos espécimes da lenda dourada da *Paris Match*. Reportagens de grande repercussão, notas fiscais faraônicas pagas em dinheiro por uma contadora fechada numa minúscula guarita. Em troca, ela pedia apenas uma assinatura e as moedinhas do troco para o cofre de sua associação de caridade. Trajando-se com esmero, Willy Rizzo levava a vida em grande estilo, carro esportivo e esposas de alta classe, manequim de Chanel ou estrela italiana, como Elsa Martinelli. Graças a Willy, o humorista Art Buchwald entendeu a diferença entre uma estrela e uma starlette: "Os fotógrafos da *Match* correm atrás das estrelas. As starlettes correm atrás dos fotógrafos da *Match*." A imagem meio maltrapilha do repórter fotográfico deu lugar à figura reluzente do playboy cheio de humor. Em *Les Bijoux de la Castafiore*, história em quadrinhos de Tintin, o personagem de Walter Rizotto, fotógrafo em *Paris Flash*, inspirava-se ao mesmo tempo em Willy e em Walter Carone.

Rizzo recorda-se que foi à casa dos pais de Bardot na rue de la Pompe, mas em que ano? "Lembro-me de tudo, é o meu cérebro que não acompanha", diz, divertido, o velho cavalheiro elegante, de paletó preto e sapatos Berlutti reluzindo como um capô de Ferrari. "Ela tinha um lado... chiquinho... aquele chique típico do XVIe *arrondissement...* essas mocinhas, que por sinal podem ser divertidas ou não, com aquela fala meio arrastada? É incrível, porque ainda hoje encontramos isso... Elas estão sempre por aí, as mocinhas de Passy ..." Rizzo tem razão. Elas estão sempre aí. Emmanuelle, Vanessa, Cécilia, Camille, Mathilde. Na rua do Faubourg-Saint-Honoré, dirigem a *Vogue*, desenham vestidos Azzaro e A.P.C. ou anéis Dior, casam com o presidente da República. À noite, depois de um drinque no Bristol, voltam para Auteiul ou Passy para cuidar dos filhos. Paris é uma aldeia de tribos, cada uma com seu sotaque, seu léxico de vestuário, seus códigos. As nuances são tão sutis que fica tão difícil distingui-las quanto às nuvens macias que passam sobre o Sena. Prosódia sonolenta, o sotaque de Neuilly-Auteuil-Passy pode ser reconhecido pelas vogais extenuadas, as sílabas que se esticam como um chiclete, o inexplicável *rallentando*. Ao falar, a mocinha de Passy não tem a menor pressa, como que entorpecida por um banho quente demais. Capaz de uma súbita audácia, ela a anula em seguida com o conformismo mais terra a terra.

Até Bardot, o sexy é uma categoria da vulgaridade. Um costureiro como Azzedine Alaïa, que gosta de destacar os atributos sexuais, é inimaginável nos anos 1950, a menos que vista certas putas (e mesmo assim, nem todas) ou dançarinas nuas. Uma mulher chique exige do seu costureiro que a torne elegante, e não desejável. Que exalte seu charme, e não seu traseiro.

Bardot não inventou o mini-short. Silvana Mangano já o usa em 1949 para colher arroz amargo nas águas da Lamellina. Mangano é filha de ferroviário, tem pelos nas axilas. A libido das moças pobres, artefatos de Hollywood como Monroe ou Mansfield, exuberantes de Cinecittà como Sophia Loren, Gina Lollobrigida, Silvana Mangano ou Rossana Podestà, conserva um traço de vulgaridade: seu potencial erótico é avaliado em megatons. O de Bardot é aéreo. Imitar a elite é adquirir prestígio. Imitar o povo, perder admiração. Filhas do povo, as estrelas italianas são vigorosas e de uma sensualidade chamativa. A francesa Bardot é uma ninfeta borbulhante, alegre, saborosa, sexy. Suas poses provocantes não são vulgares, são ousadas. O nascimento em meio burguês legitima uma sensualidade por ela colorida com um verniz de bom gosto. Bardot quebra as regras. O espetáculo erótico por ela oferecido não tem cheiro de enxofre, não obstante o desagrado do Vaticano. Ela não inventou o sex-appeal, tornou-o aceitável. A moda, que se propaga por mimetismo, vem de cima para baixo. Nunca o contrário. A insolência do vestuário de Bardot, temperada por seu lado chique, desloca de um só golpe as linhas. De boa família, ela é o mais delicioso dos álibis.

De chocolate na boca, Rizzo afunda no sofá de pele de javali desenhado numa outra encarnação. Salvador Dalí, o playboy Gigi Rizzi, que se desincumbiu de um período intermediário nos amores de Brigitte, Otto Preminger e muitos outros encomendaram suas mesas laqueadas com bar integrado, seus canapés de napa branca, suas luminosas cômodas de aço. E por sinal Willy decorou La Madrague. A revista *Art et Décoration* publicou em maio de 1975 uma reportagem sobre a casa. Nela, podemos ver o bar com coqueteleira, garrafas de uísque, vodca, gim, porto. O Partenon de uma civilização engolfada, exceto entre os amigos de Bardot, como Paul Giannoli e Victoire Doutreleau, ex-mulher do dono da *Match*.

A galeria da rue de Verneuil é a sala de armas dos barrocos anos 1970. Mais um chocolate para Willy. Então, e Bardot de short xadrez? "Outras eram bonitas, mas Bardot tinha personalidade. Ela inventava gestos. Um certo jeito de levantar os cabelos."

A cabeleira costuma ser arrumada com as duas mãos. Com um gesto displicente, ela a ergue sobre as têmporas para formar um maço dourado, que depois deixa cair como uma cortina líquida. Com a ciência plástica de uma dançarina, ela modela e estiliza gestos novos. Antes de Bardot, o cabelo é arrumado demais, duro pelo laquê e os códigos rígidos. Uma mulher não sai sem *mise en pli*. Os cabelos das mulheres são presos, só as garotas os deixam soltos. O penteado de Bardot simula o natural, o desarrumado, o descuidado. Hoje, Bardot poderia reivindicar direitos autorais toda vez que uma garota arruma os cabelos com os dedos na rua, no restaurante, no escritório, na praia, ou que uma cabeleira se derrame em ondas. Ornamento típico de Bardot, sua cabeleira fala da mulher disponível como Maria Madalena, a única santa da iconografia cristã que se permitia semelhante penteado. Como os cabelos das mulheres são maléficos, precisam ser cobertos (Maria) ou presos (Elizabeth). A inovação petulante de BB caiu em domínio público e parece banal até mesmo nas mais antigas instituições. Uma Kate Middleton, futura rainha da Inglaterra, casou-se em Westminster com os cabelos soltos.

Na mesa laqueada, Willy dispõe uma série de BB de short, em tamanho grande, numa cartolina. "Ela inventava um estilo, também. Uma maneira de lançar o short muito curto ou a camiseta muito comprida"... A pé nas ruas de Saint-Tropez, no porto, com uma sacola e um cocker spaniel. Suas roupas não a travam, deixam seus gestos livres, ela não usa joias. Ela encarna a nova feminilidade em busca de sua liberdade sexual, o que agrada às mulheres. Mostra as pernas, cintura fina, busto decotado levantado, o que agrada aos homens. "Ela era perigosa como uma pantera", diz Willy Rizzo, sonhador. Foi talvez o que ele fotografou no barco de pesca: uma jovem pantera.

Dois fotógrafos seguem o shortinho quadriculado naquele dia do verão de 1958, pois Luc Fournol, o fotógrafo da revista *Jours de France*, capturou os mesmos instantâneos. Ou quase. Ele enquadrou BB no momento em que ela tira a sacola da mala do Simca. Para tirar uma boa foto, é preciso antes de mais nada "vê-la", como dizem. Imaginar antes de revelar. Rizzo e Fournol depositam na jovem diabolicamente magra um olhar idealizado composto de 80% de erotismo cru, 10% de frescor infantil (o short quadriculado de escolar) e 10% de pitoresco (os cabelos eriçados, a sacola de ráfia, o barco de pesca ou as ruelas de La Ponche).

Como as imagens publicitárias, as fotos de celebridades transmitem uma imagem embelezada de seu modelo. Rizzo revelou várias fotos nesse dia. Na cópia de contato, selecionou, eliminou em função da ideia que tinha do seu tema. Muitos restos e refugos para uma só fotografia, uma única imagem publicada. BB olha para a objetiva bem de frente, sente-se confiante. Seu olhar não revela nenhum segredo. O fotógrafo parece interessar-se por um tipo: a mocinha loura e bonita cheia de alegria. Como uma boneca Peynet, a figurinha de látex que está na moda no momento. Não é uma imagem de documentário nem uma foto roubada. O fotógrafo e seu modelo marcaram encontro. BB vestiu-se e se penteou "com uma negligência meio selvagem", bem de acordo com seu personagem *espontâneo e autêntico*. Willy levou-a então para o porto.

O sucesso da *Paris Match* decorre de suas fotos, e nelas Bardot é onipresente. A fotogenia, ser mais belo em foto que na vida real, é um privilégio misterioso. Bardot apareceu 39 vezes na capa da *Paris Match*, mais que qualquer presidente da República. Só Lady Di bateu seu recorde, mas num período em que a revista não tinha mais tiragem de 1,8 milhão de exemplares, como nos anos 1960. O fenômeno é exponencial: quanto mais se é fotografado, mais se é conhecido. Quanto mais se é conhecido, mais se tem chances de ser fotografado. A proliferação de imagens explica o fascínio de Brigitte.

Milhares de pessoas recortaram a foto de Willy para afixá-la na cabine de um caminhão, na porta de um guarda-roupa, num caderno ou para trazê-la na carteira. Em certa época publicada na *Match*, a galeria Rizzo é que divulga atualmente uma ampliação numerada e assinada. Vendida a preço alto, emoldurada em negro e inox com passe-partout, ela não causa o mesmo efeito que em papel-jornal. Nesse novo contexto, já não conta a mesma coisa. A imagem popular se transformou em totem chique.

Em 1958, a foto de Rizzo contribui para lançar um cenário: Saint-Tropez. Há cinquenta anos, a história desse éden de bolso se conjuga com a das estrelas do momento. A beleza sobrenatural do lugar é apreciada inicialmente por alguns estetas. Em 1925, Colette, a escritora e jornalista famosa, compra a Treille Muscate, uma casinha num terreno abandonado na baía de Canoubiers, onde vive o ano inteiro. Rústica demais para seduzir o *café society*, Saint-Tropez não tem o glamour de Cannes, Antibes ou Juan-les-Pins.

Cheio de árvores frutíferas, vinhas, flores, o jardim da Treille Muscate desce até o mar. Colette dorme à luz das estrelas. É o paraíso de alguns verões. "Há dez iates no porto, um horror", queixa-se ela a uma amiga em 1931, para em seguida vender a casa ao ator Charles Vanel. Famílias burguesas como os Bardot, fascinadas com o modo de vida na cidade, aos poucos vão substituindo os artistas. Ao desembarcar na estação de Saint-Raphaël, é no bar do La Ponche que a família toma o primeiro café da manhã com *fougasse* quente. Saint-Tropez é seu paraíso de bolso. Os Bardot começam por alugar, na praia de Salins, uma choupana, como se dizia então, e depois vêm a comprar uma casa na rue de la Miséricorde.

Em 1955, a jovem Sagan também adota La Ponche, com seu irmão Jacques. Certamente ouviram falar a respeito por meio dos amigos de Saint-Germain-des-Prés, Juliette Gréco, Boris Vian, Vadim, Daniel Gélin e os irmãos Marquand, que montam quartel-general na cidade durante o verão. Na maior casa da rue des Pêcheurs, Sagan importa os amigos e um estilo de vida que sacraliza o *dolce far niente*. Saint-Tropez é um burgo de 4 mil habitantes vivendo do mar e da fábrica de torpedos. No ano seguinte, é na cidade que Vadim filma as cenas externas de *E Deus criou a mulher*. Junto à praia de La Ponche, ele aluga da família Patrone, no número 4 da rue de la Rampe, uma das casas de pescadores dando para o mar. O bar do hotel La Ponche funciona como camarim para Brigitte, que se despe no meio do saguão. "Quer fazer o favor de se cobrir?", reclama Albert, o dono. A jovem atriz é território conhecido.

Em 1958, Saint-Tropez transforma-se em lugar da moda para uma pequena elite de jovens, a *Nescafé Society*, que deixa a Côte d'Azur para os bilionários velhos. O repórter enviado pela revista *Time* para visitar os cenários de *E Deus criou a mulher* contabiliza os iates misturados aos barcos de pesca. Oitenta, em sua maioria italianos. As jovens da *Nescafé Society* se vestem como Bardot, short e sandália, ou pés descalços e bronzeados, calças tubinho com tops amplos e coloridos de Manine Vachon, rematando com chapéus cloche de palha. O shortinho foto- grafado por Rizzo foi desenhado por Manine Vachon. Tendo Bardot como *cover girl*, Vachon faria a moda estival dos anos 1960: blusa estilo marinheiro, bermuda, sutiã, calça de cintura baixa, canga de praia, seus achados inspiram as coleções de alta-costura, especialmente as do jovem Yves Mathieu Saint Laurent. "Quanto mais bronzeadas, mais temos de despi-las": é o lema da sua maison.[9] Quando a *Nescafé Society* se transformar em *jet-set*, os clientes de Vachon atenderão pelos nomes de Sophia Loren, Liz Taylor, Paola da Bélgica, Geraldine Chaplin, Juliette Gréco, Jeanne Moreau, Claude Pompidou, Aristóteles Onassis, Lucia Bosè e Dominguin, Sacha Distel.

Nas ruelas estreitas, naquele verão de 1958, o jornalista da *Time* relaciona as marcas de automóveis: Ferrari, Lancia, Mercedes, Aston Martin, Jaguar, Austin-Healey. Ele retrata uma Saint-Tropez idílica onde tudo é festa e flerte. No verão, durante o dia, Saint-Tropez é uma cidade fantasma. Ninguém toma banho, as praias são feitas para se bronzear. A vida começa por volta das cinco da tarde, com o aperitivo no Sénéquier. À noite, em boates minúsculas montadas nos porões dos bistrôs, o chá-chá-chá e o rock dão lugar ao charleston. Os hotéis são sumários: nada de serviço de quarto, apenas uma chave apanhada na portaria. Mil quartos para 20 mil turistas. Já é demais para Sagan, que troca o Mediterrâneo pela Normandia. "Saint-Tropez, c'est fini", escreve ela em 1958. A não ser que esteja na verdade começando. Saint-Tropez se transforma num conceito sensacional, a Jerusalém da sociedade do lazer, carreando uma promessa de sexo, de otimismo, de adolescência eterna, e tendo a efígie de Bardot como golem. Descoberta por artistas, abastardada por burgueses que pintam de framboesa e baunilha as velhas fachadas cinzentas, massacrada pelo dinheiro dos novos-ricos, a pequena aldeia de pescadores teria o mesmo destino dos lugares de sonho de todo o planeta no século XX, de Goa a Marrakesh, passando por Acapulco e Capri.

Em junho de 1958, Willy Rizzo ainda pode utilizar Saint-Tropez como cenário, e seu modelo passeia pela cidade sem causar tumulto. É a última vez. Publicada na *Paris Match* (Willy Rizzo) e na *Jours de France* (Luc Fournol), a foto de pés descalços na rue de la Miséricorde, de mini-short e collant sem sutiã, com uma sacola de palha fazendo as vezes de bolsa, causa comoção coletiva. Os franceses consomem tantas revistas que no verão de 1958 ninguém escapa da imagem de Bardot de férias. "Brigitte Bardot é um escândalo nacional. Ela está de acordo com uma época que rejeita gravatas, luvas e maquiagem. Ela declara nos anúncios que não tem pente, sendo os próprios dedos o pente dado pelo Bom Deus. Ela não tem relógio, não tem joias, apenas alguma bijuterias, e praticamente se pode dizer que não tem um guarda-roupa (...). Dizer que essa simplicidade seja destituída de qualquer artifício já é uma outra história (...). Brigitte Bardot é imoral da cabeça aos pés, tanto pelo que mostra quanto pelo que é levada a expressar", escreve o editorialista Raymond Cartier na *Paris Match* de 8 de agosto de 1958. Caído depois no esquecimento, Raymond Cartier é então a consciência burguesa francesa, uma voz com um leve toque de reacionarismo cujo bom senso é respeitado.[10]

Na foto de Rizzo, Brigitte Bardot aproveita suas últimas horas de recreação. Dias depois, ela vai comprar um vestido de tecido provençal no armarinho Vachon. Em poucos instantes, nesse dia de 1958, centenas de pessoas se aglutinam diante da vitrine. Apavorada, Brigitte se refugia nos fundos da loja, enquanto Manine baixa as portas e chama a polícia, que consegue tirar de lá, na marra, a jovem estrela. Quando ela sai, é um delírio. A multidão a insulta. Vagabunda. Puta. Vadia. As pessoas riem, se acotovelam, tentam puxar-lhe os cabelos. Uma mulher lhe estende seu bebê, pede-lhe que o toque. "Eu era ao mesmo tempo o diabo e Bernadette Soubirous." Foi a última saída livre de Brigitte Bardot.

Mãe desnaturada

> "Era preciso viver, as pessoas viviam, pois o hábito se transforma em instinto, partindo-se do princípio de que qualquer som emitido era ouvido e de que, exceto na escuridão, todo movimento era percebido."
>
> George Orwell, *1984*

Uma caixa Kodak de modelo antigo contendo uma série de tiras de *papier glacé*. Ele, pastor de cabelos encaracolados saído de um filme de Pasolini, inclina-se na direção dela, magnificamente loura.

Envoltos numa luz quente, a mãe e o filho, admiráveis. Brigitte e Nicolas, dezoito anos.

A gama cromática, com o vermelho da camiseta, o azul vivo de uma espreguiçadeira, exalta o brilho mediterrâneo de uma manhã luminosa. O tempo passa preguiçosamente. Christian Brincourt, ex-repórter especial, acaba de tirá-las da caixa, protegidas por uma folha de papel.

"Naquela manhã, Brigitte levantou-se de excelente humor. Tomamos o café à beira da piscina, em meio aos juncos de La Madrague. Ela brinca com o filho, enfia-lhe o dedo no nariz, puxa-lhe as orelhas. Uma gata com o filhote. Momento de pura ternura. Eu nunca tiro fotos na casa dela. Nossa cumplicidade não aceita compromissos. De repente, o olhar de Brigitte busca o meu. 'Que está esperando?'"

Christian acorre ao seu quarto, levando uma Leica.

"Tirei 36 fotos incríveis."

No papel-seda, Christian Brincourt guarda o segredo de Brigitte. Por amizade, correspondida, as fotos nunca foram publicadas. Existem as fotos que todo mundo viu e aquelas que nunca serão vistas. A história do filho é uma sombra na vida de Brigitte Bardot.

Em dezembro de 1959, o rompimento da represa de Fréjus, causando centenas de mortos, acaba conduzindo Christian Brincourt à presença de Brigitte Bardot. Repórter estreante, ele vem ouvi-la fazer um apelo em favor dos sobreviventes. Ela assina um cheque de 1 milhão de francos. Um mês antes do nascimento do menino, a catástrofe oferece ao jovem jornalista um pretexto para se aproximar da estrela de fama mundial. Há dias ele monta guarda em frente à casa dela, no número 71 da avenue Paul-Doumer. E não é o único.

"No bistrô, um dia, nós fizemos a conta. Éramos 196 jornalistas do mundo inteiro. A mulher mais sexy do mundo ia ter um filho..."

E no entanto nem ele nem qualquer dos outros conseguiu fotografar BB grávida. Cheguei a pensar que não existiria tal imagem, até a descoberta de uma foto em que ela aparece ao lado da cantora Dalida.

Suas formas são dissimuladas por um casacão. Nesse dia de dezembro, a vulnerabilidade de Brigitte, vergada ao peso da celebridade, comove Brincourt. A perseguição, de uma violência então inédita na França, veda qualquer forma de intimidade a uma jovem sem defesa: a lei ainda não protege a vida privada, invenção recente.

Os processos são raros até o dia 13 de março de 1965. No caso envolvendo uma foto do filho de Gérard Philipe hospitalizado, ao qual se atribui a doença que resultou na morte do ator anos antes, os jornalistas que entraram no hospital e o diretor da publicação são condenados. Esse caso, ao qual viriam somar-se outros envolvendo Bardot e Picasso, levaria o parlamento a modificar as leis. A lei de 17 de julho de 1970, transformada em artigo 9 do Código Civil, reconhece que qualquer pessoa tem direito ao respeito de sua "vida privada": um conceito recente.

Em 1960, BB é constantemente espionada, julgada, atropelada, violentada. "Minha vida privada é como um livro aberto escrito pelos outros",[11] diz ela. Não só os jornais dedicam páginas a sua gravidez, mas a febre de curiosidade pública desencadeada por ela é em si mesma tema de artigos. *Point de Vue — Images du monde* relata que há 21 dias, aproximando-se o desenlace, repórteres e fotógrafos se alternam em turnos diante do prédio onde mora a atriz. Na noite do réveillon, foram contados nada menos que sete carros diante do 71 da avenide Paul-Doumer. Prolifera um novo tipo de fotógrafos, os "paparazzi": Fellini acaba de criar em *La Dolce Vita* o personagem de Paparazzo, contração de *pappatacci* (mosquitos) e *ragazzi* (rapazes). Esses mosquitos apreciam particularmente imagens de Bardot, cujas fotos roubadas alcançam preços inimagináveis.

Entrincheirada no último andar, a jovem ouve as conversas dos jornalistas bem diante de sua porta. Brigitte não sai mais de casa. Pelas janelas, dá para ver a avenue Paul-Doumer, terminando no Palais de Chaillot. Ela é obrigada a fechar as persianas ao descobrir que os quartos de empregada foram alugados pelos que a espionam.

"Exatamente quando meu ginecologista me dizia que saísse, que fosse tomar ar, que caminhasse nos dois últimos meses de gravidez, eu estava cercada por duzentos jornalistas que montavam guarda dia e noite nas escadas, nos outros andares, em seus carros, no telhado do prédio. Com as venezianas fechadas e minha enorme barriga, fiquei dando voltas no mesmo lugar durante dois meses, sob a ameaça das teleobjetivas", relatou ela a Christian Brincourt em 2009. O vigia contratado para montar guarda no saguão também acaba aparecendo na imprensa.

Um belo dia, quando Brigitte tenta sair pela porta de serviço com uma peruca morena, um grupo de jornalistas a apanha numa emboscada, cercando-a na área das latas de lixo. Ela se afoba, cai em meio aos detritos, dá meia-volta, sobe de novo para o apartamento, engole um punhado de soníferos. Para escapar à prisão, segundo diz: ela se sente refém de seu personagem célebre, da tutela do marido, de sua condição de mulher grávida, da solidão. Mais uma tentativa fracassada de suicídio.

Brigitte está esperando um filho de Jacques Charrier, ator da moda que ela impôs como seu parceiro em *Babette s'en va-t-en guerre* (*Babette vai à guerra*). Galã de futuro, ele ganhou o papel principal em *Les Tricheurs (Os trapaceiros)*, de Marcel Carné, e depois num filme de Jean-Pierre Mocky. René Clément acaba de lhe oferecer um papel importante em *Plein Soleil* (*O sol por testemunha*). Um roteiro de Paul Gégauff, Marie Laforêt e Alain Delon como colegas de elenco. E eis que também ele se vê apanhado na tempestade da mídia. Quando Charrier é convocado para a guerra na Argélia, quatro fotógrafos da *Paris Match* o acompanham até o quartel do 11º couraceiro de Orange. Quatro páginas na revista. Para conseguir passar para a reserva, Charrier corta os punhos. Tem início uma campanha contra o rapaz, acusado de covardia. Ele não se recusa a ir para a Argélia por anticolonialismo, mas porque Brigitte novamente tentou se matar, ao saber que ele estava de partida. "Eu era ingênuo, estava na idade em que se acredita numa mulher que diz: 'Se você for embora, nunca mais vou me recuperar'", diria ele mais tarde, com amargura.

Quando Charrier deixa o hospital de Val-de-Grâce em dezembro de 1959, Brigitte Bardot se vê obrigada a viver a portas fechadas com um marido fragilizado. Certa noite, se aborrecendo com ele, ela se mete num casaco e desce para tomar ar. Esqueceu que estava sob permanente vigilância... Dá meia-volta e cai em soluços na escada.

"O que ela passou, ninguém mais passou, nem antes nem depois",[12] diz sua amiga Anne, mulher de Jicky Dussart. O casamento na prefeitura de Louveciennes se transformou em farsa. Duzentos jornalistas aglomerados diante da prefeitura, vidraças quebradas, a sala dos casamentos colonizada pelos repórteres. Em sua edição de 27 de junho de 1959, a *Paris Match* dedica dez páginas a um acontecimento coberto por uma equipe de onze jornalistas. Toda a equipe, Jean Durieux, Daniel Camus, Jacky Garofalo, Georges Ménager e Jean-Claude Sauer, estava na prefeitura.[13] A revista americana *Life* de 29 de junho de 1959, por sua vez, dedica duas páginas ao acontecimento. As fotos mostram Pilou tentando arrancar a câmera das mãos de um repórter, enquanto Charrier, arrasado, esconde o rosto nas mãos. No *Paris Presse*, Paul Giannoli narra a cerimônia do ponto de vista de Clown, o cão de BB, a quem a palhaçada não parece nada engraçada. Paul, um amigo? Um traidor!

"Brigitte ficou brigada comigo durante anos depois dessa matéria."[14]

A empresa Perrier, que acaba de comprar a Charrier, uma fonte d'água de baixo teor mineral recomendada para bebês, lança uma campanha nacional de cartazes com o slogan "Bebê ama Charrier". Um fracasso: ninguém se dispõe a dar aos filhos pequenos uma água tão "polêmica". Mas que importa?! BB fica magoada com essas gracinhas.

"Animal acuado", "tourada", "abutres", Brigitte recorre ao léxico animal para traduzir sua experiência. Na verdade, ela já não passa de um conceito, de uma construção dos meios de comunicação. Exatamente como o navio *France*, lançado ao mar nesse mesmo momento, o corpo de Brigitte Bardot é uma construção pública, um emblema nacional. Pode ser visitado de cabo a rabo.

Em 8 de janeiro de 1960, um certo Anon lembra na revista *Noir et Blanc*, em matéria intitulada "BB abandona o cinema", que Brigitte construiu sua reputação com um par de pernas, uma cintura e seios que a transformaram numa menina-mulher tão tentadora quanto a polpa de uma fruta exótica. E conclui: transformada em jovem mãe, ela nunca mais será considerada um símbolo sexual.[15]

A gravidez não permite que seu personagem coincida com sua pessoa real. O corpo de Bardot desaparece. Ela se fecha em casa. É por isto que não existe, que eu saiba, nenhuma foto de Brigitte Bardot em estado avançado de gravidez. A gestação não existiu. Para continuar à disposição do público, uma estrela sexy deve continuar virgem de família.

Depressão pós-parto

Revista *Elle* de 8 de janeiro de 1960. Um item de colecionador, um número para o museu da cultura pop. "Mais deslumbrante do que nunca, Brigitte é uma jovem mamãe moderna e organizada, e ela lhe apresenta o quarto e o enxoval de seu bebê." Bardot, jovem mãe organizada? Lá dentro, nada de Brigitte deslumbrante. Nem uma única foto dela grávida. Mas um retrato de Moussia, a governanta. E fotos do quarto, com seus acessórios *lindinhos*: uma cama, bichinhos de pelúcia, uma gaiola de passarinho. O mais engraçado é o artigo que acompanha as imagens. Realmente hilariante a descrição do pacote todo, em sua precisão técnico-comercial. "Tudo é fechado sem alfinetes, fraldas Bébé-Slip fechadas por pressão. As roupas para sair são de moletom de Rhovyl. Para as fraldas, BB encomenda algodão de celulose." Fraldas Bébé-Slip! Algodão de celulose! Roupas descartáveis! A jovem mãe transformada em especialista prosaica! Um sonho, uma felicidade, o máximo da modernidade. Imagem da jovem em busca de liberdade, Bardot é a invisível mulher-sanduíche das novas fibras sintéticas (à falta de fibra materna) lançadas no mercado da nova puericultura. Mas por que BB teria desaparecido? Porque está deprimida. Porque a gravidez está longe de enchê-la de felicidade.

O tal quarto idílico, instalado no apartamento intermediário destinado ao bebê e sua babá, foi transformado em sala de obstetrícia, com mesas articuladas, instrumentos e tubos de oxigênio. A celebridade determina a prisão domiciliar da jovem. Se uma gestação requer calma e serenidade, se o estresse compromete o equilíbrio hormonal e complica um nascimento, a criança e a mãe estão em alerta vermelho.

A criança nasce a 11 de janeiro de 1960 num campo entrincheirado. Na época, as mulheres dão à luz sem analgésicos. A dor de um parto pode ser insuportável. Em sua autobiografia, Brigitte Bardot a relata como uma batalha. De 10 em 10 minutos, inicialmente, e depois a cada minuto, seu baixo-ventre é rasgado por um punhal. Apavorada com a intensidade do sofrimento, Brigitte se enrijece até perder o fôlego. A dor é tão terrível que ela se enrola como um feto no chão. "Animal ferido de morte, eu urrava totalmente descontrolada", escreve. Enlouquecida, ela está quase a ponto de se atirar pela janela.

Quando a criança é depositada em seu ventre, ela está tão esgotada que a rejeita. Um animal ferido rejeita a cria. A jovem deseja apenas uma coisa, tranquilidade. Fica sabendo que é um menino. "Não estou nem aí, não quero mais vê-lo", diz. Dá-lhe o nome de Nicolas. Literalmente, "o povo vencedor", ou "aquele que traz a vitória". Que vitória?

O instinto maternal é uma construção, como sabe Bardot, leitora de *O segundo sexo*, breviário da mulher emancipada. Nele, Simone de Beauvoir questiona a existência de um instinto que equipara a uma fabricação social, um destino imposto à mulher por seus educadores e pela sociedade. A endocrinologia explica os distúrbios de comportamento da mãe que enfrenta na gravidez o estresse gerado pelos desequilíbrios hormonais. Muitas mulheres anônimas viveram e ainda vivem uma experiência semelhante à de Bardot. Um luto durante a gestação, um parto doloroso, um nascimento não desejado, depressão e desentendimento no casal, doença do recém-nascido: são fatores que fragilizam o vínculo entre uma mãe e seu filho. A atriz vivencia quase todos eles.

Símbolo sexual da liberação da mulher, Brigitte Bardot é da época anterior à contracepção. Ela não quer ter filhos. Grávida de Vadim aos dezessete anos, durante as filmagens de *Le Trou normand*, ela abortara na Suíça, escondida dos pais. Hoje, mal podemos conceber o terror das mulheres privadas de uma contracepção que era proibida pela lei de 1920. Se a pílula é inventada em 1956, o ano de *E Deus criou a mulher*, a lei Neuwirth só viria a autorizar sua comercialização nove anos depois. Sujeito a processo, o aborto tornou-se crime em 1942. Uma aborteira foi guilhotinada em 1943. A Libertação da França pós-invasão nazista não alterou essa situação. Só em 1975 é que a lei Veil autoriza a chamada interrupção voluntária de gravidez. Não é sem resistência que uma sociedade patriarcal permite que a mulher disponha do próprio corpo. À guisa de contracepção, Bardot pratica o método Ogino, loteria que consiste em evitar o espermatozoide devasso nos (supostos) dias de fecundidade.

Grávida uma segunda vez de Vadim, Brigitte tivera de se submeter a um novo aborto clandestino. Vítima de uma hemorragia, foi hospitalizada com urgência. Uma anestesia mal aplicada provocou parada cardíaca, resolvida com uma massagem. A jovem estivera à beira da morte. Cerca de cinquenta mulheres morriam todo ano em decorrência das sequelas de um aborto, e Bardot quase chegou a ser uma delas.

Em 1959, grávida de Jacques Charrier, ela decide mais uma vez abortar, apesar do terror de que é tomada. Acompanhada por sua produtora, visita médicos e ginecologistas, mas nenhum deles aceita cuidar de cliente tão famosa. Mortificada, a jovem decide casar com Charrier.

O ano de 1960 é um dos mais difíceis da vida de Brigitte Bardot. Apenas dois dias depois do parto, ela recebe as câmeras em seu quarto. Não tem escolha: seu prédio foi tomado de assalto. Em *Cinq colonnes à la une*, o grande programa mensal de atualidades do único canal de televisão, uma reportagem lhe é dedicada em 16 de janeiro de 1960. Cheio de flores, o quarto oferece uma visão idílica. A cabeça repousando num travesseiro de margaridas, Brigitte Bardot, vestida com uma romântica camisola, tenta passar uma boa imagem. A maquiagem não disfarça muito o cansaço, o sorriso é forçado. As raízes negras na cabeleira loura, trançada como a de uma escolar, evidenciam que ela não foi ao cabeleireiro. O jovem marido, expressão cansada, entrega-lhe um pacote amarrado com barbante que ela pega num gesto desajeitado. O rapaz de boa família parece perguntar-se o que está fazendo ali.

Uma câmera no quarto de uma jovem que acaba de dar à luz, algo que se via pela primeira vez na França. Se na época apenas 13% dos franceses têm um aparelho de televisão, os outros ficam grudados diante das vitrines das lojas de eletrodomésticos, fascinados com as imagens em preto e branco da jovem mãe com seu bebê embrulhadinho.

"Brigitte se sentia esmagada pela celebridade. Não dá para imaginar...", diz Brincourt.

Algumas semanas depois do parto, Brigitte Bardot toma um avião para Lisboa, para estar presente na estreia de seu filme *La femme et le pantin* (*A mulher e o fantoche*). Toda empetecada, ela estreia um tailleur Réal para estar impecável diante dos fotógrafos que a estarão esperando ao pé da escada. Mas o voo provoca uma dolorosa hemorragia, que a obriga a se deitar meio desmaiada na sala das aeromoças. A estrela desembarca em Lisboa em grande pompa, segurando diante da saia uma écharpe, enquanto o casaco do marido dissimula a mancha na altura das nádegas. A coisa mais secreta invadindo a vida pública. Brigitte Bardot já não se pertence.

Mas apesar de tudo, Pierre Lazareff, conhecido como Pierrot Suspensórios, magnata da imprensa, é quem vem a ser escolhido por ela como padrinho de seu filho (a madrinha é Christine Gouze-Rénal). Queixar-se de nunca ser deixada em paz e escolher o dono do grupo Franpart, proprietário da maioria das publicações que a perseguem, *France Dimanche* e *Ici Paris*, *Elle* e *France Soir*, não deixa de surpreender. Mais ou menos como se Lady Di tivesse escolhido Rupert Murdoch como padrinho de um de seus filhos: o símbolo daqueles que a perseguem. Quando Brigitte escolheu Dédé Lacaze, redator-chefe da *Paris Match*, como testemunha de seu segundo casamento, seu jovem marido tinha ficado surpreso.

"Na vida, meu Jacques, é preciso saber travar relações na imprensa."

Françoise Sagan publica livros, Brigitte interpreta o papel de Bardot. Sua criação, sua obra, é BB. Produto de uma mistura, lançado junto com a imprensa a cores, o transistor, a televisão e a sociedade da abundância. Estrela moderna, ela não é adulada por suas qualidades de atriz, mas por sua personalidade. Seu personagem destaca-se mais que seus papéis, seu comportamento é mais inspirador que seus filmes. Extraordinário objeto de atenção, Brigitte Bardot é a primeira estrela midiática no sentido moderno: uma mulher que impõe sua imagem. De 2 de maio de 1949 a 1996, ela aparece quarenta vezes na capa da revista *Elle*, dirigida pela mulher de Pierre Lazareff... Bailarina da era moderna, ela dança com seu tempo, cuja mutação exige novas figuras femininas. Semelhante celebridade jamais voltaria a ser vista na França.

Brigitte, com um seguríssimo instinto da comunicação, foi quem a construiu. Jacques Charrier a viu certa vez pegar o telefone para dar uma bronca num redator-chefe, para em seguida ser recompensada com um artigo mais de acordo com sua preferência. "Brigitte soube jogar muito bem com essa ambiguidade: por um lado, usava os meios de comunicação, e por outro mantinha um discurso de irritação a respeito de uma imprensa que a vampirizava",[16] observa Jacques Charrier.

As feridas da infância deixaram em Brigitte uma necessidade absurda de reconhecimento. O que Arthur Miller, referindo-se ao fenômeno Marilyn, analisava como "o encontro de uma patologia individual com o apetite insaciável de uma cultura de consumo capitalista", se aplica também a Bardot.

"Brigitte Bardot não seria nada sem a imprensa, mas a imprensa não seria nada sem Brigitte Bardot", disse Pierre Lazareff. Os meios de comunicação fabricaram BB com sua cumplicidade. Em várias oportunidades, detalhes menores de sua vida cotidiana, conhecidos apenas dela mesma e de seu marido, acabam sendo veiculados pela imprensa. Lazareff confessa a Charrier que é o primeiro a ser informado daquilo que fazem e dizem. Através dela. Encenadora de si mesma, Bardot informa os jornais em função de suas necessidades.

"Brigitte sempre teve um incrível instinto que lhe permite entender num estalo qual é seu interesse e lhe sopra no ouvido a melhor maneira de defendê-lo", escreve Charrier. Na época, são poucas as publicações do gênero VIP: *Paris Match, Elle, Jours de France, Point de Vue — Images du monde, Cinémonde, France Dimanche, Ici Paris*. Ela mantém excelente relacionamento com cada uma delas. Paul Giannoli, jovem repórter do *Paris Presse* que a conquistou oferecendo-lhe uma boneca, reconhece a cumplicidade que os unia: "Eu traía minha profissão de jornalista para divulgar as mentiras que convinham a Brigitte, pois nos tornamos amigos."[17] Os jornalistas lhe servem de intermediários, agentes imobiliários, correio. Foi Paul Giannoli, assim, que apresentou a Brigitte o cantor Gilbert Bécaud, que foi durante algum tempo seu amante.

Entre seus amigos, vários jornalistas: Vadim, Philippe Letellier e Dédé Lacaze na *Paris Match*, Paul Giannoli no *Paris Presse*, Christian Brincourt na *RTL* e mais tarde Henry-Jean Servat e Jean-Louis Remilleux.

A imagem de BB é trabalhada por um comando de meia dúzia de técnicos rebatizados de "minha nova família", em sua linguagem infantil, e munidos de apelidos afetuosos: Dedette, a maquiadora, Nicole Aubuisson, a Chouquette, e Maguy, suas substitutas, Mama Olga, a empresária, Ma Cri-Cri, a produtora, que mais ou menos compartilham sua vida. Jicky, seu fotógrafo pessoal e amigo, a acompanha nas filmagens.

Bardot na verdade não está nem aí para o cinema. O trabalho de interpretação do ator não lhe interessa. Bardot não é um camaleão como Jeanne Moreau, modelo da atriz capaz de interpretar qualquer coisa. O que ela quer é ser vista. Por um homem, um fotógrafo, um operador de câmera. Brigitte nunca se recuperou totalmente da imagem que lhe era devolvida pelo espelho do saguão, na rue de la Pompe. Nunca esqueceu que fora uma magricela feiosa e vesga magoada pelo olhar de uma mãe que se afastava dela. Já aos sete anos começou a trabalhar sua imagem, no grande espelho do estúdio Bourgat.

Égua selvagem

No mês de maio, para tentar escapar da depressão pós-parto, Brigitte Bardot dá início às filmagens de *La Vérité* (*A verdade*), comédia dramática de Henri-Georges Clouzot. "Brigitte Bardot no estúdio é um animal selvagem que precisamos domesticar. Você está perdido se permitir que esse animal do cinema, anárquico e possessivo, tire a menor vantagem. É preciso domá-la",[18] declara ele. Ela é vista como indisciplinada, caprichosa, tirânica, orgulhosa, solitária. Ele a chama de *égua selvagem*.[19] Alguém disse que esse cineasta faz seus filmes com a pele dos outros. E com a sua também, pois morreria de uma crise cardíaca três anos depois, durante as filmagens de seu filme inacabado, *L'Enfer* (*O inferno*).

Em *A verdade*, Dominique Marceau, uma jovem provocante (Brigitte Bardot), é acusada do assassinato de seu amante Gilbert Tellier (Sami Frey), um jovem maestro. Durante o julgamento, a história de sua relação passional com a vítima é reconstituída.

Para preparar sua atriz, Clouzot a leva ao limite de suas forças morais e físicas. No terceiro dia de filmagens no estúdio de Saint-Maurice, ele se afasta com ela e começa a lavar seu cérebro com histórias desesperadoras, para conseguir a intensidade dramática desejada. Brigitte esforça-se, assim, por imaginar a morte de seus pais, até que, vendo os maquinistas que a esperam, cai na gargalhada. Agarrando-a pelos ombros, Clouzot começa a sacudi-la.

— Eu não quero amadores nos meus filmes. Preciso de uma atriz.

Ante o olhar perplexo dos técnicos, Bardot lhe dá uma bofetada.

— E eu preciso de um diretor, e não de um doente.[20]

Ela não gosta do cineasta, considerando-o doentio. Clouzot leva os atores a extremos, encarando-os como um material dúctil e chegando a ponto de drogá-los, quando julga necessário. Numa cena de suicídio, Bardot precisa simular um estado de semicoma. Sua interpretação não convence o realizador, que a atormenta, até que ela pede um copo d'água e uma aspirina. São trazidos comprimidos, que ela ingere, rapidamente entrando num estado alterado. Clouzot, que não recua diante de coisa alguma, substituiu a aspirina por um sonífero. Louis Bardot viria a ameaçá-lo com um processo.

Na avenue Paul-Doumer, Moussia cuida do bebê enquanto Alain Carré, o secretário-cozinheiro-babá-confidente, se encarrega da mãe. Afetuosa como uma menina, Brigitte tem uma relação de confiança com esse ex-ator dedicado a ela e instalado em sua casa há quatro anos. Até receber um telefonema de Pierre Lazareff. O secretário vendeu suas memórias à *France Dimanche* por 50 milhões de francos. Transformada em mercadoria, a vida privada de Bardot é objeto de transações. Basta dar um preço.

Desde o lançamento do novo formato por Pierre Lazareff em 1956, a *France Dimanche* tem uma tiragem impressionante: mais de 1 milhão de exemplares semanalmente e até 2 milhões nas edições especiais. Voltada para as mulheres, a revista foi cientificamente concebida por Bill Higgins, inspirado em Carl Jung: tudo na vida tem a ver com grandes medos. Cada artigo da *France Dimanche* trata de um deles, através de histórias envolvendo cabeças coroadas ou estrelas. Tudo redigido, sob pseudônimo, por autores de primeiro plano: escritores da Gallimard como Voldemar Lestienne, noivo de Françoise Sagan e futuro prêmio Interallié, Claude Lanzmann, companheiro de Simone de Beauvoir, ou Gérard de Villiers, autor de romances policiais. As publicações sentimentais na época são conhecidas como "imprensa sensacionalista" ou "imprensa de domésticas". As burguesas as leem emprestadas das empregadas. Um típico tema de reportagem na *France Dimanche*: o filho natural que aparece trinta anos depois. Melhor ainda: o suicídio da estrela. "Um sujeito escala um andaime e se mata durante um show do cantor Enrico Macias. Técnica da *France Dimanche*: 'ENRICO MACIAS: EU MATEI UM HOMEM'", recorda-se Paul Giannoli.

O acidente de automóvel é muito valorizado após o grande sucesso alcançado pelo de Françoise Sagan. "A *France Dimanche* tinha uma garagem onde eram agravadas as consequências dos acidentes", conta Paul Giannoli. A redação folheia os jornais regionais, e quando acontece algum acidente, mesmo sem maiores consequências, com uma celebridade, o carro é violentamente amassado, depois de negociações com o interessado. Às estrelinhas precisando de publicidade, a publicação chega a oferecer uma pequena indenização em troca de uma foto com o braço numa tipoia. "Invariavelmente, o dono da garagem declarava: 'Quando vi o estado em que o carro se encontrava, pensei: Estão todos mortos.'", recorda-se Paul Giannoli.

Diante das revelações de Alain Carré, Brigitte Bardot não tem muito para onde fugir. Seu advogado e o do grupo de Pierre Lazareff assinam um acordo: após uma leitura de Brigitte e seu assessor, as citações falsas serão retiradas. O resto será publicado na íntegra.

No fim de um dia de filmagens, a pudica jovem tem de tolerar a leitura de sua vida íntima em voz alta por Max Corre, o redator-chefe do tabloide, na presença de Pierre Lazareff e dos advogados. Existe uma arma ainda mais terrível que a calúnia: a verdade, disse Talleyrand. E essa arma se volta contra Bardot. Pois só há verdades nas indiscrições de Carré. Nem uma única mentira. Nem uma só imprecisão. Seus pensamentos mais secretos, suas mágoas, seus suicídios fracassados, suas dificuldades de jovem mãe, tudo está lá no artigo da *France Dimanche*. Carré chegou a fotografar bilhetes deixados na mesa, na avenue Paul-Doumer. Brigitte Bardot vive sob vigilância, debaixo dos holofotes, 24 horas por dia.

Como tudo é verdadeiro, tudo será publicado.

"Lazareff era padrinho do meu filho. Eu tinha uma amizade com ele. O que não o impediu de se comportar muito mal comigo, comprando e publicando as 'memórias' do meu secretário na época. E embora tenha tido o cuidado de me avisar — em nome dos supostos vínculos que existiam entre nós —, ele nem por isso deixou de oferecer à curiosidade pública toda a minha vida privada...", diz ela em março de 2006 à revista *Médias*. Brigitte Bardot empresta seu corpo ao cinema, mas não sua alma. Os figurinos, a maquiagem são disfarces. Quem algum dia viu Brigitte Bardot sem pintura? No caso do seu ser profundo, é a mesma coisa. Ela o guarda para si. Semelhante traição não serve propriamente para aumentar sua confiança no gênero humano.

Em 11 de junho de 1960, em conversa com o jornalista François Chalais, que foi entrevistá-la nas filmagens de *A verdade*, a jovem atriz fala de sua vida como "uma grande prisão agradável". A celebridade é sufocante. Bardot não é mais sujeito de sua própria vida, apenas um objeto de curiosidade. Ela pertence a todos, botam em sua boca coisas que ela não tem a menor vontade de dizer. Ela vive de cortinas fechadas, defendendo-se das teleobjetivas. Como conter essa avidez? Desarmada, Brigitte tenta recorrer à gentileza: "Quero apenas uma coisa, que falem menos de mim."

BB ainda não sabe se defender. Só no ano de 1960, apareceu quatro vezes na capa da *Elle* e *Cinémonde*, cinco na do *Jours de France*. Um recorde. Pequena amostragem das capas da *Jours de France*. Janeiro, "O nascimento do bebê". Abril, "Uma tarde de sonho na Dior". Junho, "Um ano de casamento". Outubro, "O drama não acabou". Novembro, "BB, uma grande trágica". E tudo recomeça em fevereiro de 1961: "Brigitte está feliz." Abril: "A vida privada de Brigitte." Maio: "Dois apaixonados célebres." (Ela e Delon no mesmo filme.) Julho: "Brigitte busca um teto." Agosto: "A verdadeira profissão de BB." Setembro: "Eis o último filme de BB." (*Vida privada*.)

Bardot ainda está filmando nos estúdios de Saint-Maurice quando as memórias de Alain Carré são publicadas na *France Dimanche* a partir de 28 de julho de 1960, a temporada alta da imprensa sensacionalista, sob o título "Exclusividade mundial, as memórias do secretário de Brigitte Bardot". Carré chega a contar as dificuldades da jovem com seu filho.

Um sentimento de amor poderia afinal de contas surgir entre a mãe e o filho se aqueles que os cercam tratassem de aproximá-los, mas o ambiente de Brigitte Bardot os separa. Seu marido a culpabiliza. Moussia, a babá, se apropria da criança a tal ponto que chega a reprimir os impulsos de Brigitte, temendo que ela o contamine com seus micróbios — a época dá preferência à higiene sobre a ternura. A avó de Brigitte, que adora Nicolas, o monopoliza. A jovem mãe nunca fica sozinha com o filho, que acaba por rejeitá-la, por falta de familiaridade. Sua pouca presença atende aos interesses de todo mundo. Ma Cri-Cri, madrinha do menino, que é para Brigitte como uma mãe, só pensa numa coisa: botar para funcionar a galinha dos ovos de ouro. Exatamente como sua agente Olga Horstig. Despeitada e cheia de culpa, Brigitte evita Nicolas e se afasta. Clouzot a descreve como uma menininha num corpo de mulher. Uma criança não pode ser mãe.

O insólito rompimento com Brigitte Bardot deixou Jacques Charrier profundamente magoado. Certa noite do mês de setembro de 1960, ele encontra um bilhete da mulher marcando um encontro na casa de sua dublê, em cima da Rhumerie Martiniquaise, no Boulevard Saint-Germain. Na verdade, ele foi deixado para trás. Arrasado por duas estadas no serviço psiquiátrico do exército, Charrier já não passa da sombra de si mesmo. E além do mais, sua carreira está em ponto morto. Mas as coisas tinham começado muito bem com *Os trapaceiros*.

Por medo de que Brigitte tentasse se matar se fossem separados pelo trabalho, ele recusou o papel oferecido por René Clement em *O sol por testemunha*. Rapaz gentil de uma numerosa família de militares, Jacques não está preparado para essa estranha aventura ao lado de uma estrela do cinema. *O sol por testemunha* é lançado semanas depois do nascimento de Nicolas, consagrando Maurice Ronet no papel que ele deveria ter interpretado.

Em junho, quando Bardot aparece na capa da *Jours de France* nº 293 sob o título "Um ano de casamento", a união dos dois já não está muito bem das pernas. A revista compara os cachês dos dois. Brigitte é uma estrela de 100 milhões de francos por filme, ao passo que o marido, que ganhou apenas 600 mil francos por seu papel em *Os trapaceiros*, passou para 15 milhões em *Babette vai à guerra*, o que ainda é muito menos do que ganha sua mulher. Numa palavra, o pobre rapaz está apenas marcando presença.

Jacques tenta conter a raiva nos estúdios de Saint-Maurice, de onde Clouzot acaba por expulsá-lo por causa das cenas de ciúmes que faz com Brigitte. Charrier não suporta Sami Frey, o colega de elenco de sua mulher. Um jovem galã meio misterioso, três anos mais jovem que Brigitte, fazendo o gênero intenso, do tipo que lê Brecht no estúdio entre uma tomada e outra. De aparência austera, Frey vai-se tornando cada vez mais sexy durante as filmagens, o que não deixa de ser percebido pelo marido da atriz. Como acontecia com Jean-Louis Trintignant, sua atriz ideal seria mais Delphine Seyrig, que viria a tornar-se sua companheira, do que Bardot. O contraste entre a imagem de Brigitte, bela jovem desmiolada, e a jovem de temperamento de esfolada viva que ela de fato é o deixa perturbado. Frey se apaixona.

Em frente à Rhumerie, Charrier vê o Océane cinza de Brigitte, presente da Renault com a inconfundível placa vermelha B.B. 1934. Brigitte é sempre coberta de presentes. Vestidos, perfumes, eletrodomésticos, viagens. Todos os brinquedos do milagre econômico são jogados na sua cesta. Natal o ano inteiro. O automóvel não está vazio.

De costas, Jacques reconhece o novo penteado em camadas, pareci-do com o da rainha Maria Antonieta, delineando-se na penumbra. Brigitte fuma um cigarro. A seu lado, um homem. Cabelos negros de reflexos azulados à luz do poste. Sami Frey. Brigitte e Jacques tiveram brigas por causa dele, atiçadas pela imprensa, que atribui uma ligação aos dois colegas de elenco. Charrier aproxima-se da porta do carro. O olhar sombrio de Sami Frey o encontra. Uma introspecção dolorida que não deve ter deixado de agradar a sua mulher. Abrindo a porta, Jacques ordena a Brigitte que o acompanhe. Ela se recusa. Ele a puxa pelo braço. Da varanda da Rhumerie, curiosos os observam. Dando a volta no carro, Sami Frey se interpõe. Não é nenhum grandalhão, porém mais forte do que parece. Em meio aos empurrões, Charrier lhe dá um murro no nariz. Um fotógrafo espreitava na esquina da rue de l'Échaudé. A imprensa não podia faltar. O Océane dá a partida, perseguido pelo fotógrafo.

O espocar de um flash deixa claro para Jacques que acabou. Como uma bola de flipper: cling, ele é deixado à sombra. *Game over*. Charrier sai de cena. Mal conseguindo acreditar, ainda meio tonto, ele se dá conta de que acaba de ser vítima de uma encenação. Um ritual de eliminação midiática, um jogo amoroso pueril e cruel que lhe aponta a porta de saída. O verdadeiro talento de Brigitte, e ele o sabe mais que qualquer um, consiste em alimentar a fantasia coletiva. Mulher de poder, ela mexe os pauzinhos e negocia com a imprensa. A própria união dos dois não se deu sob o signo da publicidade? Quando alguém escolhe suas testemunhas de casamento na redação da *Paris Match* ou dá como padrinho ao filho um magnata da imprensa, está deixando claras suas ambições. Até o modesto vestido de casamento de xadrez vichy rosa e bordado inglês foi presenteado por Louis Féraud em nome da grife Jacques Esterel. Brigitte faz jogo duplo, denunciando a imprensa e ao mesmo tempo fazendo uso dela.

Uma covarde. Colocando-o diante do fato consumado, ela se poupa de uma cena desagradável e do habitual par de bofetadas, ao mesmo tempo contribuindo para sua imagem de sedutora. Uma criatura irresistível pela qual os homens saem na pancada. E ela ainda deixa claro que se ele inventar histórias, elas rapidamente se tornarão de conhecimento público. Ela o usou e o repudiou. Exatamente como está usando Frey agora, pensa Charrier para se consolar. Ele também, mais cedo ou mais tarde, será defrontado com o flagrante delito. Brigitte instrumentalizou um fotógrafo, organizando o duplo encontro. Jacques, convencido disto, dá a resposta no nº 735 da *France Dimanche*, de 22 a 28 de setembro de 1960. "ESTOU FARTO DE BRIGITTE, DISSE-ME JACQUES CHARRIER." O autor da entrevista é Gérard de Villiers, o inventor do príncipe Malko.

Ao sair a nova edição da *France Dimanche*, Brigitte foi mandada com uma amiga para um destino secreto, uma casa isolada em Menton. Com esgotamento nervoso, ela precisa descansar. Jacques Charrier a deixou, Nicolas continua sob a guarda de Moussia, na avenue Paul-Doumer, e Sami Frey entrou para o exército. Mais uma vez, a guerra da Argélia a privou de um amante.

Na noite de seu aniversário, em 28 de setembro de 1960, o corpo inanimado da jovem é encontrado perto de um curral de ovelhas. Tendo afastado a amiga que a acompanhava em Menton, ela ingeriu soníferos e cortou as veias. Como Dominique, seu personagem de *A verdade*.

Os fotógrafos chegaram antes da ambulância, que precisou abrir caminho entre os flashes e os curiosos. Em 2 de novembro, a estreia de *A verdade* não conta com a presença de Brigitte Bardot, ainda muito fragilizada. Seu desempenho é coberto de homenagens. Dominique, a heroína de Clouzot, sem dúvida é seu melhor papel dramático: sua interpretação é justa e natural. Segundo *L'Express*, Vadim chora durante a projeção. O crítico da revista *Positif* a chama de "animal cinematográfico".[21] O sofrimento lhe conferiu uma certa fragilidade, uma transparência comovente. *A verdade* foi talhada na pele desesperada de Brigitte Bardot.

A mamãe de Nicolas usa chapéu

Em janeiro de 1961, Vadim é convidado a comemorar o primeiro aniversário de Nicolas. Com um chapéu de palha enfeitado com flores, Brigitte aproxima-se do menino, que começa a chorar. "Está vendo só? Ele não gosta de mim", diz ela ao ex-marido. Vadim explica que o menino ficou assustado com o chapéu: ela parece um espantalho. Mas não adianta. Ela não entende.

O vínculo entre mãe e filho não se estabelece realmente. Mais tarde, terrivelmente distraída, Brigitte chegaria a esquecer o aniversário de Nicolas. Perto da data de seu próprio nascimento, Brigitte tentou várias vezes morrer, inclusive durante a gravidez. Enredada na celebridade, Bardot parece fechada no vazio vertiginoso do próprio reflexo, que tem o rosto doloroso de uma solidão muito antiga, muito anterior à celebridade.

Uma mulher que não gosta de si mesma pode amar um filho? Uma menina-mulher pode amar seu bebê? Ao se divorciar do pai, Bardot lhe entrega a guarda do menino. Brigitte Bardot não é uma mãe desnaturada. Ela não é mãe. Dotada de uma enorme energia fecundante, ela pode trazer ao mundo milhões de imitadoras, sem conseguir reconhecer o próprio filho. Ela mesma fica apavorada com isto.

Canto, logo existo

Em 1962, se Brigitte Bardot pode ser considerada um objeto, deve ser um transistor Radiola, Clarville ou Telefunken sintonizado na rádio Europe 1 para ouvir o hit-parade de *Salut les Copains*.

Na casa de Brigitte Bardot, ouve-se música dia e noite. Chá-chá-chá e twist. Satie, Vivaldi, Haydn. Melodias simples e belas que descobre através de seus apaixonados. Bach é Jean-Louis Trintignant. "Eu não a roubei de Vadim. Tomei-a emprestada para aperfeiçoá-la. Queria que ela ouvisse Bach. Ela era Sagan demais e chá-chá-chá demais", disse o ator.[1]

Novo amor, nova música. Em 1962, ela ama Sami Frey e o adágio do concerto para clarineta de Mozart. No rádio, a revelação do ano é Françoise Hardy, uma magricela sem maquiagem de dezesseis anos que canta "Tous les garçons et les filles" com voz monótona, anunciando a era da eterna adolescência.

Brigitte Bardot não pode viver sem uma melodia que acompanhe a vida e lhe dê encanto. Sem música, ela definha, perde as forças. Sem música, o mundo é triste demais. De um cômodo a outro da casa, o dia inteiro, ela carrega um transistor.[2] E a partir desse ano, canta também. Em *Vie privée* (*Vida privada*), que acaba de filmar, cantarola "Sidonie" se acompanhando ao violão.

Sidonie a plus d'un amant
C'est une chose bien connue
Qu'elle avoue elle fièrement
Sidonie a plus d'un amant
Parce que, pour elle, être nue
Est son plus charmant vêtement.[3]*

Se Bardot não gosta do cinema, o fato é que gosta de cantar. O cinema é uma obrigação chata; cantar, um prazer. Cantando, ela se expressa. Em sua família, encontrou um letrista sob encomenda. Jean-Max Rivière, poeta e amigo de seu pai, dá seus primeiros passos na música na companhia de Brigitte. Instalado na residência de veraneio dos Bardot, ele representa o filho que Louis Bardot não teve e dá a Brigitte seu primeiro violão, para lhe ensinar dois ou três acordes. Foi ele quem musicou "Sidonie", a primeira canção de Brigitte, sobre um poema de Charles Cros escolhido por Louis Bardot.

"Eu a gravei com Brigitte no grande estúdio Barclay, na presença de Eddie e Christine Gouze-Rénal, sua produtora", recorda-se Jean-Max Rivière. O sucesso da canção, que deslanchou a carreira de Jean-Max, convence Brigitte a vencer a própria timidez para gravar um programa de televisão para a noite de réveillon. Se em 1957 ela comemorou o Ano-Novo num programa de Gilbert Bécaud, o fato é que nunca foi a estrela de um programa.

Entusiasmada, ela põe mãos à obra com Claude Bolling, jazzman que conheceu em Saint-Tropez e ensaia com ela as canções do programa. "Fui convidado a trabalhar com ela para desenvolver sua voz", diz Claude Bolling. "Seu timbre acanhado era bonito, justo, bem na medida. Mais original que profissional." [4]

Apesar do ambiente onde tudo que ela faz é aplaudido, Bolling convence Brigitte a trabalhar a voz de maneira a poder enfrentar uma

---

*Sidonie tem mais de um amante/Todo mundo sabe disso/Pois ela confessa orgulhosa/Sidonie tem mais de um amante/Pois, para ela, estar nua/É seu traje mais belo.

grande orquestra. Contra toda expectativa, a aluna dá mostra de uma dedicação que nunca havia demonstrado num estúdio de cinema. Diariamente ou de dois em dois dias, durante seis meses, ela vai à casa de Bolling, no Boulevard Jean-Jaurès, em Boulogne. Ele se senta ao piano e ela ensaia com prazer, reencontrando a disciplina da dança, mas sem o sofrimento.[5]

A jovem se apaixona de tal modo pela coisa que convence Bolling e sua mulher, Irène, a irem a Méribel, onde ela alugou um chalé. Irène é acompanhada por uma amiga, uma viúva muito jovem chamada Francine, com quem Brigitte logo faz amizade. À noite, Jean-Max pega o violão, Bolling senta-se ao piano, Brigitte canta. No fim das férias, Jean-Max se casa com Francine e se torna o pai de seus dois filhos. No verão, o conjunto musical transfere-se para La Madrague: Brigitte e Sami Frey, os Rivière e os Bolling, os pais de Brigitte, Jicky e Anne Dussart.

Um amigo de Saint-Tropez pesca, o peixe é grelhado na praia, apanha-se o violão, canta-se mais uma vez. "A gente trabalhava num ambiente de alegria, bom humor e prazer", diz Bolling. Brigitte se esforça muito para aprender canções que acaba interpretando com uma naturalidade risonha. Esse clima pode ser visto no animado programa *Bonne année Brigitte*, de 1963. Nele, Bardot dança charleston tendo ao fundo "Les Amis de la musique", toca violão em "Sunny side of the street", canta em duo com Jean-Max. Na noite de Ano-Novo, o único canal de televisão disponibiliza 8 minutos para sua filha dileta, em sua primeira tentativa. Um presente despreocupado, bem ao jeito desses anos otimistas, pelo qual ela recusa qualquer cachê. Prazer de dar, alegria de receber.

Aproveitando o embalo, Brigitte Bardot grava para a Barclay um álbum de doze faixas. Jean-Max escreveu para ela "La Madrague", que lhe assenta como um pareô desbotado pelo verão. Alguns arpejos do violão, o som cristalino da celesta, uma caixa clara arranhada de leve e que combina perfeitamente com a *nonchalance* de Bardot.

Sur la plage abandonnée
Coquillage et crustacés
Qui l'eût cru déplorent la perte de l'été
Qui depuis s'en est allé[6]*

O frescor das letras de Rivière combina com o temperamento de Bardot. Solares, alegres ou passionais, elas têm tudo a ver com sua candura selvagem, sua melancolia, sua lentidão: "À la fin de l'été", "Rose d'eau", "Mélanie", "Le Soleil", "Je reviendrai toujours vers tois", "Moi je joue", "Je danse donc je suis". Quando ela canta "C'est un jour comme un autre" acompanhada por um saxofone à beira das lágrimas, Bardot chega a ser comovente:

"É um dia como outro qualquer
E mesmo assim você vai embora."[7]

"Cantar a divertia. Com sua voz tão especial, ela ficava entre a sereia e a menininha",[8] disse Eddy Barclay. Seria a sereia do conto de Andersen, que seduz o príncipe e o salva de se afogar, para em seguida ter a língua cortada?

---

*Na praia abandonada/Conchas e crustáceos,/Quem diria, lamentam a perda do verão/Que desde então se foi.

Uma filha do seu tempo

> "Brigitte, Brigitte, tenho vontade de te copiar
> Brigitte, Brigitte, Brigitte, Brigitte, você me
> espanta."
>
> Stereolab

> "Sem buscar de fato, ela rapidamente se transforma na maior estrela neo-hollywoodiana já
> vista no cinema."
>
> Louis Malle (Fonds BIFI)

Num escritório do tamanho de um cockpit, folheio revistas tão antigas que quase se desfazem no carpete. *Elle, Paris Match, Ciné Revue, France Dimanche.* Parecendo uma coluna vertebral, as publicações se empilham num armário colado na parede. Uma máquina de voltar no tempo, a coleção de revistas de Suzanna. A bela loura abriu uma porta camuflada no madeirame de seu imóvel parisiense. No coração da casa, de alto a baixo, livros, cassetes, DVDs, todos dedicados a BB. Um impressionante acúmulo de imagens desde o início. "Sou uma fã", diz Suzanna. Nem precisava lembrar, diante de semelhante sintoma. Seu casaco bem modelado revela por baixo uma camiseta com a imagem... de Bardot. "Não fiz de propósito, mas..." Suzanna me contempla com inveja, enquanto mergulho em suas revistas. "Gostaria muito de fazer isto com você." Estrelas de palha estão suspensas nas janelas. Por uma sucessão de portas, podemos ver um salão decorado com figurinhas, bolas, fitas vermelhas. Logo chegará o Natal. De botas e perfumada, Suzanna saiu pela porta contra a vontade. Retorna o silêncio.

Confiante, essa mulher, que a meu respeito só conhece o desejo de escrever sobre as imagens de Brigitte Bardot, me deixa no apartamento de janelas dando para o hotel Matignon. Acho que ela usa o perfume Heure Bleue. Como Bardot.

Nesse grande ambiente silencioso, volto às origens do mundo. Ou pelo menos às origens da sociedade de consumo ou do mito de Bardot. Cinzentos, ilustrados com desenhos, os primeiros números da *Elle* falam do mal-estar do pós-guerra, da frugalidade, das restrições. Aprendo a fazer bolo com casca de pão, a costurar minhas roupas. Fico sabendo que devo me interessar por política, mas não chegando a fazê-la, pois devo me manter feminina. Nos anúncios que ocupam metade da revista, essa feminilidade é doméstica, maternal, caseira. A mulher perfeita tem uma filha crescida que parece com Brigitte Bardot, uma garota de ar malicioso. Oh oh! Mas é mesmo Bardot essa jovem de ar comportado posando com uma (falsa) mãe meio *démodé*. Seu vestido lilás parece destinado a algum evento mundano, quem sabe uma corrida de automóveis. Os cabelos castanhos são trazidos curtos. É a *Elle* de 2 de maio de 1949, com sua foto na capa.

Adeus, pão seco e saias cortadas em cortinas usadas: entrei na realidade em cores, com sua variedade mirabolante de objetos desejáveis, enquanto Brigitte Bardot adquire vida. O mundo mudou completamente. Por dez vezes Brigitte apareceu anonimamente na capa da *Elle* desde 1949, até se transformar numa pessoa no número 423, de 18 de janeiro de 1954, para nos contar sua vida. No primeiro aniversário de casamento, Vadim deu-lhe *marrons glacés* e um Mickey de pelúcia. Uma nova ficção nasce. No momento em que os vínculos familiares se dissolvem em favor do casal, receptáculo da realização amorosa e dos desejos de consumo no interior do pequeno apartamento moderno, Bardot oferece o seu à revista *Elle*: casamento, decoração da casa, balanço anual da coabitação.

Depois da guerra, a sociedade francesa é virada de ponta-cabeça com uma rapidez incrível. Passa por uma metamorfose quase antropológica, tendo como propulsor o corpo radiativo de Brigitte Bardot. Se o impacto da jovem foi tão explosivo, foi porque a mudança por ela simbolizada era considerável. Sacudido em suas raízes milenares, um velho país católico e rural se metamorfoseia num país urbano e industrial da noite para o dia. O hábitat, as roupas, a família, os princípios, as próprias palavras, tudo muda. O grande sociólogo Henri Mendras não hesita em classificar essa passagem de *segunda revolução francesa*.

Tudo isso por causa dos americanos, como diz François, o carteiro de *Jour de fête* (*Carrossel da esperança*), que tem a cabeça literalmente virada pela projeção em sua aldeia de um filme *made in Hollywood*.[1]

A programação estampada na *Film français* em 1945 mostra que os longas-metragens hollywoodianos ocupam 71% das telas, contra 21% de filmes franceses.[2] Os acordos Blum-Byrnes condicionam a generosidade americana ao fim do protecionismo francês em matéria de cinema. Objetivo dos americanos: apresentar os filmes de Hollywood.[3] Dois mil filmes hollywoodianos deixaram de ser exibidos na França durante a Ocupação. Ao difundir o *american way of life*, os Estados Unidos esperam opor uma barreira à ideologia comunista.

Máquina de propaganda semioficial,[4] o cinema otimista e sedutor repertoria os prazeres da abundância: alimentos industriais inesgotáveis, lazeres excitantes, vestuário vitaminado, objetos da vida cotidiana sensacionais, conforto moderno paradisíaco, músicas afrodisíacas.[5] Desejos e prazeres são apresentados pelo cinema que vem do outro lado do Atlântico, inesgotável catálogo de objetos tanto mais sedutores na medida em que falta tudo aos franceses. Diante do estilo de vida popularizado pela indústria cinematográfica, a França se americaniza, maravilhada como uma tribo de esfaimados diante da abundância. Quem é o contrabandista secreto do modelo americano? Quem espalha o vírus do shopping? Qual é a célula hospedeira? A mulher.

Lá fora, começou a nevar, o que valoriza ainda mais o clima acolhedor do apartamento de Suzanna. Os velhos exemplares da *Elle* são meu presente de Natal. Falta apenas a música de Gershwin.

Agente de propaganda

Até 1962, Brigitte Bardot domina a *Elle*. Os anseios da época se engolfaram nela como o vento na casa vazia. A revista imediatamente entendeu seu potencial comercial. Falar de novos comportamentos é falar de *business*. Na França, Bardot abre o baile da celebridade que confere glamour aos produtos manufaturados. Com sapatilhas de bailarina ou elegantemente descalça, ela dança o balé do consumo. Se de fato existe um movimento acompanhado pela sedutora garota, é a entrada na sociedade mercantil. Agentes de multiplicação, as fotos coloridas da *Elle* desempenham um papel ativo na americanização dos sonhos femininos. A leitora se apropria das imagens, tornando-as suas, "como alguém que vai buscar numa língua já estruturada os elementos necessários para sua necessidade de expressão ou comunicação".[6]

Com a ajuda de sua fotogenia, BB dança em Kodachrome, no ritmo de um repertório de atitudes e gestos inéditos. Ela é a estrela pela qual se apaixona uma revista com tiragem de 720 mil exemplares[7] e cerca de 3 milhões de leitoras. Bardot é a embaixadora da Novidade junto às donas de casa da classe média, que representam 85% das leitoras da revista.[8]

No cinema, Bardot dirige-se aos homens. As mulheres não estão nem aí para seu erotismo. Seus filmes não são suficientemente românticos para agradar a elas. É nas revistas que Bardot lhes fala, através da fotonovela de sua vida. E por sinal, para comemorar seu nono aniversário, a *Elle* escolheu BB para a capa. No limiar de uma civilização afrodisíaca, Brigitte Bardot é a encarnação sonhada do estímulo inicial.

Pequenos acertos com os patrocinadores

No novo ambiente, que obriga as mulheres a se adaptar e, portanto, a se transformar, o estatuto das mulheres está cheio de contradições. A ideologia natalista cultiva a imagem materna. Ao mesmo tempo, abre caminho o projeto de uma feminilidade emancipada, com acesso aos estudos, à autonomia e ao prazer sexual. A mulher deve manter-se fiel à tradição e tornar-se tão livre quanto uma nova-iorquina. Em 1952, quando Françoise Giroud vai a Nova York cobrir a eleição presidencial para a *Elle*, hospeda-se no Barbizon Hotel for Women, estabelecimento reservado a mulheres, mas traz de volta uma reportagem sobre as quatro moças com quem compartilhou um quarto, fazendo o elogio de sua liberdade sexual: vários *boyfriends*, nenhuma urgência para o casamento.[9]

Na imprensa popular (*France Dimanche, Ici Paris, Ciné Revue*), a mesma dona de casa se alimenta com artigos dedicados às aventuras das mulheres apimentadas, Monroe, a princesa Soraya, Bardot. Essa mulher compra cada vez mais calças compridas, faz vestibular, sonha encontrar um emprego e lê *O segundo sexo*. Tem sede de liberdade sexual e de independência econômica.

A figura de Brigitte Bardot reflete esses paradoxos. Como sua mãe, ela deveria ter se casado com um homem do seu meio. O gosto da mãe pela moda e a sua graça de dançarina acabaram por conduzi-la às páginas das revistas e aos braços tentadores de Vadim. Que lhe abriu as portas de uma boemia sofisticada e cosmopolita, na qual ela concluiu sua educação e elaborou seu personagem. Os valores familiares e domésticos não lhe interessam. Brigitte gosta do prazer, detesta as obrigações.

Se a revista *Elle* está na vanguarda do consumo, não deixa de ser conservadora em matéria de costumes: em suas páginas é feito o elogio da boa dona de casa que, arrumada da cabeça aos pés, espera o marido depois de ter posto as crianças para dormir e recomposto a beleza. A *Elle* acredita no modelo de uma mulher emancipada pelos eletrodomésticos, que assume suas diferentes identidades.[10] Longe de ser feminista, a revista induz a mulher a ficar no seu lugar de mãe, ao mesmo tempo em que exige que seja sexy para agradar ao marido (e aos anunciantes).

A *Elle* tenta portanto encaixar o comportamento de BB num script tranquilizador. Assim é que, no nº 423, sob o título "Balanço de um ano de casamento", ficamos sabendo que seu marido a chama de burguesa e sovina. Econômica, ela compra os tecidos para o forro da mobília no mercado Saint-Pierre, pois é mais barato. A revista destaca suas qualidades de dona de casa, ao mesmo tempo em que lhe faculta uma certa autonomia. "É preciso saber ser moderna: aprendi a dirigir." Mas Brigitte é inferior ao marido, que a chama de "analfabeta". Para ela, a beleza, para ele, a inteligência. Ufa! "Não gosto de aprender. Fiz curso superior, até o primeiro ano." Ela não revela que lê *A vida de Klim Sanguin*, de Gorki, e *A porta estreita*, de Gide.

Reinventando Bardot, a *Elle* cria-lhe um personagem de acordo com o ideal do jovem casal moderno: uma mulher organizada, mas meio tola, admirando um marido inteligente que escreve para ela um filme intitulado "Seja bela e se cale".

A poligamia de Brigitte bagunça a agenda preestabelecida, mas felizmente Bardot está grávida de Jacques Charrier, um jovem burguês do seu meio, o que permite à *Elle* tricotar suas historinhas. Pouco importa que Brigitte tenha feito abortos e não deseje loucamente ter um filho. "Nicolas Charrier tem nove dias e Brigitte não é apenas a BB invejada, admirada, criticada, mas também uma mãe como outra qualquer. Ela não quer se afastar de Nicolas. Sua vida cotidiana passou a ser ritmada pelas mamadeiras, os horários, como acontece com qualquer vida de bebê. Com Nicolas, nasceu em Brigitte alguma coisa mais profunda e mais verdadeira que a glória de uma estrela: a ternura materna."[11]

Para encaixar Bardot no referencial da ideologia dominante, as revistas vão bordando a ponto miúdo tapeçarias em pastel. Criatura nascida da inveja dos outros, BB não é tão dócil quanto suas colegas de Hollywood. Pouco cooperativa, ela desarma os roteiros tranquilizadores e seguros. Orgulhosa demais para fingir, quer ser aceita exatamente como é, com suas qualidades e defeitos. Meses depois, entrega o filho à guarda do pai. Seu comportamento incomoda, sem chegar a comprometer o fascínio que exerce sobre as mulheres. Criatura fabricada por homens, ela está a ponto de escapar ao controle de seus Pigmaliões. É ao mesmo tempo objeto de desejo e sujeito do próprio desejo. Torna-se perigosa. Uma *bad bad blonde*.

Vestir-se com nada

"Na verdade, é exatamente isto que ela tem de especial", diz Suzanna, que acaba de voltar e folheia uma revista sem tirar o casaco. "Ela tem pernas compridas, como uma africana. Está vendo? Isto muda tudo." Suzanna levanta-se e imita as proporções do corpo de Bardot. "Ela tem um porte de rainha porque sua nuca é longa", acrescenta, como se tivesse passado no escâner o esqueleto de Bardot. "Aprendeu a caminhar com um professor, o Russo, o mesmo de Leslie Caron." Boris Kniaseff, provavelmente. "E além do mais tem coxas magníficas, vindo lá do alto. Quase parecem asas." Sem falar nos quadris estreitos e até numa cintura de verdade, por sinal minúscula. Bardot tem a nobreza de uma dançarina, sendo ao mesmo tempo sexy. Na verdade, que quer dizer isto, sexy? Atrair o olhar para zonas genitais. Bardot o faz com inocência. Suzanna e eu mergulhamos nas revistas.

Em 1960, a *Jours de France* fotografa Brigitte posando com uma dezena de vestidos Dior.[12] Imitando as poses sofisticadas de Victoire, a célebre manequim da alta-costura, BB parece um confeito cremoso nas deslumbrantes criações do jovem Yves Mathieu Saint Laurent. O vestido *Soir de Venise* já não passa de um indigesto bolo confeitado, excesso de rendas, excesso de musselina, excesso de arrumação, canibalizando seu magnífico corpo. Todo esse aparato não combina com

Bardot, pois esconde sua plástica. Algumas páginas adiante, Bardot veste simplíssimos modelos esportivos de Dior: blusa listrada estilo marinheiro, calça cigarrete usada sem sapatos. São signos que dançam em seu corpo, indícios de aventuras eufóricas, de fugas inéditas. Os pés descalços de Bardot são a letra A de seu alfabeto. Antes dela, as mulheres queriam ser elegantes, misteriosas, atraentes. Depois, querem ser excitantes.

A juventude, a autoconfiança, a presença de BB consagram a ideia de que vestir-se é um jogo, uma brincadeira, de que é possível vestir-se com nada, pois esse nada é o manifesto de uma experiência maior. "É uma mulher do ar livre, uma mulher que parecia vestida pela Prisunic",[13] escreve François Nourissier. Bardot é a mais extraordinária das mulheres comuns, dizia Cocteau. Não se limitou a bagunçar as tendências: ela contribuiu para desencantar a alta-costura em favor de um *prêt-à-porter* industrial e acessível, que ela própria tornou romanesco. Má atriz, Bardot? Ela é a intérprete, a porta-voz de uma geração. Dá vida a uma ficção social, a ficção da mulher moderna liberada. Ante a necessidade de se adaptar à mudança, seu personagem oferece um repertório de atitudes inéditas, prontas para uso, além de um catálogo de mercadorias e novas formas de lazer a serem consumidas. A começar pelas roupas.

Analisado pelas leitoras, seu vestuário fácil autoriza e estimula os movimentos. Jeans, shorts, saias de algodão, pulôveres que modelam o corpo, blusas de dona de casa, jaqueta de marinheiro, camisa pegada no armário do amante, tudo que ela usa é fácil de imitar, fácil de viver e sedutor. Em dezembro de 1968, a *Elle* dedica um número a seu estilo. A revista lhe atribui o lançamento de nove modas: as sapatilhas, o xadrez vichy, o bordado inglês, o *duffle coat*, o boné, a camiseta regata, a gola Mao, as jaquetas militares e a bandana hippie. Seja renda ou xadrez vichy, Bardot lança mão de tecidos camponeses, de joias étnicas, prefigurando o *bohemian chic*. É copiando um de seus vestidos de algodão que a célebre marca inglesa Biba se lança, faturando seu primeiro best seller.

O guarda-roupa de Bardot é uma profissão de fé, uma ética instintiva. Uma promessa de liberdade. Sem palavras, ela proclama a recusa das obrigações. Com qualquer retalho, Brigitte Bardot zomba das tradições para impor novos códigos. Dois meses depois de sua segunda união, em junho de 1959, seu vestido de noiva de tecido de avental escolar quadriculado é comercializado no padrão *Elle-va-bien*: "Corpete justo, saia larga, decote *bateau*, mangas com costura na altura do ombro, bolsos grandes e baixos." Se esse vestido, que hoje parece dos mais comportados, causa tanta sensação é pelo fato de o xadrez vichy transmitir uma mensagem: no frescor inocente de seu vestido nupcial, Bardot assume sua poligamia.

Bardot de automóvel

O símbolo da liberdade feminina? O automóvel. Numa embalagem pequeno-burguesa familiar, a vida de BB é um *storyboard* publicitário no qual são introduzidos um a um os novos produtos a serem promovidos: automóvel, televisor, enxoval de bebê *high-tech*, roupas, viagens. Imperativo novo e gerador de ansiedade para as mulheres, criar para si mesmas uma identidade individual. Controlar a aparência, a própria imagem: uma questão de sobrevivência social. A mulher é convidada a se construir através do consumo de uma gama precisa de objetos. A revista *Elle* se esforça por ensinar às leitoras o "tipo certo de feminilidade", comprando o "tipo certo de produtos", comenta a professora universitária Diana Holmes em seu rico estudo *Stardom in Postwar France*.[14]

Formidável agente de recomendação, Brigitte Bardot vende sapatilhas, revistas, protetores solares, banhos de mar, aulas de esqui, música brasileira e até carros.

Como sabemos, Brigitte aprendeu a dirigir para ser moderna.[15] Para em seguida chegar à capa da revista no volante de um conversível: "BRIGITTE E SEU FLORIDE LEVAM VOCÊ AO SALÃO

DO AUTOMÓVEL".[16] O Caravelle, com teto rebaixado, chega a 130 km/h. Naturalmente, Brigitte esclarece que ela mesma dirige. Obter a carteira é um dever, assim como estar permanentemente bela, bem-vestida, bem maquiada. Além do Océane cinza presenteado pela Renault, com sua placa B.B. 1934, Bardot assumiria o comando de um Morgan, de um Rolls, de Mini Mokes.

O estilo joli

Brigitte Bardot gosta de decoração e chegou a pensar em fazer carreira, como sua irmã Mijanou, a quem é creditada a invenção do mezanino, estrutura astuciosa que permite aumentar o espaço. La Madrague é alvo de inúmeras reportagens. Seus tapetes vegetais e seus buquês de flores secas, seus móveis de palha e suas enormes almofadas de tecido de Jouy, sua mesa de fazenda barganhada na loja de Kadzéfis, negociante de Saint-Tropez, sua coleção de velhas chaves presenteada pelos chaveiros da região e suas tranças de alho e cebolas suspensas nas vigas expressam uma visão sentimental e citadina da vida no campo.[17]

O estilo rústico está na moda. Moedores de café, panelas de cobre, caldeirões, móveis de fazenda, objetos habituais de uma época que ficou para trás transformam-se em elementos decorativos que permitem afirmar uma personalidade original. Como no caso do guarda-roupa cotidiano de Bardot, o espírito da coisa é de fácil imitação. Se chegar a copiá-la passivamente, as outras mulheres podem ir atrás. O estilo Bardot é o estilo bonito, o estilo *joli*. *Joli* no sentido etimológico de alegre, agradável, cheio de frescor. Em matéria de emoções também existem modas. O símbolo de BB é a margarida, presa em suas orelhas ou nos cabelos. Bardot se veste com *vestidinhos* da Prisunic (ou Réal), instala *cortininhas* quadriculadas em sua *casinha* de Saint-Tropez e dirige seu *carrinho*.

Socialmente, ela pertence à classe média em mutação, ao mesmo tempo que se distingue o suficiente para ser considerada interessante. Gosta de diminutivos, de paredes branqueadas a cal, de vestidos de algodão bem frescos, de objetos fofos, de bijuteria de mocinha, de champanhe e de bichinhos de pelúcia. Uma criatura de classe média. O consumo configura o pertencer a uma classe e cria status. Ser livre como Bardot é consumir livremente... os mesmos produtos que ela.

Voltada para a arte de viver com conforto e sofisticação, a revista *Jours de France*, de propriedade do industrial Marcel Dassault e destinada às salas de espera de médicos e dentistas, promove suas casas e suas férias.[18] Bardot apareceu 74 vezes na capa. É verdade que Marcel Dassault adora louras. Revelando os dotes de decoradora de BB, a *Jours de France* apresenta reportagens sobre cada uma de suas novas casas.

"Quantas vezes você já não viu Brigitte Bardot interpretando um papel? Graças a nossos repórteres, hoje, pela primeira vez, você vai vê-la vivendo",[19] escreve Paul Giannoli, o amigo de Brigitte. O cenário da avenue Paul-Doumer é descrito em detalhes. BB encheu molduras ovais com flores secas. Vasos de opalina e uma grande caixa cheia de joias falsas repousam na cômoda antiga. Desde o nº 423 da *Elle*,[20] o leitor já sabe que BB, chamada de burguesa por Vadim, regateou uma cômoda no mercado das pulgas por 600 francos. Ela lança uma nova forma de lazer: barganhar nos antiquários e brechós. Como quem não quer nada, Giannoli deixa bem claro que Bardot "adora televisão". Poucos franceses têm em casa um desses receptores, mas todos sonham tê-lo. O de Brigitte foi instalado em frente à cama.

Bardot e minha mãe

A palavra "opalina", a imagem da caixa cheia de joias falsas em cima da cômoda, me fazem de repente sentir enjoo. É o problema de se transportar... ao passado. A coleção de vasos de opalina, a caixa cheia de joias de fantasia na cômoda Napoleão III são coisas que eu conheço muito bem. Os *marrons glacés*, ainda há pouco, já me tinham lançado um discreto sinal de reconhecimento. Os que Vadim presenteava a Brigitte.

Bardot é minha mãe. Sua guloseima favorita: *marrons glacés*. Minha mãe também coleciona opalinas de cores leitosas, e numa cômoda comprada no mercado das pulgas pode-se ver uma imponente caixa de joias cheia de bijuteria que ela nunca usa. Junto à cama, como Bardot, um aparelho de televisão, a que ela assiste deitada. Ela pede um cocker spaniel a meu pai, que lhe dá um pastor-alemão. E depois um carro 404 modelo Pininfarina branco Courchevel. Ou azul-gelo. Quando o carro é conversível (como é demorado abrir e fechar uma capota!), ela enlaça no pescoço um lenço de musselina combinando com a carroceria. Nos dias em que seu *mise en plis* se desfaz, minha mãe adota o lenço na cabeça, como Bardot quando suas raízes estão escuras demais. Nos esportes de inverno, minha mãe não esquia, no verão, quer passar férias no sul da França. Como Bardot, ela tem mais de um amante.

Ao contrário do estilo de vida das divinas de Hollywood, o de Brigitte Bardot nada tem de luxuoso, e seus gostos são perfeitamente comuns. Como o gosto de todo mundo. Uma foto de minha mãe em Karachi, em 1957. Menina-mulher metida num vestido de cetim azul profundo, ela segura um copo. O coque banana ressalta a delicadeza dos traços. O vestido é exatamente o que Bardot exibiu no dia 29 de outubro de 1956 na seção de fotos do Savoy, na época da Royal Performance. Minha mãe dança chá-chá-chá com músicas exóticas. César tinha como modelo Alexandre o Grande, que imitava Aquiles, Brigitte Bardot é inspirada por Marilyn e Carmen, minha mãe imita Bardot.

É que minha mãe, filha da cidade, não pode imitar sua própria mãe Maria, nascida em Guéméné-Penfao, no Loire. Uma alta e bela bretã que se penteia como Marlene Dietrich mas tem como modelo de emulação a Virgem. Todo ano, no Domingo de Ramos, Maria garante o seu ramo bento, mas suspeito que ela seja mais animista que cristã. O pároco nunca teve influência na casa de seus pais meio pagãos, isolada num povoado. Minha bisavó, perneta, sobe em árvores com sua perna de pau.

Em Paris, Maria continua vivendo ao sabor das estações. Na beira da janela um caule de jacinto tem seu crescimento acompanhado por ela. Ela se alimenta de sopas de legumes, compotas de frutas, leite. À noite, abre a janela. Inspirando, bebe o céu, a lua, as estrelas, até ser tomada por um doce bem-estar. Sente falta do campo, das estações passando, do céu e das nuvens, dos campos separados por sebes rebeldes, do som opaco do sino. Dentro da minha avó, uma outra vida de recolhimento se desenrola, ligada ao céu, a Deus, ao cosmos.

Qual é seu estilo de vestir? Roupas simples e fáceis. Saias plissadas, lãs, sapatos baixos. No verão, vestidos de algodão. Ela não tenta causar impressão com efeitos estéticos, pelo contrário. A vaidade é um pecado, como a gula. Eu nunca a vi de calças. Sua estatura lhe confere uma elegância distinta e suas escolhas simples, certa dignidade. A antiga dignidade humana que tanto mexia com Pasolini quando percorria os bairros populares. Maria pertence a uma civilização milenar. Dá para ver. Minha avó tem as estrelas. No firmamento de minha mãe cintilam as *stars*.

Minha mãe é moderna. Quer a felicidade. Não a busca: espera a receita, vai encontrá-la nas revistas que formam seu gosto. Vinte vezes eu revejo a cena em que, em *E Deus criou a mulher*, Bardot calça as sapatilhas antes de fechar a livraria onde trabalha como vendedora. O movimento untuoso e seu ritmo maravilhosamente tranquilo me hipnotizam. Navegando em direção à porta, Bardot desliza cada pé na gáspea e com um seco bater de salto calça os sapatos sem deixar a posição vertical. Ela vai em frente. Por que essa negligência mexe tanto comigo? Vejo minha mãe em nossa casa de Karachi. Uma foto sua de 1958. Num sofá de ratã, em decúbito ventral, pernas dobradas, ela contempla o louro bebê à sua frente com ar de incredulidade. Sua pose na foto é a de BB nas primeiras cenas de *E Deus criou a mulher*, com a ressalva de que minha mãe está vestida. Descalça, como Bardot, cuja desenvoltura imita. O bebê da foto é minha irmã. Minha irmã loura chama-se Brigitte, como Bardot. Deus criou minha avó, mas Bardot criou minha mãe.

O DESPREZO

> "Queremos esculpir uma pessoa viva, mas o que
> a torna viva é na verdade seu olhar... Tudo mais
> não passa de enquadramento do olhar."
>
> Alberto Giacometti

> "O gênio é apenas a infância formulada com
> clareza."
>
> Baudelaire

Atônita, ela viu o cineasta atirar-se com as mãos à frente, formando um
quadro, fazer piruetas por alguns metros e depois saltar aos seus pés.
Como um mico de borracha, Godard parece Darry Cowl, o cômico
que foi seu parceiro em *Desfolhando a margarida*.[1] Completamente
pirado, o cara. "São 15 centímetros, esse seu treco em cima da cabeça.
A cada metro que eu percorro com as mãos, você concorda em baixar
esse troço em 1 centímetro?" Godard aponta para o edifício que se
ergue acima da pessoa de Bardot.

Monte de cabelo sustentado à base de laquê Elnett, o "bolo de
noiva" é um atributo da feminilidade *natural* de Bardot. Com o
passar do tempo, ela acentua ainda mais seu caráter selvagem. Uma
invenção de Marilyn, dormir com um *mise en plis* e se pentear com os
dedos ao despertar. A cabeleira de Bardot: um manifesto. Deixando

completamente fora de moda os permanentes muito arrumados da fábrica de Hollywood, o bolo de noiva falsamente despenteado cujos direitos autorais são reivindicados por BB espalhou-se pelo planeta inteiro. Pelo visor da Mitchell, um quebra-cabeça impossível de enquadrar. O bolo de noiva fica fora de campo. Perplexa com a atitude de Godard, Bardot concorda e diminui o volume do penteado, e também, portanto, de sua personalidade. O cineasta estava curtindo com sua cara.[2] E por sinal viria a esconder a grenha de Bardot por baixo de uma faixa escura, e depois, de uma peruca preta. Não é o sex-appeal de Bardot que ele quer filmar, nem seu carisma. "Os dois únicos problemas que eu realmente tive com ela foram conseguir que usasse a saia abaixo do joelho, e por sinal não consegui, de modo que a maior parte do tempo a vesti com um penhoar ou então a enquadrei na altura do peito, pois ela fazia questão dos seus saiotes, e convencê-la a diminuir o bolo de noiva."[3]

Tudo em Godard desconcerta Brigitte. Óculos escuros, chapeuzinho à Dean Martin, fumaça de charuto, respostas incompreensíveis ou burlescas. "Um sujeitinho lamentável de óculos escuros", declarara Belmondo antes de filmar *À bout de souffle* (*Acossado)*. Como se fosse um ator, Godard usa uma máscara que lhe permite esquivar-se aos olhares. Como poderia Brigitte adivinhar que ele provavelmente tenta ocultar sua hipersensibilidade e que os óculos escuros encobrem um belo olhar azul? Tudo que ela vê é uma desenvoltura que a choca.

Sua condição de estrela a posiciona sobre um pedestal. Metade do orçamento do filme — 1 milhão de dólares — foi reservada para o seu cachê.[4] No mínimo, ela deveria ser cortejada, como sempre. Acontece que, do diretor aos técnicos, todo mundo só tem olhos para Fritz Lang. Chega a parecer que Molière ou Beethoven em pessoa acabou de se materializar. A presença do diretor de filmes admiráveis como *Metrópolis* e *M, o vampiro de Düsseldorf* deixa fascinada uma equipe toda formada por cinéfilos. "Jean-Luc tinha uma enorme admiração por Fritz Lang, e portanto se mostrava muito atencioso com ele", diz

Raoul Coutard. *O desprezo* não é um filme sobre Brigitte Bardot, mas um filme de amor. Amor pelo cinema, amor pela luz. Sob a égide de Hölderlin e Homero, *O desprezo* é um falso documentário sobre a realização de um filme baseado na *Odisseia* e dirigido por Fritz Lang no seu próprio papel. Um roteirista (Michel Piccoli) é contratado pelo produtor (Jack Palance) para reescrever o roteiro. O produtor seduz a mulher do roteirista (Brigitte Bardot) ante o olhar de um marido passivo.

"Brigitte é uma grande atriz, mas na vida real é uma criança", diz Michel Piccoli com ternura. Uma garota que nada tem de cinéfila e que faz beicinho quando é deixada de lado. Está filmando com Godard, o cineasta mais inventivo do momento, o que lhe é perfeitamente indiferente. Ela sente falta de Sami Frey, que está filmando na Espanha. E ela não é a única que banca a criança. Em plena crise conjugal com sua mulher, Anna Karina, Godard só pensa em voltar para Paris para ver o que ela anda inventando. É isto *O desprezo*. Um filme experimental inventivo, uma obra-prima do cinema europeu realizada por crianças manhosas querendo matar aula.

Brigitte Bardot não estava realmente nos planos de Godard. É pelo menos o que ele declara. Teria preferido Kim Novak, cuja placidez combinava com a de Camille, o personagem feminino de *O desprezo*. A pedido de Carlo Ponti, o produtor, encontrou-se com Monica Vitti, mas ela chegou 10 minutos atrasada, o que o deixou irritado. Na época de *Une femme est une femme* (*Uma mulher é uma mulher*) ele de fato sonhava com Brigitte. Ela encarnava um tipo tonificante de garota moderna. Seu físico contrastava com o das atrizes da época, assim como seu temperamento, seu gestual e sua dicção. Quando a *Cahiers du cinéma* publicou o roteiro de *Uma mulher é uma mulher*, Godard o ilustrou com uma foto de Bardot.[5] O papel acabou ficando com Anna Karina. BB não perdeu nada, o *home-movie* não é dos melhores.

O desprezo é o melhor de Godard. Uma história de verdade. Dinheiro. Um mito. A mais bela das paisagens. Uma atriz esplêndida.

"Há muito tempo eu tinha vontade de filmar com Bardot, mas a vontade passou, por ela ter se tornado o que é hoje."[6]

Ter se tornado o que é hoje... Que grosseirão! Que estaria querendo dizer? Uma atriz do cinema francês que detesta a *nouvelle vague*, esse cinema de estúdio meio rançoso surgido sob a Ocupação? Ao criar a Continental em 1940, Joseph Goebbels, ministro da Propaganda do Partido Nazista, fora claro em suas instruções: produzir filmes alienantes, diversões anestesiantes. "Dei orientações perfeitamente claras para que os franceses produzam apenas filmes leves, vazios e se possível estúpidos", escreve ele em seu diário. Dispondo de consideráveis recursos, a Continental tinha financiado um verdadeiro viveiro de cineastas franceses. Poucos filmes de propaganda e até alguns belos filmes, como o sombrio *Corbeau (O corvo)*, de Clouzot — e por sinal Goebbels ficara insatisfeito. Mas esses filmes nada mostravam da guerra, da realidade do país.

"Jamais os perdoaremos por não terem filmado as garotas tal como as amamos, os rapazes que encontramos todos os dias, os pais que desprezamos ou admiramos, os filhos que nos espantam ou nos deixam indiferentes. Em suma, as coisas tal como são",[7] escrevera Godard.

A *nouvelle vague* é uma reação ao silêncio cinematográfico da Ocupação, tanto quanto a suas convenções desgastadas. Com *E Deus criou a mulher*, Vadim proporcionou algum oxigênio. Sua musa foi uma inspiração para os jovens críticos e cineastas, apaixonados por seu personagem, pela liberdade de sua atuação. Com um corpo que encarnava a juventude, ela falava, agia, se vestia como as garotas de sua idade. "Toda renovação no cinema passa pela invenção de novos corpos", escreve o crítico Alain Bergala. Depois de Vadim, a plástica flexível de Bardot voltou para o velho cinema de Henri-Georges Clouzot, Claude Autant-Lara, Christian-Jaque, Georges Lacombe, Jean Devaivre, todos egressos do viveiro da Continental. Os realizadores da *nouvelle vague* ficaram enciumados. Reinventando o cinema com pequenos orçamentos, eles não podiam desfrutar do talento de sua musa. Sami, que tinha filmado com Agnès Varda, recomendou a Brigitte que fizesse *O desprezo*.

Foi Bardot que tomou a iniciativa do encontro. Quem lhe falou do projeto? O ator Patrick Bauchau, marido de sua irmã Mijanou, como ela diz? Ou o diretor de teatro Antoine Bourseiller, amigo de Sami Frey? Ela convida Godard a seu apartamento na avenue Paul-Doumer, declara adorar o romance de Moravia e estar disposta a filmar com ele. "Ela se lembrava de que, no lançamento de *E Deus criou a mulher*, a *nouvelle vague* se manifestara positivamente sobre ela, enquanto o resto da crítica a arrasava",[8] relata Godard. Como Jean Seberg antes, Brigitte tem à sua frente um vesgo incrivelmente introvertido, de aspecto desleixado, que não a olha nos olhos.[9] Nem de longe faz o seu gênero, ela gosta de sujeitos bonitões, se possível mais jovens. O cineasta lhe dá conselhos para sua carreira. "Na minha opinião, disse-lhe, ela devia passar a fazer papéis que costumam ser dados a Jeanne Moreau, mulheres jovens de 29 ou trinta anos. Foi assim que encarei seu personagem de *O desprezo*. E mesmo *Jules et Jim*, por melhor que seja com Jeanne Moreau, teria sido extraordinário com Bardot."

Os dois se despedem encantados um com o outro. "Que vida! Uma mulher maravilhosa", comenta Godard com seu assistente Charles Bitsch.[10]

A proposta de Bardot, superestrela do cinema europeu, parece tanto mais sedutora na medida em que o projeto enfrenta problemas na escalação do elenco. Apoiado por seu produtor, Georges de Beauregard, Godard sonha com uma grande dupla americana, Kim Novak-Frank Sinatra. O produtor italiano Carlo Ponti, detentor dos direitos do romance de Moravia, propõe por sua vez a dupla Sophia Loren-Marcello Mastroianni. A estrela italiana é sua mulher. Mas com Bardot ele pode estar certo de fazer um bom negócio, tanto que Jo Levine, o produtor americano, é quem entra com a maior parte do financiamento. Na cabeça de Ponti, a equação *estrela do cinema comercial + gênio do cinema intelectual e independente* é promissora. O geniozinho da *nouvelle vague* e a beldade do momento, dois belos trunfos.

Para Philippe Dussart, que dirige a equipe de produção, as filmagens apresentam duas dificuldades. Uma é Jean-Luc Godard, a outra, Brigitte Bardot. Godard desestabiliza todo mundo, não apenas sua atriz. Não faz nada como os outros, Dussart o sabe por experiência própria. Embora para variar disponha de um roteiro, o cineasta vai improvisando o script no dia a dia. Filmar com ele é tão excitante quanto cansativo. Godard por sua vez se escora em Philippe Dussart, sujeito leal meio do tipo Velha França que trabalha com Michel Deville e Jacques Demy. Anna Karina o conheceu nas filmagens de *Ce soir ou jamais* (*Esta noite ou nunca mais*).[11] Godard não tem amigos, mas respeita seus colaboradores. O diretor de produção não teme suas esquisitices, adaptando-se com admirável sangue-frio. Descendente de uma linhagem de soldados, é tão articulado quanto Godard, imprevisível. Filmar com um diretor que improvisa é uma aventura. Na primeira vez em que trabalharam juntos, em *Uma mulher é uma mulher*, Dussart ficou reduzido a recolher o lixo. Toda noite, sentado numa escrivaninha, Godard rabiscava e amassava folhas de papel que, depois de sua partida, eram resgatadas da cesta de lixo por Dussart, para tentar adivinhar a programação do dia seguinte.

Bardot é diferente. Dussart precisa fazer com que ela se mostre *profissional*. É este o problema com ela. Ela é uma figura maravilhosa, mas não exatamente uma atriz disciplinada. Quando já era esperada em Roma para o início das filmagens, telefonou para adiar sua chegada por três dias, a pretexto de que acabava de encontrar uma casa esplêndida em Sperlonga. "Vamos lhe enfiar os oficiais de justiça pelo cu", bradou Godard. Foi dissuadido pela equipe. "Bardot vai acabar com a nossa vida", observou Raoul Coutard, o diretor de fotografia. "Esse lado confuso com as estrelas tornava o clima pesado", diz ele.

E há também os terroristas. Em Paris, Philippe Dussart encontrou Louis Bardot, o pai de Brigitte, acompanhado de um policial. Em plena guerra da Argélia, a jovem é alvo de chantagem da Organização do Exército Secreto, a O.A.S. A organização paramilitar de extrema direita semeia o terror entre os argelinos e os partidários da independência da Argélia. Em 12 de novembro de 1961, Bardot recebeu uma carta de ameaça do exército secreto, ordenando que depositasse 50 mil francos para a organização, caso contrário "os comandos especiais da O.A.S. entrariam em ação". A *bombshell* Bardot ficou irritada. Gaullista de coração, logo pensou na *L'Express*, revista engajada na luta contra o colonialismo, cuja redatora-chefe, Françoise Giroud, foi alvo de um atentado à bomba. "Senhora redatora-chefe, envio em anexo a carta que acabo de receber da O.A.S. Meu objetivo ao enviá-la é que possa usá-la da maneira mais eficaz, no contexto de sua luta contra essa organização." Ela se recusou a ceder à chantagem, não tendo "a menor vontade de viver num país nazista". A palavra não foi usada de maneira leviana. De origem judaico-polonesa, os pais de Sami Frey, o homem que ela ama, foram mortos depois de deportados. Ele mesmo escapou ao famoso episódio em que os nazistas e seus colaboradores franceses arregimentaram para deportação centenas de franceses no Velódromo de Inverno, em Paris. Sua mãe mal teve tempo de escondê-lo debaixo de um móvel, antes de ser levada.

Bardot dá mostra de determinação e coragem, pois a ameaça física é real. Uma bomba que explodiu na residência de André Malraux em Boulogne em 7 de fevereiro de 1962 desfigurou uma mocinha, Delphine Renard, que perdeu um olho.

A coragem da atriz causou tanta admiração que a opinião pública mobilizou-se em seu favor. De repente, o público descobriu que Brigitte Bardot era uma mulher de caráter.

Na França, ela vive sob proteção policial. Mas a perspectiva de uma estada na Itália, onde a polícia seria menos vigilante, preocupa seu pai. Como previsto, as filmagens começam em Roma no início de abril, na Villa Vassarotti, com as cenas que se passam na casa do produtor americano, e depois em Cinecittà. Fiel a seus hábitos, Godard procrastina, o que convém a Brigitte, a quem ele inspira uma espécie de repulsa. O cineasta a trata com uma reserva respeitosa, como a todas as estrelas de seus filmes, deixando a jovem perturbada.

A produção alugou para Brigitte o palazzo Vecchiarelli, palacete renascentista a dois passos da Piazza Navona, onde ela passa seus dias fechada, com sua corte. Além da turma habitual — a maquiadora Odette, a dublê Maguy, sua cabeleireira —, ela contratou uma figurinista, Tanine Autré, e uma camareira, Laurence Clairval, além de William R. Sivel, o Sissi, engenheiro de som. Jicky Dussart, que chegou com sua companheira, Anne, conseguiu um pequeno papel. Além disso, Ma Cri-Cri vai e vem para compensar a ausência de Sami Frey. Já Roland Tolmatchoff, velho camarada de Godard dos tempos de Genebra, atua como guarda-costas de Brigitte.

A casa da jovem atriz dá para um belo terraço sempre cercado pelos paparazzi. Nada de O.A.S. na Itália, apenas fotógrafos metralhando o tempo todo. Para mostrar à mãe, que veio visitá-la, como andavam as coisas, Brigitte suspende uma de suas perucas na ponta de um cabo de vassoura, lentamente, diante de uma janela. O espocar dos flashes é instantâneo.

Aonde quer que ela vá, a equipe de filmagem é seguida por uma nuvem de Vespas. Para acalmar os ânimos, o produtor Carlo Ponti convoca uma entrevista coletiva num salão do hotel Excelsior, em 22 de abril de 1963. Alberto Moravia, Jean-Luc Godard e Carlo Ponti cercam Bardot, mas é ela que atrai todas as atenções. Philippe Dussart[12] lembra-se da admiração ao ouvi-la responder às perguntas, alerta e maliciosa, com sua dicção arrastada. Sua espirituosidade e as frases traçadas como um jardim francês são dignas de Sacha Guitry. De vestidinho preto desenhado por Réal, ela respondia na bucha, borbulhante como champanhe.

— Qual foi o dia mais belo da sua vida?

— Uma noite.

— Qual a pessoa mais imbecil que já conheceu?

— Você, por me fazer uma pergunta tão imbecil.

— Qual é seu filme preferido?

— O próximo.

— Que gosta de fazer na vida?

— Não fazer nada.

— Que acha do amor livre?

— Nunca acho nada quando faço amor.

— O que mais a atrai num homem?

— Sua mulher.

— A que atribui sua celebridade?

— Veja.

Ela se levanta e sai.[13]

Cheio de admiração, Alberto Moravia traça dela um retrato elogioso. "Brigitte Bardot é o sucesso do instinto combinando perfeitamente com as circunstâncias. Sob a aparência de um animal sensível e caprichoso, que não sabe ocultar um pensamento nem conter um impulso, ela esconde uma elevação de sentimentos, uma juventude mental, uma generosidade da razão que são de uma grande dama."[14] Uma grande dama não é pouca coisa na boca de um escritor pouco magnânimo. Ela faz sucesso com os escritores.

Com um buquê de flores nos braços, Brigitte Bardot chega ao porto de Marina Grande, em Capri, às 5 horas da tarde de 17 de maio de 1963. À sua chegada, uma pequena multidão de curiosos a cerca, como um enxame de formigas carregando a abelha rainha, de tal maneira que ela desaparece, deixando à mostra apenas o buquê de flores, que avança lentamente. Michel Piccoli caminha no fim do cortejo, fumando pachorrentamente um charuto.

Os paparazzi chegam no dia seguinte. Vagabundos transformados em profissionais da fotografia, Claudio Valente, Luciano Paterno e Paolo A. circulam de lambreta ou a bordo de um Topolino conversível cuja buzina é acionada a toda hora. Situada na extremidade sudeste da ilha, sobre um penhasco rochoso, a Villa Malaparte foi escolhida para proteger as filmagens e Bardot dos olhares curiosos. Só é possível chegar pelo mar ou então observar de longe, com binóculos. Um fotógrafo esfaimado revira montanhas. Mesmo com um braço na tipoia, como Paolo A. depois de um acidente provocado por uma casca de banana (segundo ele). Uma foto de Bardot de biquíni, ou melhor ainda, de biquíni com um cãozinho, paga horas e horas de espera. Entre as rochas, o bando de parasitas volta teleobjetivas de 300 milímetros para o terraço da villa. Suados, lenços amarrados na cabeça para se proteger do sol, eles insultam seu colega Jicky Dussart, que trabalha de sunga e os priva de seu ganha-pão. Seguem Bardot como se fossem sua sombra, implorando que apareça, mesmo quando um destacamento de policiais ou o próprio Godard em pessoa tentam desalojá-los. Comentário divertido de Carlo Ponti: "Se não existissem os paparazzi, a gente morreria de tédio."

À falta de imagens sensacionais, eles improvisam como podem. Sob o título "BB, ESTRELA PERSEGUIDA", a *Cinémonde*[15] relata como uma simples foto de Brigitte descendo a escadaria da villa e olhando para os pés para não cair se transformou na imprensa italiana num clichê com a legenda *BB abaixa a cabeça para escapar dos fotógrafos.* Certa noite, os fotógrafos cercam o carro da atriz numa ruela para obrigá-la a sair. Jicky Dussart e Sami Frey saem no braço com eles. No dia seguinte, na primeira página dos jornais italianos, o confronto adquire proporções épicas, tanto mais que Paolo A., com seu braço na tipoia, se apresenta como vítima da rixa.

Resistente a toda forma de constrangimento, Godard as transforma em oportunidades. Seu amigo Jacques Rozier, diretor de *Adieu Philippine*, é incumbido de uma reportagem sobre as filmagens, financiada pelo Ministério de Relações Exteriores: resultariam os documentários *Paparazzi* (18 minutos) e *Le Parti des choses* (9 minutos), que contribuem para a fama do filme. Numa magnífica paisagem, Rozier mostra os fotógrafos e sua presa, mas também o olhar divertido, incrédulo ou maravilhado dos curiosos que tentam ver a estrela, colando o rosto no vidro de um carro onde ela buscou refúgio ou aparecendo de barco em Punta Massullo.[16]

Ao contrário da lenda ou da impressão que pode ficar do documento de Jacques Rozier, os paparazzi ficam apenas alguns dias, para em seguida voltar a Roma. Charles Bitsch, o assistente de Godard, alega que foi necessário chamá-los de volta, quando Bardot se mostrou preocupada com o recuo de sua popularidade. É quase verdade. Claro que esses tipos são um transtorno, mas o fato é que eles tornam Bardot importante, inclusive a seus próprios olhos, pois são os atributos do seu prestígio. Ela mesma, por iniciativa própria, contrata para acompanhá-la um Jicky Dussart, que a fotografa incansavelmente, de tal maneira que acaba interpretando seu próprio papel no filme.

Christine Gouze-Rénal também se questiona. "Muitas vezes cheguei a pensar que se ela se penteasse de outra maneira, se por exemplo prendesse os cabelos, seria muito menos notada. Mas ela faz questão de deixar os cabelos soltos."[17] E por sinal em Roma, onde os paparazzi não a deixaram em paz, ela se misturou à multidão. Como ela se queixasse de não poder visitar o Vaticano, Jicky apostou que poderia levá-la incógnita. Ele, sua mulher e Brigitte vestiram-se como turistas franceses na Itália. Nada de acessórios de luxo, nem de roupas de alta-costura, nada que pudesse trair a presença de uma estrela de cinema. Abrindo mão da limusine, foram à São Pedro de táxi. Brigitte entrou na basílica entre Anne e Jicky, e os três visitaram o Vaticano misturados a um grupo. "Ninguém a reconheceu", diz Anne Dussart. "Nenhum fotógrafo a notou. Foi uma das raras vezes em sua vida em que ela se sentiu livre e segura."[18] Mas nem sempre funciona assim.

Além do mais, Brigitte faz questão de ser Bardot. Que jovem não gosta de ser o centro das atenções? A fama por longo tempo não é algo acidental. A celebridade repara profundas feridas narcísicas. Se viesse a refluir, a jovem ficaria alarmada como diante de uma desgraça, muito embora tenha provavelmente subestimado seus danos. Com a imprensa, ela continua a fazer jogo duplo.

Para tranquilizá-la, Carlo Ponti convida aos bastidores da produção Tazio Secchiaroli, o modelo do paparazzo de Fellini. Excelente repórter, Secchiaroli foi um dos primeiros a violar a intimidade das estrelas. Encontrou um emprego mais bem remunerado fabricando para os produtores reportagens falsamente espontâneas sobre os bastidores dos filmes, transmitindo uma imagem despreocupada do que neles se passa.

Roubada ou não, uma foto é sempre mentirosa. Ela dissimula o essencial. A vida é uma sucessão de instantâneos, e não uma imagem congelada. O que se aplica ainda mais às imagens das estrelas, hiperselecionadas. Existem centenas, milhares de fotos de Bardot. BB cumprimenta o presidente, a rainha, o papa, BB dança, BB ri, BB caminha, BB foge, BB acaricia um cão, um gato, um felino, BB se bronzeia, BB monta a cavalo, BB joga cartas, BB bebe champanhe, BB vai ao mercado, BB toma um avião, entra num barco, num trem, anda de bicicleta, BB dirige, BB grava uma canção, BB abraça um rapaz, BB nada, BB fuma e até BB tricota. Sim, um cachecol vermelho para o noivo. Nessa inesgotável fototeca, falta uma imagem: Brigitte com um livro. E no entanto ela os consome em grande quantidade. A ambliopia cansa. Mais que os seres humanos de visão binocular, Brigitte precisa de calma, de repouso, de harmonia. Para se isolar e relaxar, ela recorre a dois filtros mágicos: a música, pois tem um ouvido exigente. E a leitura.

Alguém que prestasse mais atenção ficaria espantado com suas preferências. Durante as filmagens, ela devora *O livro de San Michele*, alegres memórias do sueco Axel Munthe, o arquiteto da casa por ela visitada em Anacapri. O best seller constantemente reeditado de 1929 parece-lhe ter sido escrito para ela. É assim, a literatura. O bom livro cai em nossas mãos no momento certo para consolar, aconselhar, tirar do lugar. Munthe, com problema de visão, como Brigitte, escreve, com humor, que usa o olho mudo para ver os defeitos dos amigos. Recomenda aos que têm a mesma questão que se deitem na relva para examinar seu passado com esse olho, ou melhor, que fiquem tranquilos, sem pensar em nada, limitando-se a ouvir. E sem demora, segundo ele, o olho inválido ouve o canto dos pássaros, depois animais amistosos se aproximam para contar suas alegrias e dores numa linguagem inteligível, e quando por sua vez se calam, o menor objeto inanimado respira em seu sono. Essas coisas invisíveis reveladas graças ao olho preguiçoso são contadas por Munthe em *O livro de San Michele*, onde encontramos um macaco alcoólatra e uma quantidade de cães espertos. No caminho do Pequeno Polegar que conduz Brigitte do vaso quebrado na rue de la Pompe ao nascimento de sua fundação, o rochedo de Capri é uma espécie de divisor de águas. Pois há muito ela sabe ouvir os "animais não humanos", para retomar a expressão de Martha Nussbaum. Afinal, é o que deixa bem claro o "mas que coelhinho mais estúpido!" dirigido ao coelho Sócrates — outro animal desprovido de visão binocular.

Toda manhã, Piccoli chega à Villa Malaparte a pé acompanhado de Fritz Lang. No ar perfumado pela resina fresca, eles percorrem o caminho de tropeiro ladeado por aroeiras, alecrins e murtas. Um verde novinho em folha cobre o flanco da montanha. Na virada de um lance de escada, uma transparência de estampa japonesa: um pinho frágil recortado no vazio, rochas estriadas de branco, um céu de guache. Lá embaixo, uma água límpida cor de Obao, a nova marca de banho de espuma,[19] tão clara que dá para ver o contorno das rochas debaixo d'água. Piccoli gosta dessa caminhada de 4 ou 5 quilômetros no perfume das essências vegetais. É maio, a extraordinária beleza de Capri lhes pertence.[20] Fritz Lang, feliz por estar associado ao projeto estimulante de um jovem cineasta de métodos tão exóticos, disserta sobre Homero e a poesia dos antigos.

O enigmático aparecimento da casa de Malaparte ainda lhes parece surpreendente. Uma carranca mineral mordendo o penhasco, a villa Come Me domina o mar Tirreno. "Nenhum outro lugar na Itália oferece esse horizonte amplo, esse sentimento tão profundo", escreve Malaparte para justificar a escolha do lugar.

Descendo as escadas na direção da villa, Lang conta a Piccoli a visita do marechal Rommel a Punta Massulo, pouco antes da batalha de Alamein. Rommel pergunta a Malaparte se já comprou a casa construída. "Sim", mente o escritor. E mostrando o paredão a pique de Matromania, os três recifes de Faraglioni, a península de Sorrento, as ilhas das Sereias, os contornos luminosos da costa amalfitana, acrescenta: "De minha parte, desenhei apenas a paisagem."[21]

Uma vela branca navega em direção ao largo, leve e graciosa como Brigitte. De brincadeira, Piccoli a levantou do chão na véspera. Ela não pesa nada. Ela acha a villa feia. Um bunker. A plástica carcerária da construção lhe desagrada. Brigitte não está completamente errada. Abandonada há vários anos, a construção está malcuidada. Despojada, não muito grande, pavimentada com lajes de arenito cinza que acentuam sua nudez, ela é um pouco sufocante. E por sinal o próprio Malaparte não estava longe de pensar como Brigitte: "Hoje vivo numa ilha, numa casa triste, dura, severa, que eu mesmo construí solitária acima de uma rocha a pique sobre o mar: uma casa que é o espectro, a imagem secreta da minha prisão." Brigitte acaso saberia que o escritor italiano enterrou seu cão Febo na concavidade de uma rocha? Ele foi o único companheiro de Malaparte em seus anos de penúria. Semelhante gesto não poderia deixar de enternecer a jovem.

A villa é o quartel-general da equipe francesa e o cenário das cenas que transcorrem na casa do produtor interpretado por Palance. Quando Piccoli e Fritz Lang chegam, os técnicos já estão trabalhando. Piccoli se prepara sem pressa: diariamente ele se metamorfoseia em Jean-Luc Godard, de terno claro e chapeuzinho. Já Brigitte nunca aparece antes das 10 horas, falta de consideração que irrita o colega americano, formado na disciplina de Hollywood.

Nessa filmagem em que cada um vive dentro de uma bolha, Michel Piccoli faz a ligação entre Godard, cujo *alter ego* interpreta na tela, e seus colegas. Ele serve de apoio a uma Brigitte meio perdida. "Calada e dócil, ela ouvia muito, certamente fascinada pela personalidade de Jean-Luc", diz ele. "Eu a ajudava a se sentir à vontade diante daquele personagem intimidante."

A própria Brigitte é tão preservada pelos que a cercam que os técnicos do filme precisam entrar numa verdadeira corrida de obstáculos para se comunicar com ela. "Uma mulher encantadora, mas de difícil abordagem",[22] observa Raoul Coutard, o diretor de fotografia. A guarda pretoriana dificulta o acesso. "Quando a gente precisava falar com a princesa, estavam sempre na frente a cabeleireira, a camareira, a maquiadora. 'O que precisa dizer a ela? Nós podemos dizer-lhe'..."

Com seu rosto arredondado, Brigitte Bardot é fácil de filmar. "Ela é muito fotogênica. Tem a displicência e a serenidade de quem se sabe bela." Coutard não se preocupa com alguma forma especial de iluminação para ela. Num filme de Godard, o ator, o cenário, a meteorologia são elementos óticos, e a iluminação serve para uma cena inteira, e não para determinado personagem ou detalhe do ambiente. A casa de Malaparte tampouco precisou ser trabalhada com a iluminação, com suas janelas dando diretamente para uma vista excepcional.

As coisas ficam difíceis no dia em que Godard solicita insistentemente que a jovem refaça uma tomada. E no entanto a coisa é muito simples, ela tem de se afastar de costas para a câmera. O resultado nunca satisfaz Godard porque o andar de Bardot não se parece com o de Karina. "O cinema serve para filmar a sua amada e ver o que ela não vê de si mesma",[23] diz ele. Bardot fica tensa. Esse diretor glacial espera demais dela. Às vezes, antes de começar a filmar, ela tem palpitações. Faminta de atenção, ela tem tanto maior dificuldade de suportar a situação na medida em que *O desprezo* é alimentado pela vida amorosa do cineasta com Karina. Embora conserve a trama do romance de Moravia, Godard importa seus problemas conjugais, em diálogos que vão sendo improvisados em função... de suas idas e voltas de Paris. *O desprezo* é a refinada carta de um homem a sua companheira, para mostrar-lhe o que acontece num casal quando o homem aceita os compromissos sugeridos pela mulher para financiar seus desejos de consumo (a compra de um apartamento moderno). Brigitte passou a assistir às projeções do copião sem dizer palavra. Fechou-se. Muda, ela vê Godard lambuzar as estátuas do cenário com potes de tinta. Aos olhos do realizador, ela não é mais importante que os acessórios. Quanto ao filme, não entende nada. E o mal-estar aumenta entre os dois.

"Ela ficava meio chateada. Devia ficar surpresa porque ninguém lhe fazia a corte, nem eu",[24] disse o cineasta. Bardot precisa de um olhar que a valide. Godard, inexplicavelmente furibundo, recusa-lhe essa confirmação. Não demora e a declara "insuportável", "exasperante".[25] Sarcástico, chama-a de Bri-Bri — apelido dado pelos amigos íntimos — para zombar de suas manias infantis. "Jean-Luc estava em maus lençóis, pois diariamente tinha de prestar conta aos americanos do número de planos filmados", explica Raoul Coutard. E não só isto. Em qualquer filmagem, Godard é um personagem detestável. O que só tenderia a piorar com o tempo. "Ninguém se entendia muito bem, o que é frequente com ele", diria mais tarde Jane Fonda, que filmou *Tout va bien* (*Tudo vai bem*) com ele em maio de 1968. Godard não é simpático.[26]

"As filmagens em Capri estavam chegando ao fim e o filme não passava de 1h10... E então aconteceu uma coisa incrível", relata Philippe Dussart. Em Roma, ele encontra um apartamento num projeto imobiliário recém-lançado. Godard fecha seu casal de atores no apartamento. "Voltamos a Roma, onde Godard rodou 25 minutos de filme em cinco dias, num único lugar! Para um filme da categoria de *O desprezo*, é realmente excepcional." Um terço do filme rodado em menos de uma semana!

Entre paredes brancas como papel, ritmadas aqui e ali por uma mancha de cor primária, Bardot serpenteia de um aposento a outro, coreografando com Piccoli uma cena de briga cujos movimentos patéticos traem o pânico interior. Valendo-se de todas as possibilidades desse espaço virgem, Raoul Coutard filma num Dolly, carrinho de trilhos para fazer os *travellings*. O casal se decompõe VISIVEL-MENTE, numa cena arquitetada e virtuosística. A câmera frisa o isolamento de cada personagem, o vínculo que se desfaz, o inelutável distanciamento, a oportunidade perdida. Com grande beleza plástica, movimentos e deslocamentos tornam evidente a discórdia. Godard não explica, ele mostra na cruel linguagem dos corpos, mais explícita que as palavras.

De chapéu na cabeça e charuto na boca, Piccoli se godardiza com deleite. "Dou mais importância às obras que aos papéis. Eu estava interpretando um anti-herói. Além do mais, fazer o marido de Brigitte Bardot é o sonho de qualquer ator..." Pedir a Bardot que se karinizasse já era outra questão, mesmo com uma peruca na cabeça. À exceção de Vadim, e mesmo assim sem muita certeza, ela nunca se entregou nas mãos de um cineasta ao qual oferecesse apenas sua solar anatomia. "O tempo todo eu me sentia um pouco alheia a esse filme. Não dei nada de profundo." Insensível às audácias formais, ela se mantém de fora da aventura godardiana. É exatamente o que lhe pede Godard: uma interpretação distanciada, como no teatro de Brecht tão caro a Sami Frey, que acaba de interpretar *Na selva das cidades*, no Teatro dos Champs-Élysées. "Nem vale a pena tentar fazer com que Bardot interprete como Natalie Wood ou Simone Signoret. Temos de aceitá-la como é e tentar captar o que ela tem de bom, tornando verdadeiro e plausível." Godard o consegue melhor que qualquer outro antes dele. *O desprezo* potencializa sua beleza sem comprometer seu mistério. Godard vai em busca do que há de indecifrável em Bardot, fazendo uso de sua elocução indolente, de seu torpor, de sua passividade. Ela é um mistério, um enigma indolente, um bloco de luz amuado.

O paradoxo de uma filmagem em que atriz e diretor ficam brigados é o que fabrica um belo objeto de cinema. A invenção é uma misteriosa alquimia. Segundo o escritor Raymond Guérin, um dos raros hóspedes da casa Come Me na época de Malaparte, Capri é o lugar de mais forte radiação no mundo.[27] Essa substância impregna o filme.

Todos os atores de *O desprezo* se mostram extraordinários, a começar por Michel Piccoli em seu papel de anti-herói, mas também Fritz

Lang, Giorgia Moll, Jack Palance e até as silhuetas, Godard como assistente de Fritz Lang, Jicky Dussart, Raoul Coutard. Bardot por sua vez está inesquecível. Involuntariamente, ela faz uma aliança com esse Godard que mantém distância. Os dois caminham longe das estradas muito percorridas, mas não na mesma estrada. Não sabemos se essas duas criaturas completamente fora do comum, essas duas mônadas egocêntricas chegaram a se entender, mas o resultado está ali. Talvez tenha havido um encontro entre a parte infantil de cada um dos dois. Ele, sempre alerta, como um candeeiro. Ela, preocupada consigo mesma, alarmada com a inquietação dele. Costuma-se atribuir a ela a invenção da beleza natural, e a Godard, a da luz natural. Talvez esse lugar tão natural, dos mais belos, os tenha aproximado.

Na época, ela o chama de intelectual sujo, ele diz que ela tem seios horrorosos. Hoje ele reconhece "que ela era uma garota linda". Godard é sensível a seu charme meio selvagem, do que bem dão mostra as imagens de cenas amorosas. Um plano de beleza estonteante em *O desprezo*: Bardot sentada diante de folhagens iluminadas por um raio de sol. Uma faixa azul-marinho quase negro ressalta o rosto, que ela mantém abaixado, enquanto o decote do cardigã valoriza a soberba linha do pescoço. Um reflexo suave brilha no rosto doído, como que iluminado de dentro. Ela levanta a cabeça, a nuca segue o olhar, ela lança ao marido um breve olhar de recriminação, vira o pescoço inquieto de esquilo louro, olha para longe sem dizer palavra. Por um instante, a cabeleira ensolarada esvoaça e a envolve, como uma cortina de luz. Essas frágeis imagens de beleza são inesquecíveis. Sua suavidade lembra *Mulher no jardim* de Monet, no Museu do Hermitage. "Temos de captar a luz e jogá-la diretamente na tela", declarava o pintor. Como o virtuosístico Raoul Coutard. "Só mesmo um imbecil não haveria de aproveitar essa esplêndida luz da Itália", diverte-se ele, modesto. E no entanto em *Vida privada*, filmado meses antes, provavelmente a Itália era iluminada por um outro sol, já que Bardot não mostra no filme o mesmo brilho selvagem. São muitos em *O desprezo* os planos de uma luminosidade melancólica e delicada.

Cinema, disse Godard, é filmar a beleza de mulheres esplêndidas. O filme esculpe o corpo de Bardot na luz.

A delicada e refinada elegia de Godard confere dignidade a Bardot. Ele conclui o poema iniciado por Vadim sete anos antes. Nunca Bardot foi tão bela. Vadim escrevera *E Deus criou a mulher* na velha linguagem do cinema comercial. Filmou a plástica suntuosa de Bardot bem de perto, sua sexualidade sem artifícios, despindo-a e fazendo-a dançar sobre as mesas, mas não inventou uma linguagem nova. Mais ambicioso, Godard filma outra coisa. Não o corpo, mas o rosto opaco de Bardot, seu olhar voltado para baixo. Substitui o desejo pela emoção. Bardot não é apenas afrodisíaca, ela é comovente.

"Fabricar poemas a partir de células vivas de uma emoção", projeto sensível de Nabokov, é realizado por Godard com a expressão da "admiração fulminante" de Vadim em imagens inesquecíveis.

"Que coisa maravilhosa o cinema! As mulheres que vemos estão sempre vestidas. Se elas fazem cinema, pronto, podemos ver seu traseiro", diz Piccoli no filme. Neste ângulo, os produtores ficam decepcionados. Depois de ver a primeira montagem, Carlo Ponti e Jo Levine pressionaram Godard para acrescentar planos de traseiro. "As pessoas veem os filmes com o ventre",[28] explica Ponti. O baixo-ventre, provavelmente. Na folha de rosto do roteiro, Godard escreveu: "O cinema substitui nosso olhar por um mundo de acordo com nossos desejos." A célebre frase atribuída por Godard a André Bazin, mas na verdade escrita pelo crítico Michel Mourlet na *Cahiers du cinéma*, diz o seguinte: "O cinema é um olhar que toma o lugar do nosso para nos dar um mundo de acordo com nossos desejos."[29] Godard e seus produtores não têm a mesma ótica. Nem os mesmos sonhos. Como mostrar a nudez? Até então, se Godard chegou a se fazer a pergunta, tratou covardemente de esquivá-la. BB (sua dublê) nada nua no mar. Ou então se bronzeia pelada "nesse grande solário com aspecto de maquete cuja audácia foi elogiada por Le Corbusier",[30] tendo um livro de mistério da Série Noire pousado no traseiro. Nada mais.

Os produtores contrataram a peso de ouro uma criatura afrodisíaca, que portanto deve aparecer na tela. Eles exercem seu direito de... olhar: se Godard se recusar, o filme não será lançado. Eles tentam até impor sua própria montagem, o que é vetado por Godard num telegrama endereçado a "King Kong Levine" e "Mussolini Ponti".

Nessa queda de braço, Bardot apoia lealmente o diretor. Godard concorda em acrescentar três cenas "nas quais a personalidade de Bardot seja valorizada sobretudo do ponto de vista 'sexy' ou erótico, na medida do possível".[31] Brigitte volta a filmar e Godard contrata uma dublê de corpo de dezoito anos para certos planos.

Sem se submeter nem se obstinar, o diretor filma as imagens exigidas, ao mesmo tempo mantendo o controle. Ao longo de um dia nos estúdios de Boulogne, é filmado o elegante e sutil achado que viria a se tornar a cena de abertura de *O desprezo*. Na penumbra, Camille-Bardot oferece ao reflexo do espelho as diferentes partes de seu corpo. "Está vendo meus pés no espelho? São bonitos?" Tornozelos, pés, nádegas, joelhos, seios, ombros, rosto, Miss Jolie detalha cada um de seus trunfos. O interrogatório seria dirigido ao marido, a Ponti-Levine ou ao espectador?

O cinema é uma história de olhares. Existem os filmes que olhamos, os filmes que nos olham. Godard não oferece nenhuma cena de nudez, mas uma cáustica paródia filmada à distância, que coloca o público e os produtores em sua devida posição de voyeurs. Ele é quem estabelece as regras do jogo e exerce em última análise seu *direito de olhar*.

O desprezo projeta Brigitte Bardot como objeto de desejo impessoal, e não como estimulante sexual. Ele não filma seu traseiro (nem o da dublê), detendo-se em seu olhar enigmático. Essa expressão grave traduz a desorientação da mulher preocupada com o olhar dirigido a sua feminilidade, preocupada com seu poder de sedução. A abominável esperança de agradar é transmitida por Bardot melhor do que ninguém, com sua beleza atormentada. Os homens olham as mulheres. As mulheres se olham sendo olhadas.

Bardot, má atriz? Mãe desnaturada, mulher desnaturada... Ela ilumina um filme dos mais belos, mas é assim mesmo, até o fim, algum esperto sempre vai proclamar no meio de um jantar que ela nunca foi uma atriz. "Serei uma atriz séria quando ficar velha", declarou Brigitte à televisão americana em 1957. Bardot é mais que uma atriz. Ela é uma presença.

Viva Maria

"C'est une bossa nova
Que j'ai dansée avec toi
Je ne me souviens plus très bien où ça (...)
C'est une bossa nova
Je ne me souviens plus de toi
Mais je me souviens de cet air-là"[1]*

A 17 de janeiro de 1965, ao pôr do sol, BB toma um drinque, de biquíni, à beira de uma piscina em forma de concha em Cuernavaca, no México. Ela tem a juba presa, uma mecha serpenteia em sua nuca bronzeada. A seu lado, Bob Zagury numa minúscula sunga de banho serve coquetéis a amigos vestindo camisas havaianas. Bob e Brigitte aparentemente não mudaram de roupa desde as férias de Natal em Manguinhos, paradisíaca aldeia brasileira de pescadores onde se hospedaram na casa do cônsul da Argentina, um fã de mergulhos submarinos que é dono da única casa confortável do lugar.[2] Grandalhão boa-praça, Zagury, empresário brasileiro-marroquino, sucede a Sami Frey no coração de alcachofra de Brigitte. Na grande villa meio fortaleza, meio bangalô de férias onde o diretor Louis Malle oferece um coquetel de boas-vindas a sua equipe, um maiô úmido seca numa estátua de São Sebastião. Usando um simples vestido

---

*É uma bossa nova/Que dancei com você/Já não me lembro muito bem onde (...)/É uma bossa nova/Não me lembro mais de você/Mas me lembro dessa canção.

de linho verde-limão, os belos cabelos cor de mel impecavelmente penteados, Jeanne Moreau conversa com Luis Buñuel, cujo filho faz parte da equipe.

Antes mesmo do início das filmagens, o elenco de *Viva Maria* atrai as atenções internacionalmente. As duas estrelas do cinema francês estão juntas no elenco de um filme de 2 milhões de dólares coproduzido pela United Artists. Qual das duas tigresas vai levar a melhor? Brigitte Bardot, com seu temperamento, ou Jeanne Moreau, com seu talento? O sex-symbol ou a sedutora? Meio western, meio comédia, o filme conta a amizade de duas mulheres apaixonadas pelo mesmo homem, interpretado por George Hamilton, ator americano sempre tão bronzeado que acabaria abrindo franquias de uma cadeia de cabines de bronzeamento.

Atriz elitista, Jeanne hesitou, até ser convencida por Brigitte ao telefone (e ter seu cachê aumentado por Louis Malle). "Nós nunca nos encontramos, mas eu sempre a admirei." Com desenvoltura, Brigitte por sua vez não hesitou em enfrentar o desafio. Amável com as mulheres, ela não as trata como rivais. Mas não ignora que Jeanne Moreau é uma estrela em ascensão de filmografia impressionante, uma aristocrata da profissão, admitida na Comédie-Française sem nunca ter premeditado algo a respeito. Poucos diretores souberam valorizar sua singularidade.

Jeanne, que filmou com Godard, Losey, Antonioni, Truffaut, Orson Welles, Buñuel e Ophüls, tem uma sólida ambição. Brigitte é totalmente desprovida nesse terreno. Ela faz cinema por acaso, porque um cineasta se apaixonou por ela. Uma gosta do trabalho, a outra, do prazer. Jeanne recebeu o prêmio de interpretação feminina em Cannes, ao passo que Brigitte jamais recebeu qualquer recompensa de prestígio. Uma é tratada com respeito, a outra, com condescendência. Moreau calcula, Brigitte se espreguiça.

O desafio parece divertido a Brigitte, que aproveita para passar dos papéis de mulher fatal ao de mulher corajosa e independente. A perspectiva de um duelo feminino excita a imaginação. Se acontecer, Brigitte vai levar a pior, pois Jeanne Moreau é uma mulher hábil. As duas têm os homens a seus pés, mas não o mesmo arsenal. O de Bardot é primitivo, elementar, ingênuo, visível a olho nu, ao passo que o arsenal venenoso de Moreau é uma questão de charme, feitiçaria.

Foto da entrevista coletiva na Cidade do México, no dia seguinte ao coquetel em Cuernavaca. Uma centena de jornalistas e fotógrafos enchem o salão de recepção do hotel Presidente. Os flashes ainda estão espocando quando Brigitte agarra a mão de Jeanne e a ergue, berrando: "Viva o México!" As duas ficam de braços erguidos até que se apagassem os flashes. Num exuberante vestido de bolinhas, Bardot parece em grande forma, enquanto Jeanne, vestida com absoluta sobriedade, assume um ar tímido, assustado. Louis Malle, parecendo um garotinho medroso, postou-se entre as duas atrizes.

Quando começam a chover as perguntas, Bardot responde na bucha, com seu estilo impulsivo. Acha graça e provoca risos, enquanto Jeanne Moreau encara os jornalistas com seriedade, com seus grandes olhos no fundo das olheiras. "Com breves pausas, ela sabe muito bem pôr a cabeça para funcionar, seu olhar revela as feridas de sua alma", relata com ironia o grande escritor Gregor von Rezzori, desopilante cronista de uma filmagem de que participou como ator, para melhorar o fluxo de caixa.[3] Ele sabe que Jeanne Moreau é uma grande atriz, e não apenas diante de uma câmera.

No dia seguinte, é com perplexidade que Brigitte lê os jornais. Para a imprensa, que gosta das classificações simplistas, Jeanne Moreau se enquadra no escaninho da intérprete de prestígio, ao passo que ela, Brigitte, não passa de um símbolo sexual meio gasto. Sua beleza é comparada aos traços de Jeanne Moreau, precocemente envelhecidos, é verdade, mas tão tocantes em sua humanidade. Brigitte não tem talento para a publicidade. "O que quer que faça, ela sempre foi mais capaz de escandalizar do que de conquistar simpatia", observa Gregor von Rezzori. As críticas mais acerbas têm um efeito devastador em

Brigitte. Símbolo sexual meio gasto! Essas palavras trazem de volta o "felizmente tenho Mijanou, pois Brigitte é desagradável tanto no físico quanto em seus atos" de sua mãe, muitos anos antes. Ela chora a manhã inteira e cai doente.

Grande simuladora, Jeanne levou a melhor à chinesa, voltando a força da própria adversária contra ela. Para a Sarah Bernhardt de sua geração, representar não é uma profissão, mas um jeito de ser. Diante da imprensa, encarada como uma plateia, ela interpretou o papel da grande atriz. Bem imitado, o falso fica parecendo mais verdadeiro que a própria verdade.

Brigitte não demora a descobrir que o sujeito jovem em torno do qual Jeanne se enroscou como uma hera não é seu novo namorado, mas Barry Farrell, enviado especial da *Time Magazine*. Jeanne o hospedou em sua villa juntamente com uma colega. Bem pensado! "Um encantamento." É com este elogio que começa a derramada reportagem da *Time* de 5 de março de 1965. Único consolo de Brigitte, o medonho desenho da capa, na qual Jeanne parece um ovo com um pano de chão na cabeça.

Durante as filmagens, Moreau desembarca de limusine e vestidos de grife, Bardot perambula de mini-short e botas mexicanas. Levando uma vida de diva, Jeanne chegou ao México com sua cozinheira. Não só o costureiro Pierre Cardin lhe deu um guarda-roupa como retocou seus vestidos de *Viva Maria*, que lhe caem maravilhosamente. Além disso, Jeanne escolheu como fotógrafa pessoal Marina Cigogna, conhecida como a Contessa Paparazzi, uma aristocrata italiana que abre as portas das revistas com suas muitas relações. Nada a ver com um rústico como Jicky, que vive sem camisa.

Felizmente, Louis Malle vê Bardot com um olhar benevolente, o que se percebe no filme. "Brigitte é uma atriz excepcional que faz tudo com o instinto, com o tom exato, como um músico dotado de ouvido extraordinário", diz o cineasta, admirador de seu estilo, no qual se expressa uma insolente determinação. Malle filma sua postura: depois de uma noite de orgia em companhia de três malandros encontrados numa feira, Brigitte-Marie volta para o acampamento do circo que está seguindo. Roupa esfarrapada, toda suja, ela atravessa a tela em diagonal com um porte naturalmente soberano. Parece driblar uma bola invisível. "Vê-la caminhar é como ouvir uma música sublime", diz Jeanne Moreau, tomada de admiração. Sua desenvoltura é inimitável, até mesmo para uma excelente atriz como Moreau.

Bardot se requebra ao mesmo tempo em que salta como uma mola, enquanto seus cabelos acompanham o movimento. Num ensaio a seu respeito, Catherine Rihoit observa com razão que o jeito de caminhar é, juntamente com a boca, característico das estrelas do desejo. Elvis Presley, conhecido como "Elvis The Pelvis", e Marilyn requebram, Lana Turner ficou conhecida como "The Walk". No caso de Bardot, temos vontade de segui-la até o fim do mundo. Ao mesmo tempo lascivo e ostentoso, seu passo sensual causa uma impressão única. Tem uma vivacidade rara, uma graça adquirida na dança. Mas também uma nota poética e desajeitada característica do gestual de uma mulher que se desloca sem ver metade da paisagem. Bardot dança alegremente sua vida. Desde que conheceu Bob, Jorge Ben e Tom Jobim, expulsara Mozart da vitrola. Ela chegou inclusive a gravar em português "Maria Ninguém", que Jackie Kennedy declarava ser sua canção favorita, e "C'est une bossa nova".

Em Nova York, no lançamento de *Viva Maria*, BB dá uma entrevista coletiva memorável no Manhattan Plaza Hotel:

— Não está cansada de ser a "garota sexy"?

— Eu adoro.

— Algum dia vai voltar a se casar?

— Eu penso melhor sem marido.

— Acha indispensável ser mãe para se sentir realizada?

— Na vida, devemos tentar de tudo. E você?

— Que acha do amor livre?

— Já tentou desde ontem à noite?

— Sim. E agora, que faço?

— Comece de novo.

Em Nova York, ela evita uma tragédia por pouco. "Um cordão de isolamento da polícia foi montado para garantir minha segurança. Mas em vão. A multidão era grande demais. Lembro que Louis Malle, Pierre Salinger e algumas outras pessoas me ajudaram a sair do carro. Os policiais, de braços dados, não conseguiam conter a multidão enlouquecida. De repente, fomos literalmente arrastados, levantados do chão, sacudidos por uma maré humana inacreditável!"[4] Nesses momentos, uma estrela já não passa de um objeto nas mãos da multidão. O sobretudo listrado com gola de pele, a bolsa Hermès a tiracolo, as botas altas de couro de cabrito, o vestido de jérsei com flores bordadas na altura do peito a machucam a cada empurrão. De repente, explode uma ampola de magnésio, projetando no seu rosto uma saraivada de fragmentos metálicos. "Eu recebi nessa hora um murro no rosto! Um flash espocou a 3 centímetros do meu olho direito, provocando um descolamento de retina. Meio cega e atordoada, ainda assim eu consegui chegar ao saguão, agarrada a Louis Malle. Houve vários feridos nessa noite. Fiquei com uma lembrança terrível, e uma lesão irreversível no meu olho saudável."

A multidão quase a deixou cega. A ambliopia do olho esquerdo não lhe teria deixado nenhuma chance. Nesse dia, ela correu o risco de ficar cega, o grande fantasma dos amblíopes. Achamos que sabemos tudo sobre Brigitte Bardot, mas dessa angústia íntima ela não fala.

Em 31 de dezembro, está tudo decidido. A revista *Time* escreve: "*Viva Maria* deu a Brigitte Bardot um dos melhores papéis de sua carreira e a Jeanne Moreau, um dos piores." Não só Bardot irradia uma grande força, como se mostra gentil. Louis Malle, os técnicos, Gregor von Rezzori, todos se mostram simpáticos a ela. Sua interpretação vale pela *presença*, que é uma maneira de ser. Seja descascando legumes ou tirando a roupa, tudo que ela faz é encantador.

Em comparação, Jeanne Moreau, de maior capacidade expressiva, parece afetada, estudada. O duelo fica parecendo com o de Marilyn Monroe e Laurence Olivier em *O príncipe encantado*: a teatralidade shakespeariana de Olivier parecia destoar ao lado da sinceridade de Marilyn.

Brigitte saiu ganhando sem recorrer a nenhum golpe baixo.

GUNTER SEXY

> "Bardot acaba de casar com um playboy bilionário que eu nunca consegui tragar."
>
> Bernard Frank, revista *Adam*, 1966

A foto tem cheiro de sol, sal e areia quente. No convés de um barco, no Mediterrâneo, Brigitte Bardot toca com o rosto a pele de Gunter Sachs, estirado sob a vela mestra. As olheiras dele sugerem cansaço feliz, as delicadas pulseiras dela, uma leve submissão. É o corpo a corpo íntimo de dois belos animais bronzeados. Nas costas dela, o fecho do biquíni talvez colocado às pressas apimenta a imagem com um erotismo perturbador, trivial, moderno. Ao pé do mastro, um outro homem sem camisa aumenta as possibilidades narrativas da situação. A foto de Pat Morin provavelmente foi tirada no verão de 1967 no *Vadura*, esplêndido veleiro pertencente a Gérard Lecléry, amigo de Gunter Sachs. As Kate Moss deste mundo podem tirar a roupa o quanto quiserem, mas nunca chegarão a esse nível de poder evocativo. Quanto a Brigitte, é o último verão que passa com Gunter.

Baby, you can drive my car

Ele é magnífico. Elizabeth II tem um, o rei Elvis também, assim como o emir do Kuwait, Sabah III Al-Salim Al-Sabah, o rei do petróleo.

Exatamente o mesmo modelo que a rainha Brigitte Bardot. *Baby, you can drive my car* ressoa em estéreo na cabine à prova de som. Philippe d'Exea, o Phiphi, velho camarada da *Match*, cujo bom humor é apreciado por Brigitte, dirige o Silver Cloud III cupê cinza metalizado. Distração é exatamente o que Brigitte está precisando no momento.

Baby, you can drive my car

Nessa viagem inaugural do verão de 1966, eles fizeram a opção pelo turismo em grande estilo, descendo suavemente em direção ao mar, com diversas etapas ao longo da rodovia 7. Pistas de Orly, Dordives e depois as grandes planícies da Borgonha.

Beep beep'm beep beep yeah

Carro meio pesadão mas de uma classe incrível, esse Nuvem de Prata no qual Brigitte navega em direção ao Mediterrâneo. Ela havia acabado de receber o Morgan verde-escuro de duas portas que tanto queria, bancos de couro e painel convexo, quando Jeanne Moreau, solene proprietária de um Rolls, lhe deu vontade de ter um também. Ter glamour, possuir objetos que os outros não têm e que lhes dão inveja. Puro clichê. Jeanne é capaz de coisas que atendem ao mesmo tempo à publicidade e ao seu gosto. E isto lhe vai bem. Mais velha, ela não é tão bela quanto Brigitte, mas se vira muito bem. A secretária encontrou um a preço imbatível diretamente do vendedor, na Franco Britannic Autos Ltd., o importador Rolls Royce do número 25 da rue Paul-Vaillant-Couturier, em Levallois-Perret.

Yes, I'm gonna be a star.

No dia em que o Silver Cloud foi entregue, o primeiro reflexo de Brigitte foi convidar os pais e a avó para dar uma volta. Subida pela avenue Paul-Doumer, a favorita de Louis Bardot, que aprecia suas encantadoras vendedoras, o Trocadéro, para dar a volta na Torre Eiffel, place Victor-Hugo, descida pela avenue Foch e volta pela rue Spontini, onde o jovem Yves Saint Laurent tem sua maison de alta-costura. Os bancos espaçosos com cheiro de couro e os acessórios divertidos deixaram os velhos Bardot de queixo caído. Aos setenta anos, Pilou, cabeleira toda branca, preserva perfeitamente o porte. Continua a se fazer de gostoso no bairro, distribuindo seus poemas. Sua coletânea *Vers en vrac*, publicada com o nome de Pilou, foi inclusive premiada pela Academia Francesa. No ano anterior, ele foi ao encontro de Brigitte no México. Anne-Marie, por sua vez, está sempre muito ocupada com o bridge e as saídas com o bando de amigos e admiradores. Os Bardot criam a neta Camille Bauchau, filha de Mijanou e do ator Patrick Bauchau. No Rolls, eles se divertiram com o vidro interno que permite isolamento e as mesinhas de mogno fixadas na parte posterior dos bancos traseiros, inauguraram os cinzeiros e a coleção de garrafinhas prateadas do minibar. Eles podem não ter tido um filho, mas sua filha, pensando bem, vale dois ou três deles.

Na viagem a Saint-Tropez, Brigitte levou um estoque de boa música, Donovan, Percy Sledge, Tchaikovsky.

Beep beep'm beep beep yeah

Circulando de Morgan ou Rolls, sem projeto nenhum desde *Viva Maria*, Brigitte atravessa um deserto. Fez uma participação especial em *Masculino, feminino*, de Godard: uma única cena, na qual Antoine Bourseiller ensaia um papel com ela num café. Enquanto isso, Jeanne concluiu três filmes, um deles com Orson Welles, e já prepara um quarto, com Truffaut... O cinema é exatamente como os paparazzi, Brigitte não gosta nem um pouco, mas quando ele sai de sua vida, ela se sente em desgraça. Filmar a entedia, não filmar a deprime. Ela se sente rejeitada. É como o amor. Basta que a atenção vacile um pouco, e Brigitte começa a se questionar. Há algum tempo, Bob, o plácido oriental, já não se deixa tiranizar tanto pela assoberbante noiva. Aproveitando a pausa cinematográfica, ele quer produzir com Brigitte um espetáculo para a televisão, com vistas às festas de fim de ano, projeto que ela acabou aceitando. Ele ficou em Paris para prepará-lo. Brigitte não está insatisfeita: Bob não pode viver sem os amigos, e os amigos de Bob para ela são um estorvo.

Ao chegarem à Côte d'Azur, Brigitte e Phiphi vão para a pousada Bonne Fontaine, mantida por uma amiga, Picolette, em Gassin. Champanhe bem gelado...

Beep beep'm beep beep yeah

No meio de um bando de garotas e rapazes esplêndidos, beliscando caranguejo com abacate, lá está ele. Calças brancas, camisa aberta, mocassins brancos. Terrivelmente sexy, ele não tira os olhos dela.

Something in your yes

Was so inviting

À mesa, Brigitte reconhece o velho crápula Serge Marquand, que faz as apresentações. O sujeito é muito alto, uma bela boca de depravado e olhos azuis de lobo, cabelos meio longos num rosto bronzeado, com o toque picante suplementar das têmporas encanecidas.

Beep beep'm beep beep yeah

Por que será que o notou de repente? Brigitte conhece vagamente esse belo garotão alemão, mas até agora ele não lhe havia chamado a atenção. Anos atrás, ele alugou a casa de seus pais, na rue de la Miséricorde, deixando-a num estado lamentável. Rico, ao que parece. Um amigo de Vadim e dos irmãos Marquand, esses malandros que lhe prestam todos os tipos de serviço: diverti-lo, arrumar garotas, descobrir novas boates, ajudá-lo a gastar seu dinheiro. "Foi no Esquinade que fiquei conhecendo aquele jovem turista alemão, sentimental, tímido, impressionado com nosso bando e disposto a vender a alma para ser aceito entre nós",[1] recorda-se Vadim.

Quando eles se conheceram em 1956, Vadim acabava de ser largado por Brigitte, e Gunter, de se casar com uma jovem francesa, Anne-Marie Faure, que lhe deu um filho. Os dois se tornaram companheiros de farra. Um clube do Bolinha de pilantras desiludidos. Batalhas navais com extintores de incêndio das lanchas, esqui náutico em areia molhada, concursos de piadas no hotel Épi-Plage.

Certo dia, eles fazem roleta-russa perto do hotel Tahiti-Plage, onde a estrada faz a curva. Gunter no volante de uma Mercedes 300 SL Papillon, Vadim, de uma Ferrari 250 GT California. Partida, a 150 metros do pinheiro. Cada motorista, sozinho em seu veículo, tem de adivinhar a opção do outro. Na virada, o adversário irá para a direita ou a esquerda da árvore? A passagem dos dois carros é impossível nesse ponto. Certeza de uma colisão frontal, a não ser que um dos dois se jogue no canal. Árbitros: Françoise Sagan e seu irmão Jacques, Maurice Ronet, os irmãos Marquand e Marlon Brando. Torneio em três etapas. Já na segunda, o carro de Gunter voa no canal, caindo num leito de folhas de pinheiro e cigarras. Um caminhão-grua retira a Mercedes enquanto o jovem bilionário recebe para um grande jantar na praia. Ao som de uma orquestra havaiana, quatro taitianos servem Serge Marquand pelado num enorme prato decorado com maionese e pepinos.[2]

Em 1958, Gunter perde brutalmente sua jovem mulher num acidente de anestesia,[3] e seu pai se suicida. No ano anterior, as duas testemunhas de seu casamento, o piloto da Ferrari Alfonso de Portago e seu copiloto Edmund Nelson morreram no circuito de Mil Milhas da Itália, atingindo com a Ferrari 315 S nove espectadores. Viúvo e órfão, Gunter Sachs passou a fazer parte em tempo integral do clube de cafajestes internacionais do brasileiro Baby Pignatari, de Porfirio Rubirosa e Giovanni Agnelli, que se dividem entre Gstaad e Saint-Tropez. Bilionários ou playboys profissionais, esses dom-juans de orçamento elevado paqueram com a logística da bazófia. Técnica de Baby Pignatari, belo moreno sempre bronzeado, para completar sua coleção de conquistas de alto coturno: o presente sensacional. Em 1950, ele faz chover um carregamento de flores sobre a atriz Dolores del Rio (uma ex de Rubirosa). Horas depois de um encontro com a atriz Linda Christian, ex-mulher de Tyrone Power, Baby a leva para uma volta ao mundo, com escalas em Hong Kong, Honolulu, Cairo, Tóquio e México. Paquera Anita Ekberg, casa com Ira von Fürstenberg e se divorcia em Las Vegas, tem um caso com Soraya, ex-imperatriz do Irã.

Gunter é protegido por Porfirio Rubirosa, que pode ostentar um plantel ainda mais impressionante: Dolores del Rio, Eartha Kitt, Ava Gardner, Joan Crawford, Marilyn Monroe, Soraya, Veronica Lake, Rita Hayworth, Eva Perón, Judy Garland, as bilionárias americanas Doris Duke e Barbara Hutton, Danielle Darrieux, Zsa Zsa Gabor.

"Porfirio dava a impressão de que, para te conquistar, seria capaz de derrubar fronteiras, mover montanhas e mergulhar o mundo em fogo e sangue. Era selvagem, impaciente, impetuoso. Mas, para atender aos nossos desejos, se atirava aos nossos pés", declarou Zsa Zsa.

Porfirio também tem um atributo excepcional, um membro de proporções tão prodigiosas que os moedores de pimenta dos restaurantes passam a ser chamados de Rubirosa. Os depoimentos de primeira mão são muitos, claro. Segundo o biógrafo Shawn Levy, Doris Duke refere-se ao atributo como um bastão de beisebol com a consistência borrachuda de uma bola de vôlei ligeiramente esvaziada... "Um Yul Brynner de gola rulê preta", declara por sua vez um fotógrafo homossexual, depois de ter espionado Rubi num banheiro. Seus colhões são tão sensacionais que ele nunca sai sem suporte atlético, afirma seu biógrafo.

Gunter entrou para a boa escola. No momento em que conquista Brigitte (a não ser que tenha sido o contrário), um plátano do Bois de Boulogne interrompe a trajetória de seu mentor, morto com armas em punho, smoking e uma Ferrari Berlinetta, depois de uma noitada no New Jimmy's. Quatro meses antes, Gunter o havia acompanhado à União Soviética. Os dois aparecem juntos numa foto diante da Catedral de São Basílio, o Bem-aventurado, na Praça Vermelha, em 25 de abril de 1965. O instantâneo foi tirado diante de um dos bulbos ornamentados que se parecem com longos... moedores de pimenta. Já então muito sexy, Gunter enfiou uma das mãos no bolso do paletó, conferindo um aspecto descuidado a seu terno, enquanto Rubirosa, metido num sobretudo e segurando um guarda-chuva, se aburguesou. Longe dos automóveis, Rubirosa agora passava dias tranquilos ao lado de uma derradeira esposa, a jovem atriz Odile Rodin, ainda mais louca que ele: a antiga conquista de Brigitte teria inclusive sido uma das amantes de John F. Kennedy.[4] Depois de organizar o funeral de Rubirosa, ao qual comparecem duas irmãs Kennedy, o jovem viúvo Gunter consola a viúva, que no entanto dá preferência a Alexandre Onassis, de dezesseis anos. Depois de Odile, Gunter teve um caso com a princesa Soraya. E outro, dessa vez mais sério, com uma manequim sueca, Birgitta Laaf. E mais outros. A conduta de Rubirosa, vida fácil, belas mulheres, belos carros e esportes sensacionais, convém a Gunter. Brigitte Bardot é ao mesmo tempo um espécime espetacular e um esporte de alto nível. Um veículo perfeito para a celebridade. Material de alta classe para um playboy.

Encantados um com o outro, Brigitte e Gunter deixam o restaurante de Picolette acompanhados de sua corte, cada um ao volante de seu automóvel, depois de marcar encontro no Papagayo. Narciso e Narcisinha dirigem ambos um Rolls Silver Cloud cinza metalizado. Cada um em sua bolha, pronto para rivalizar. Com igualdade de armas. Embora não exatamente. Os complementos internos do Silver Cloud de Gunter, comprado zero-quilômetro, foram feitos sob medida.

> *Baby, you can drive my car*
> *Yes, I'm gonna be a star*
> *Baby, you can drive my car*
> *And maybe I'll love you* [5]

Na segunda etapa — o casamento de um casal de amigos na praia de Pampelonne —, cada qual trata de dar mais lustro à própria imagem. Gunter chega de esqui puxado por *Drácula*, sua lancha Riva Super Ariston com casco de mogno do Gabão e da Costa do Marfim e cabine de mogno de Honduras. Motor de oito cilindradas Chrysler. Buzina igual a uma sirene da polícia americana. Isqueiro, geladeira e todo o conforto moderno. A pureza do design italiano, a precisão de um relógio suíço, o motor incomparável, tudo feito à mão, a perfeição em forma de barco. Máquina ideal de paquera, a Riva foi criada para seduzir. Como conquistar uma garota que tem os mesmos atributos? Com uma Riva duas vezes maior. "A própria Brigitte ficava impressionada com suas entradas espetaculares",[6] diz Francine Rivière, que assiste ao desfile, impressionada com o sex-appeal do novo pretendente de sua amiga. Grande e envolvente, amistoso e caloroso, Gunter Sachs tem lá seus trunfos. Chegando a bordo da sua Florida, Brigitte instalou no deck um piano mecânico: a *love story* se transforma em disputa náutica. Seduzido, Gunter não consegue tirar dela um olhar límpido, maravilhosamente terno. E tem o bom gosto de não esconder sua admiração.

Em algum momento, os dois se veem debruçados na Barda, a mureta dando para o mar em La Ponche, no coração histórico da cidade onde foi filmado *E Deus criou a mulher*. Contemplam a lua, que agita na água escura uma trêmula faixa de alumínio. Na escuridão, a camisa imaculada de Gunter, aberta até o umbigo, parece fosforescente. Suas belas mãos bronzeadas, grandes e fortes, mãos de unhas rosa-pálido feitas para agarrar, brincam com a pulseira de Brigitte. Ela sente seu perfume ligeiramente cítrico, *Eau Sauvage*, de Christian Dior. Ela não tem vontade de voltar para La Madrague, ele não tem vontade de voltar para La Capilla, a villa que alugou. Nenhum dos dois tem vontade de ir ao encontro dos outros que os esperam.

De comum acordo, os dois se encaminham para o hotel de La Ponche, onde são recebidos por Marguerite, a deliciosa proprietária,[7] que os observava do terraço do hotel. Ela conheceu Brigitte ainda menina, e quanto a Gunter, é um cliente. Todo ano ele reserva oito quartos para seu pessoal: secretária, camareira, mordomo... Ela lhes entrega as chaves daquela que é hoje a suíte nº 1, um quarto completamente branco com ar de sótão no último andar, uma imaculada colcha de algodão e uma varanda ventilada de onde se veem o campanário da igreja e a lua sobre o mar. Uma casa das antigas, exatamente como Brigitte gosta, cheirando a verniz e lenha queimada. Marguerite não voltaria a vê-los na manhã seguinte: já ao alvorecer, o jovem casal deixou o hotel, para evitar os curiosos. Mais tarde, Gunter passaria a frequentar um outro quarto, o 18, situado no anexo do hotel, bem acima do quarto de Françoise Sagan. Até morrer em 2011, ele preferiria a qualquer palácio o quarto de perfume de verniz logo acima da mureta de La Ponche.

A 12 de junho de 1966, Bardot e Sachs jantam em companhia de Serge Marquand, Jean-Max e Francine Rivière no Pirate, em Roquebrune-Cap Martin, um restaurante de frutos do mar à beira da praia. "Gunter estava irresistível", diz Francine. "Uma voz, um timbre magnífico, e aquele olho azul. Brigitte era feliz com Bob Zagury, mas como resistir àquele charme louco?"[8]

O proprietário chama um fotógrafo local, Roger Judlin, que pede a Gunter, na saída do restaurante, que abrace Brigitte. Como uma taitiana, ela traz sobre o minivestido um colar de flores, e ele veste uma camisa listrada desabotoada. É a primeira foto que tiram juntos. Em seguida, Gunter propõe uma ida a Monte Carlo para jogar roleta. "Nós estávamos belos e bronzeados, descalços, com nossos colares de flores no pescoço. O cassino aceitou que entrássemos desse jeito", diz Jean-Max. Sendo Gunter frequentador habitual, o grupo é introduzido pelos fundos do cassino, chegando a uma sala privada. Ele aposta 10 mil francos no 14, seu número de sorte, jogando nele de todas as formas possíveis. E o repete quatorze vezes. "Bum! Ele ganha quatorze vezes seguidas! Setenta milhões de francos!", conta Jean-Max. Francos antigos. Duzentas e cinquenta vezes a aposta máxima.[9]

Beep beep'm beep beep yeah

Os amigos encerram a noite no Hôtel de Paris. "Nevavam penas! Travamos uma batalha de travesseiros", recorda-se Francine.

No dia seguinte, Gunter dá a Brigitte uma joia Cartier. É a primeira vez que um homem lhe dá joias. Ela encontrou o príncipe encantado.

Judlin venderia os direitos de exclusividade das fotos do casal a uma revista, mas descobriu que Gunter tinha feito a mesma coisa com um concorrente.[10] Sachs seria um jovem bilionário em busca da fama? Em 1962, ele tinha proposto casamento a Soraya, a diva dos meios de comunicação. Embora o casamento não tenha saído, ela não deixou de divulgar a coisa. "Gunter em busca de publicidade? Não acredito", diz Francine sem hesitar. "Ele não precisava disso. Estava acima de tudo isso." Foi Serge Marquand, como sempre duro, que revendeu as fotos, e Gunter deixou para lá.

A versão romântica afirma que Gunter Sachs lançou de helicóptero uma chuva de rosas vermelhas (ou pétalas, segundo uma variante) em La Madrague. Falando ao jornalista alemão Wilfried Rott, que fazia uma reportagem sobre os playboys míticos, Gunter Sachs esclareceu que jogou apenas uma rosa, cujo impacto foi multiplicado pelo lançamento de duas malas e depois dele próprio, completamente vestido e chegando a La Madrague a nado. Seja como for, ele se tomava por James Bond. "O lance das malas impressionou Brigitte muito mais que a rosa", divertia-se ele. De outra feita, ele contou que de fato tinha jogado rosas em La Madrague, mas que não havia aí qualquer mérito, já que eram muito baratas no mercado de Nice. E que não tinha sido o herói de Brigitte por muito tempo. Passada a surpresa, ela o tinha recriminado por sujar seu jardim...[11]

Uma rosa, mil e uma rosas, que importa... O engraçado é que ambos reproduziriam a versão james-bondiana em suas memórias.[12] É tentador exagerar e não menos tentador tratar de não decepcionar o público, apegado a uma imagem: a celebridade é um jogo de papéis.

A revista alemã *Mare*[13] faz uma correção em uma outra história. Certa noite, Gunter teria ido ao encontro de Brigitte no pontão de La Madrague trajando smoking e capa preta com forro de cetim vermelho. Deitados no convés do *Ariston*, eles teriam seguido a lua a noite inteira. Como observa Gunter com humor, marcar um encontro amoroso num barco de corrida não é recomendado, pois mesmo em tempo de calmaria numa baía bem protegida, a embarcação é projetada na direção das rochas. E por sinal o balanço deixaria enjoado o marinheiro mais experiente.

Seja como for, Gunter Sachs não economiza em matéria de romantismo. "Brigitte gosta de ser enfeitiçada, e eu de bom grado praticava a magia", reconhece ele. Os amigos do casal confirmam esse talento de *entertainer*. "Gunter estava permanentemente gerando efervescência", diz Francine Rivière. Sachs está encantado com a mulher que vai descobrindo, tão distante da própria imagem. Aprecia em particular seu humor, sua doçura, e nota sua fragilidade, seus repentinos acessos de melancolia, dissipados por uma carícia ou um beijo. Ela se fecha na presença de desconhecidos, sente-se intimidada pelos mais velhos: uma selvagenzinha. Quando ele dorme, ela o acorda acariciando-lhe a planta dos pés.

Brigitte está tão feliz que fica cada vez mais bela. "Parece que a estou vendo, de noite, quando saiu do quarto. Nós tínhamos tomado uma ducha e vestido roupões para o jantar. Ela estava radiante, parecia aureolada de luz", relata Francine.

Certa noite, Gunter manda iluminar o jardim de sua villa La Capilla com centenas de velas. Ao fim do jantar, entrega uma Winchester a Brigitte: "Apague-as." "Não, meu senhor, à noite, só os homens caçam", responde ela. Calçando apenas mocassins Gucci, usando uma de suas belas camisas desabotoadas até o plexo solar, ele atira. E apaga 25, uma a uma. A cada tiro, ela aplaude, de prazer e admiração.

Beep beep'm beep beep yeah

"Eu era seu herói. Por uma noite." E, como Gregory Peck e Jennifer Jones em *Duelo ao sol*, eles se beijam.

No dia 7 de julho de 1966, na casa de Picolette, Gunter Sachs pede Brigitte em casamento e lhe dá três cintilantes pulseiras de três cores da Cartier. Vermelho-rubi, azul-safira, branco-diamante. São as que ela usa na foto do *Vadura*. Gunter quer marcar a cerimônia para 14 de julho em Las Vegas. Por que a capital mundial do jogo? Uma ideia que teria tomado de Vadim, o herói de sua adolescência? No ano anterior, foi lá que o cineasta casou com Jane Fonda na presença de Christian Marquand, acompanhado de sua jovem mulher, Tina Aumont, e de Propidon. Se Brigitte gosta de se casar, o fato é que também gosta de discrição. Las Vegas permite uma união longe dos olhares curiosos. Em 13 de julho de 1966, Brigitte parte para Los

Angeles num avião Air France com escolta de seis playboys. As reservas foram feitas com nomes falsos. Além do homem com quem se casa, e que conhece há apenas quatro semanas, é acompanhada por Serge Marquand, Gérard Leclery, herdeiro do grupo André, Peter Notz, outro bilionário, Philippe d'Exea e um jovem operador de câmera. Cada um tem seu papel: Serge deve filmar, Phiphi, fotografar, Notz, patrocinar, Leclery, orquestrar, Gunter, casar-se. Mais tarde, Brigitte zombaria do clima nada íntimo desse casamento. "Na época, ninguém conseguiria dar a volta ao mundo sozinho com ela", retrucaria Gunter Sachs na revista *Stern*.

Em Los Angeles, a pequena equipe se vale de dois Learjet, que a conduz a Las Vegas. De propriedade de Ted Kennedy, que faz parte das relações de Gunter, os aviões particulares permitem que se esquivem da imprensa, luxo de que Brigitte desfruta pela primeira vez. Antes da cerimônia frente ao juiz, o símbolo sexual francês mete-se num minivestido trapézio lilás bem simples, acompanhado de sapatos de salto quadrado com a assinatura Roger Vivier. Seus trajes nunca seriam tão curtos quanto em 1966: em todas as fotos, ela mais se parece uma menina. Por sua vez, o playboy continuou com as calças brancas batendo nos tornozelos que usava no avião, mas trocou de camisa e amarrou uma gravata por baixo de um blazer. Um detalhe chamaria a atenção, merecendo no outono uma reportagem da *Time Magazine*: o noivo não usa meias.[14] A cerimônia tem lugar à meia-noite do dia 14 de julho, dura 8 minutos e custa 7 dólares. Diante de uma Brigitte algo surpresa, Gunter pede que seja recomeçada, para que Serge Marquand possa filmar a cena. Os amigos estão presentes para assinar o contrato de casamento na qualidade de testemunhas, mas também para tirar fotos exclusivas. O "casamento mais secreto do mundo" estava destinado a um vasto público.

De mãos dadas com Gunter, Brigitte atravessa a grande noite abstrata de Las Vegas Boulevard como se fosse o estúdio de um programa de televisão. Ainda cansada por causa do fuso horário e todo aquele caos violentamente iluminado, ela é propulsionada para fora do tempo e de sua própria história. O próprio céu parece coberto de uma poeira difusa.

"Eu tinha uma sensação tão forte de irrealidade que sentia como se me estivesse desdobrando",[15] diz ela. Perdida num sonho acordado, como em "Daydream", a canção de Lovin' Spoonful, Brigitte tenta estabelecer alguma ligação entre o que está vivendo e a véspera. Pousados na imensidão do deserto, o Pink Flamingo, o Sahara, o Riviera, o Tropicana, o Stardust, o New Frontier e o Caesars Palace ainda em construção são tão impiedosamente reais que parecem inventados. Brigitte nunca soube muito bem onde começava a realidade. A simulação faz parte da profissão. Na escuridão elétrica de Las Vegas, ainda meio embriagada pelo *jetlag* e a paixão amorosa, ela vive uma paródia de si mesma, encenada por Gunter e filmada pelos amigos. Na exaltação artificial e vazia da celebridade, seu casamento podia ter sido concebido por Andy Warhol, cujas obras são colecionadas por seu marido.

Retrospectivamente, Gunter Sachs parece ter organizado um happening que prefigura as bodas de Cicciolina e Jeff Koons. O casamento de um bilionário alemão com uma estrela da cultura popular num gigantesco parque de diversões situado em pleno deserto de Nevada parece uma metáfora do mundo lúdico e consumista que começa a surgir.

"Nós éramos ao mesmo tempo protagonistas e público", reconhece Gunter. Beijar Brigitte Bardot é ter nos braços um sonho. E por sinal, se Sachs viaja com câmeras fotográficas e filmadoras, é para guardar traços de sua aventura. Certamente está apaixonado, mas igualmente apaixonado pela própria imagem nas revistas. Na lua de mel no Taiti, paraíso do imaginário popular dos anos 1960, quando a câmera cai na água, Gunter tem um ataque de nervos. É a nova Bolex 150 apresentada naquele ano na Photokina de Colônia, uma das primeiras câmeras de super-8 funcionando com pilhas do tipo palito. Cada episódio da odisseia transcontinental do casal destina-se a ser publicado nas revistas ou reproduzido na TV. No dia 16 de julho, os dois estão na capa da *Paris Match*, com o título: "A nova Brigitte." Brigitte e Gunter passeiam lado a lado pelo caminho dos aduaneiros em Saint-Tropez. Em seu uniforme de playboy, calças brancas e camisa de linho Sulka aberta no peito, descalço, Gunter traz pela coleira um leopardo. A imagem acaso sugeriria que ele domou a fera Bardot? Na semana seguinte, lá estão eles de novo na capa da *Match*. A *Jours de France* por sua vez se sai com o título "Églantine casou com Siegfried".[16] O casamento da encarnação da libertinagem feminina com o herdeiro de Rubirosa não podia deixar de alimentar fantasias.

Quanto aos alemães, essa união os deixa tão empolgados quanto uma vitória no campeonato europeu de futebol. "Um alemão levou a melhor em Las Vegas", comemora a revista *Der Spiegel* a 18 de julho de 1966. Vinte anos depois da guerra, a virilidade germânica não está lá muito bem das pernas. E 1966 é o ano em que Albert Speer, o arquiteto e talvez único amigo de Hitler, condenado por crimes contra a humanidade, sai da prisão de Spandau. A Alemanha olha o próprio passado nos olhos. Semana após semana, a *Spiegel* dedica suas edições à história do Reich. O momento não é propriamente de gentilezas.

A conquista de Gunter Sachs traz um certo ar fresco. Pelo pai, Willy, Gunter descende de Ernst Sachs, inventor do eixo de bicicleta e fundador da empresa Fichtel e Sachs. Willy teve relações cordiais com os homens mais poderosos do Terceiro Reich, como Heinrich Himmler e Hermann Göring, que apreciavam seus terrenos de caça na Baviera. Em diferentes fotos, podemos ver Willy Sachs em conversa amistosa com Hitler, caçando com Himmler ou em companhia de Göring. Willy Sachs suicidou-se em 1958, depois de ter sido detido no fim da guerra pelos americanos, julgado, encarcerado num campo e mais tarde considerado "simples companheiro de estrada" do nazismo. Tinha 62 anos. Desde a captura, sofria de depressão todo outono.[17]

Gunter não conheceu muito bem o pai. Através da mãe, Elinor, irmã de Wilhelm von Opel, ele descende do fundador da empresa fabricante de automóveis. Gunter tinha três anos quando os pais se divorciaram, em 1935. Tendo perdido a guarda dos dois filhos, Elinor os sequestrou, fugindo para a Suíça. Willy, por sua vez, tentou mandar raptar o mais velho, com a cumplicidade de políticos amigos. Atendendo a uma queixa apresentada pelo Reich, Elinor foi presa pelas autoridades suíças, sendo os filhos internados num orfanato suíço por alguns dias. Criado no colégio de Rosey, Gunter só voltaria a encontrar o pai aos vinte anos. Apesar de herdeiro de um grande industrial comprometido, ele não pode ser responsabilizado. Talvez seja por isto que se transforma num queridinho dos meios de comunicação alemães. Não precisa dar mostra de arrependimento.

Muito antes do casamento com BB, suas proezas de dom-juan já faziam a alegria das revistas. Gunter é um autêntico Viagra para os alemães. Em longas matérias esfuziantes, a *Spiegel* faz a lista eclética de suas conquistas femininas, a ex-imperatriz Soraya, a atriz Mara Lane, a campeã de esqui aquático Marina Doria ou as manequins Anka Ahn e Paule Rizzo. Seu invejável parque automotor (Mercedes, Chevrolet, Rolls) e o ambiente de suas residências nas melhores avenidas de Lausanne, Munique e Paris merecem levantamento detalhado.

"Para variar, a virilidade alemã triunfa", comemora a *Spiegel* em 18 de julho de 1966. Os franceses têm Bardot, os alemães, Sexy Sachs, o homem amado pelas mulheres, cujas conquistas honram a virilidade nacional, ajudando-os a virar a página. "A joia francesa (Bardot) saiu de Las Vegas casada com um alemão", volta a escrever a *Spiegel*. Através dessas duas figuras, a Europa se reconcilia: Bardot e Sachs constituem a versão sexy da dupla Konrad Adenauer-Charles de Gaulle.

Quando as imagens filmadas por Serge Marquand em 14 de julho de 1966 são transmitidas em *Cinq Colonnes à la une*, em 5 de agosto de 1966, Brigitte dorme sozinha em La Madrague. Ou melhor, em companhia de Francine Rivière. "Você por acaso se dá conta de que está dormindo na minha cama, com o símbolo sexual mundial?", pergunta Brigitte à amiga. O símbolo sexual bávaro desapareceu, sem mandar notícias: supostamente estaria trabalhando.

Quando os dois voltam de Las Vegas, a imprensa informa que Gunter apostou com Serge Marquand que casaria com Bardot antes do fim do ano. O casamento fica parecendo menos uma obra pop que um lance publicitário. Afinal, da noite para o dia, Gunter Sachs torna-se uma celebridade. Ele e Serge Marquand desmentem. Por mais que Gunter quisesse conquistar Brigitte, de modo algum podia ter certeza de consegui-lo, pois ela estava vivendo com Bob Zagury, explica Marquand.[18] Na verdade, as cortes dos dois heróis estão divididas por disputas de território. Elas brigam pelas migalhas do bolo: Phiphi d'Exea recusa-se a compartilhar os direitos de imagens fotográficas da escapada com Marquand, seu ex-assistente.

No outono, Francine e Jean-Max Rivière recebem um convite de Gunter. Encontro marcado no Aeroporto de Orly, com destino desconhecido. O avião aterrissa em Munique, onde uma BMW preta os leva a Rechena, a propriedade de caça da família Sachs na Baviera. "Gunter tinha um talento grandiloquente para a encenação", observa Francine, achando graça. A surpresa é total para Brigitte, que não esconde sua alegria de reencontrar os amigos, tanto mais que seu pai participa da viagem: atento, Gunter reconstituiu seu casulo. Uma costureira toma as medidas das mulheres. De corpete branco bordado, saia de suspensórios e anágua de rendas, botas ao estilo russo, Brigitte e Francine se transformam em bávaras, enquanto Gunter se pavoneia de calças de pele e chapéu de pena. Jean-Max recusou a oferta de fantasia. Gunter quer que eles descubram seu reino encantado. "Ele promovia piqueniques maravilhosos, passeios... Eu comi caviar pela primeira vez, num pote desse tamanho!..." Num cenário de filme de Walt Disney, as moças matam o tempo com baralho ou jogos de salão. Entre um passeio e outro, são organizadas visitas diplomáticas. Louis Bardot, que fala alemão, trava conhecimento com Elinor von Opel, a mãe de Gunter, que cria seu filho Rolf. Se por um lado não chegou a conhecer bem o pai, por outro Gunter adora a mãe, chamando-a de "rainha das fadas". Um homem adulto que considera a mãe dotada de poderes sobre-humanos mais parece um filho mimado, mas Brigitte certamente acha a coisa "fofa". Elinor a intimida.

— Você não usa nada no rosto? — pergunta-lhe a mãe de Gunter, impressionada com seu excelente aspecto.

— Só o sol — responde Brigitte.[19]

Gunter Sachs é um empresário de sorte. Na fábrica da Alta Baviera, seu irmão mais velho, Ernst, sucedeu ao pai. A Fichtel e Sachs, com 8.500 funcionários, é a maior fábrica de motores de dois tempos do mundo. Gunter Sachs administra sua fortuna, mas não a fábrica. No início dos anos 1970, ele venderia sua participação.

Enquanto isso, é ele o mágico. Certa noite, Brigitte fica preocupada ao perceber movimentação de paparazzi na entrada do bosque que cerca o pavilhão de caça. "Depois do jantar, fomos ao parque usando capas impermeáveis. Gunter deu um tiro de pistola para o alto", recorda-se Jean-Max. "À tarde, as extremidades do bosque tinham sido ocupadas por militares. E tivemos o privilégio de assistir a um espetáculo de fogos de artifício digno do concurso internacional de Mônaco", completa Francine, com o olhar ainda iluminado.

Gunter Sachs transforma a vida de Brigitte num espetáculo pirotécnico. "Passamos aqueles dias como se fôssemos crianças no paraíso", lembra-se ele. Crianças temendo ser expulsas a qualquer momento. Pois o fato é que sua situação tem algo de evanescente. É bem verdade que os recursos de Gunter lhe permitem abolir a fronteira entre sonho e realidade, oferecendo a Brigitte a possibilidade de viver como no cinema. "Enquanto esteve com Gunter, ela ficou mais protegida que antes. Eles tomavam aviões particulares exclusivamente para evitar as multidões que enlouqueciam Brigitte",[20] conta Serge Marquand.

183

Mas se Gunter aprecia a inteligência de sua mulher, seu humor e sua gentileza, pôde também se dar conta de seus defeitos, suas oscilações de humor. "Quando Porfirio Rubirosa entrava num restaurante, o sol iluminava todo mundo, como por magia. Quando Bardot entrava num restaurante de mau humor, a sala ficava gelada",[21] declarou ele.

A comparação de Gunter Sachs é saborosa, colocando Bardot e Rubirosa, o guru dos playboys, em pé de igualdade. E ele fala com conhecimento de causa.

Nessa história, é verdade, existem dois dom-juans. Em matéria de sedução, Bardot é uma especialista. É sempre ela que paquera e abandona. "Com ela, o amor dura três anos", esclarece sua amiga Francine. "Nós nos amávamos em igualdade de condições", acrescenta Brigitte. Ela tem o poder de uma estrela internacional e a beleza. Gunter, a fortuna. "Ele era um dos raros homens com a mesma força que eu em minha especialidade. E minha especialidade é o dinheiro. Nós empatamos. Além do mais, ele é belo e sedutor, e todas as mulheres o querem. Mas isto também significa que há uma espécie de luta entre nós. Ele não tem a menor vontade de mudar de estilo de vida por minha causa, e eu não tenho vontade de mudar o meu por causa dele", declara ela em fevereiro de 1968, numa entrevista à *Ciné Revue*. O dinheiro como especialidade de Brigitte Bardot? Que declaração curiosa! Com seu senso prático de camponesa, Brigitte, que desde os quatorze anos nunca idealizou sua profissão, se considera uma mulher de negócios. Sua atividade consiste em vender a imagem de BB no cinema, na televisão, no rádio. Já no fim dos anos 1950, ela registrou seu nome no Instituto Nacional de Propriedade Industrial. Detergentes, calendários, cartões-postais, móveis, roupas, tecidos, calçados, joalheria, eletrodomésticos, produtos agrícolas e florestais não preparados (crustáceos, plantas, animais vivos): a lista de produtos e serviços sobre os quais ela tem direito de marca mostra que a mademoiselle Bardot pensou em tudo. Sua pequena empresa dá emprego direto a uma dúzia de pessoas: governanta, fotógrafo pessoal, cabeleireira e maquiadora, dublê... Mas o fato é que Bardot se ilude. Seu marido é muito, muito mais rico que ela.[22]

Gunter Sachs tenta inicialmente transformar Brigitte em uma dona de casa completa. Para enorme espanto de um convidado como Andy Warhol, que vem a conhecê-la no Festival de Cannes. Em 5 de maio de 1967, Bardot comparece pela última vez ao festival, por insistente pedido do marido, que produziu um documentário, *Batouk*. Brigitte resistiu, falando a Gunter do delírio que os aguardava, e do qual guardou uma lembrança orgânica, desde que quase perdeu a visão em Nova York. Mas de nada adiantou. Quem nunca viveu essas situações não entende.

A chegada de BB provoca um rebuliço tão memorável que vira manchete dos noticiários da TV. As imagens são espetaculares. Durante alguns minutos de total loucura, a câmera consegue mostrar apenas a multidão que enche o salão do antigo Palácio dos Festivais, como grãos num silo. A presença mais concentrada de guardas republicanos sem controle algum diante dos fotógrafos e curiosos indica o lugar onde deve estar a estrela. Até que surge o rosto louro com o penteado à apache. Curiosamente impassível. Com aparência calma, Brigitte avança falando com os que a cercam, sem entrar em pânico. É a única a manter o sorriso, esse sorriso que vamos encontrar nas fotos. Está exercendo sua profissão. O rosto de seu marido é mais fiel como indicador meteorológico. Totalmente superado pelos acontecimentos, Gunter mantém-se à direita de sua imperturbável Pocahontas, tentando protegê-la. Com os maxilares cerrados, ele tenta organizar as forças policiais. Mas se dá conta do perigo da situação um pouco tarde demais. A vontade impiedosa que os comprime é capaz de tragar Brigitte Bardot. E a ele próprio. E por sinal Jean-Claude Sauer, o fotógrafo da *Paris Match*, saiu ferido.

É nesse momento que Warhol e Brigitte Bardot se conhecem. Warhol é convidado da Semana Internacional da Crítica por seu filme *Chelsea Girls*, afinal retirado da seleção oficial para evitar um escândalo. Ele tenta encontrar apoio entre as celebridades presentes, e entra em contato com Gunter. Os dois se conheceram no ano anterior, por ocasião da exposição de Warhol em Hamburgo. Como tantos financistas, Sachs investe na arte contemporânea. Em Munique, é presidente do Museu de Arte Moderna, recém-fundado por ele mesmo. Em Paris, seu apartamento *art déco*, no nº 32 da avenue Foch, na margem ensolarada desse bulevar da nata dos VIPs, mobiliado com tesouros de Ruhlmann e Majorelle, de Chanaux, Giacometti, Tiffany e Brandt, contém uma parte de sua coleção de quadros: Roy Lichtenstein, Magritte, Yves Klein, Fautrier, Tanguy, Tom Wesselmann, Arman, Erté, Chirico, Allen Jones, Warhol. Em Hamburgo, os apreciadores que compareceram à Galeria Hans para conhecer o trabalho de Warhol saíam de mãos vazias. Incomodado, Sachs discretamente comprou um terço das obras. "Não foram mal as vendas", vangloriou-se Warhol em conversa com ele, antes de voltar a Nova York.

Depois do festival, Gunter o convida a Saint-Tropez. "Gunter Sachs, herdeiro alemão de uma empresa de rolamentos de bilhas, levou-nos a sua casa para conhecer sua mulher, Brigitte Bardot. Ela desceu ao térreo e nos recebeu como boa anfitriã europeia. Eu nem conseguia acreditar em tanta gentileza: ser Brigitte Bardot e se dar ao trabalho de deixar os convidados à vontade!",[23] relata Andy Warhol.

Muito antes de conhecer Brigitte Bardot, Warhol desejara filmá-la durante o sono, como em seu filme *Sleep*. Quando Bardot anunciou o fim de sua carreira cinematográfica, Gunter Sachs encomendou seu retrato a Warhol, que fez oito, com base num clichê de Richard Avedon. Três deles foram vendidos nos últimos anos, respectivamente por 3, 5 e 10 milhões de euros. Gunter Sachs era proprietário de vários deles.

Warhol pintou o retrato de Marilyn pouco depois do suicídio dela em 1964. Realizou o de Bardot no momento em que ela deixa a cena cinematográfica. Como fez com Monroe e Elizabeth Taylor, ele a pinta de frente. Seus atributos simbólicos são coloridos: os lábios fazendo beicinho, o olhar maquiado de delineador, os cabelos louros. Se o rosto fica rosa-shocking, o fato é que não está maquiado demais. É a imagem de uma mulher de verdade, e não de um ícone desmaterializado, como Monroe ou Taylor. Com sutileza, Warhol expressa a essência do personagem de Bardot. Não uma criatura de sonho, como as hollywoodianas, mas uma mulher real que transforma o sonho em realidade.

Tutorial Bardot

> "Adoro lábios luminosos e olhos com sombra preta, um look que raramente dispenso. Se era bom para Brigitte Bardot, é bom para mim."
>
> Paris Hilton[1]

Hoje, como prometido, ela vai se transformar em Brigitte Bardot.

Samantha Chapman é uma jovem inexpressiva de rosto enquadrado por cabelos castanhos desprovidos de vitalidade. Num cenário desinteressante, ela olha para a câmera com seus olhinhos próximos e oferece uma aula de "bardotitude", uma sessão de trabalhos práticos em si mesma. "Os cabelos desgrenhados, símbolo do léxico sem esforço de Brigitte Bardot!", anuncia Chapman. Exímia, ela divide a cabeleira em partes a serem eriçadas, valendo-se de um pente Erguendo no alto da cabeça uma mecha na perpendicular, esfrega-a freneticamente para transformá-la numa estopa bizarra, que é então domesticada com ajuda de outra escova. A operação crepagem determina o tipo de ferramenta a ser usado para dar volume ao cabelo (escova *redonda*) e em seguida disciplinar esse volume (escova *chata*). Samantha parece estar segurando a câmera, e se desculpa por uma interrupção decorrente da necessidade de executar com as mãos o gesto descrito: sustentar o penteado com grampos de cabelo. "Deem um jeito para ficar parecendo casual." Casual, palavra-chave do vocabulário "natural" de Bardot. A técnica altamente especializada do *négligé*... Em 4 minutos e 5 segundos,

Samantha transformou um corte sem forma definida em bolo de noiva estruturado, chegando ao requinte de distinguir, com um gesto do pente, o edifício capilar de BB do ostentado pela cantora inglesa Amy Winehouse (um bolo de noiva Bardot superdimensionado). Assim ajeitados, os cabelos de Samantha não deixam de ser sedutores.

Em seguida, a jovem ataca a maquiagem de Bardot, declarando-a igualmente fácil. Talvez seja mesmo, desde que se disponha das ferramentas certas e de uma variedade estonteante de cosméticos. Não dá para fabricar uma bomba sem o mínimo de material necessário. É tudo uma questão de detalhe, explica Samantha, séria. Assim, Pamela Anderson não passa de um grosseiro copiar-colar de Bardot, ao passo que Kate Moss se inspira sutilmente em seu sex-appeal desembaraçado. A americana copia a imagem, a britânica adota o estilo.

Samantha começa pelo olhar. O brasão de Brigitte Bardot, seu detonador. Ela enriqueceu o olhar sombrio e sedutor dos símbolos sexuais do cinema mudo, como Theda Bara, Pola Negri, Clara Bow ou Louise Brooks, com uma contribuição pessoal: o prolongamento do olhar na direção das têmporas. De onde veio a ideia? Antes de Bardot, uma das primeiras mulheres a adotar a arma fatal foi Victoire Doutreleau, a estrela entre os manequins de Dior. "Meus olhos eram pequenos, era preciso prolongá-los", conta Victoire. "Em 1953, quando entrei para a Dior, usei um traço de lápis preto, depois cinza. Não ficou muito bom, mas depois eu aperfeiçoei. No ano seguinte, em 1954, a revista *Elle* lançou o olho de corça e Nicole de Lamargé, o primeiro manequim júnior, o adotou."[2]

Doze minutos de trabalho exímio no caso de Samantha Chapman. Lápis cinza trabalhado com os dedos, sombra carvão passada e clareada com pincel chanfrado, em seguida prolongada com cotonete, delineador na base dos cílios, rímel pesado, cílios postiços, mais rímel: Samantha realiza com destreza uma série de operações complexas. Os exegetas, classificando BB na categoria "classic sexy", admiram sua gramática indolente.

"Naturalmente, não vou me transformar em Brigitte Bardot, não pareço com ela e são poucas as que parecem", resmunga Samantha, limpando um borrão nos dedos. "Mas estou resgatando um estado de espírito." A morena não se transformou em Bardot, mas ao se apropriar de seus atributos, torna-se incrivelmente atraente. O olhar sombrio tem uma conotação sedutora. A maquiagem de BB desvenda e camufla ao mesmo tempo.

Só uma coisa continua sendo inimitável. O olhar singular de Brigitte Bardot. Nem todo mundo tem a sorte de ser amblíope. Seu olho esquerdo é fixo, como que presa de algum fascínio. É irresistível.

Com o rosto oval esculpido sobre fundo de pele opaca, Samantha Chapman passa à última etapa, remodelando e afinando espetacularmente os traços. As maçãs são coloridas com blush pêssego, a cor de BB. Samantha não parece mais a mesma. Cabeleira e olhar: falta ainda o beicinho para completar os ornamentos de Bardot. Um detalhe natural em Brigitte Bardot, que tem os dentes projetados para a frente de tanto chupar o polegar e ainda arredonda o arco de Cupido a lápis. O mesmo gesto que Marilyn Monroe empregava, recorrendo a três batons brilhantes de diferentes nuances. A boca de Bardot pede maquiagem opaca e cor de carne, com a boca aumentada e arredondada pelo traço a lápis. Samantha terminou. O resultado é espantoso. A moça de rosto quadrado transformou-se em predadora cheia de mistério. Com os olhos aumentados, ela fixa a câmera, que parece perturbada pelo olhar insistente. A noite será sensual.

Vídeos como este existem às dezenas na web. Nos quatro cantos do planeta, jovens entre quinze e trinta anos se filmam num quartinho, numa cozinha ou num salão e reproduzem o aparato de sedução iniciado por Brigitte Bardot. Nos cenários mais triviais, os traços de asiáticas, indianas, inglesas, ítalo-americanas ou russas se metamorfoseiam aos poucos em personalidades dramáticas. Se BB tivesse registrado sua maquiagem no INPI, estaria hoje entre as grandes fortunas da lista da *Forbes*.

A figura de Brigitte Bardot pertence a um banco de dados internacional, uma enciclopédia do *déjà-vu* na qual mulheres em busca de modelos, particularmente mulheres de negócios do mundo das modelos, cantoras, diretoras artísticas e publicitárias se abeberam sem vergonha de estar imitando. Em sua maioria, nunca viram um filme de Bardot, algumas sequer sabem escrever seu nome (Bridget Bardot para mademoiselle Todossomosprincesa, Brigette Bardot para mademoiselle Bjonessstyle) e carecem até de fotos autênticas, de tal maneira que, para fazer uma maquiagem Bardot, mademoiselle Glitterdollz7 se vale de uma publicidade mostrando... Kate Moss arrancada de um jornal, assim copiando a cópia. Como outras jovens que aprenderam a se bardotizar imitando a blogueira Anna Saccone, que analisa metodicamente toda a panóplia BB, inclusive vestuário, ela também trata de reinterpretá-la para então oferecer suas conclusões. Amy Winehouse é uma ultra-Bardot: todo o seu aparato lhe foi tomado de empréstimo. O traço de delineador, o bolo de noiva, o batom, os shortinhos, os vestidos *new look* apertando a cintura, as calças largas tipo corsário, as faixas na cabeça, as cenas com o noivo, as tendências suicidas, o *trash*: tudo foi buscado no catálogo BB. Winehouse (ou sua estilista) precisou apenas fazer a encomenda e exagerar caricaturalmente, ao mesmo tempo invertendo um ou dois códigos. A pele muito branca toma o lugar do bronzeado, o louro torna-se moreno. O marketing mainstream exige eficácia instantânea, rendimento imediato do investimento: o que funcionou com Bardot vai funcionar com outras.

A fábrica pós-moderna de estereótipos desnaturados desemboca invariavelmente em preconizações cosméticas (especialmente Bourjois e Chanel) ou de vestuário propostas a moças que não conheceram o modelo original. Do projeto de emancipação que parecia acompanhar as primeiras horas do reinado de BB resta apenas o hiperconsumo. A sociedade mercantil recicla as velhas receitas até o total desgaste.

O impacto de Bardot foi considerável na Grã-Bretanha, onde seriam recrutados os primeiros bardólatras. Sem o portfólio de Brigitte

Bardot, não existiria uma Kate Moss. É bom lembrar que a expressão *"sex kitten"* foi criada para Brigitte Bardot. Ela foi o sonho nº 1 de uma geração de ingleses e o modelo das inglesas nos anos 1960. Sua influência persiste até hoje. Antes mesmo de alcançar a notoriedade, Brigitte conquistou a adesão de um povo encantado com seu sex-appeal *"so frenchy"*. Ao ver aquela jovem em Cannes em 21 de abril de 1953, no porta-aviões *USS Midway*, o jornalista Mosley, do *Sunday Times*, entendeu que ela era mais que uma starlette tentando a sorte, e fez seu elogio. Bardot estava acompanhando seu marido e o fotógrafo Michou Simon, enviados pela *Paris Match* ao encontro de Leslie Caron. Misturando-se a estrelas como Gary Cooper, Lana Turner e Kirk Douglas, a jovem francesa de capa clara passou despercebida até ser empurrada para o palco pelos fotógrafos. Três mil e quinhentos marinheiros a contemplavam. "Ela deixou cair a capa, apareceu num vestido de menininha bem-comportada e, com um gesto vívido, lançou no ar seu rabo de cavalo. Houve um segundo de silêncio, o tempo necessário para se acender a fagulha entre aquela multidão de homens e a silhueta iluminada. Em seguida, um raio e um trovão explodiram no *Midway*: milhares de flashes e um grito de entusiasmo que superou, em volume vocal, as aclamações que acabavam de se projetar sobre todas as glórias reunidas da tela cinematográfica", segundo relato do muito sério Raymond Cartier na *Paris Match*.[3] A foto foi reproduzida no semanário francês mas também pela imprensa britânica, encantada com a autoconfiança e a juventude de Brigitte.

Eu sou o amor

Em 1963, a *New Musical Express* pede aos Beatles que preencham uma ficha biográfica. No item "atriz favorita", Paul McCartney responde "Brigitte Bardot". Ringo Starr escreve "Brigitte Bardot". George Harrison escolhe "Brigitte Bardot". Só John Lennon aponta "Juliette Gréco". Que grande dissimulado! Dos quatro, ele foi o mais ardoroso fã de BB. Na adolescência, semanalmente recortava a página central do *Reveille*, tabloide muito popular, apresentando um pedaço do corpo de Bardot. Reconstituído, o quebra-cabeça a representava em tamanho natural numa pose de pin-up, contemplada toda noite por John no teto de seu quarto. Essa dependência durou bem uns quinze anos, segundo seu melhor amigo, Pete Shotton.[4] A energia andrógina de Bardot o deixava eletrizado: a autoconfiança de um homem com as curvas de uma mulher. Aluno de Belas-Artes, ele a idolatrava, de tal maneira que, segundo seu biógrafo Ray Coleman, nos seis primeiros meses de estudo ele constantemente desenhava uma boate tendo no bar uma jovem parecida com BB. Todas as mulheres eram avaliadas pela referência Bardot, seu ideal feminino. Para se parecer com ela, Cynthia Powell, a primeira mulher de Lennon, deixou crescerem os cabelos e os tingiu de louro com um produto da marca Hiltone, cujo slogan era "Os homens preferem as louras". "Sua imagem da mulher ideal era Brigitte Bardot. Logo, logo eu me vi moldada no mesmo tipo de roupas e penteados que ela. Quando conheci John, eu acabava de trocar meu visual de secretária por um gênero mais boêmio, mas sob sua influência ocorreu outra metamorfose. Dessa vez, o ponto forte era uma longa cabeleira loura, pulôveres pretos justos, saias mais curtas, saltos altos e, como toque final, ligas com meias-arrastão pretas", contou Cynthia.

Todas as namoradas dos Beatles replicaram a semiologia de Bardot. George Harrison comparou sua mulher, Pattie Boyd, a BB, enquanto McCartney levou sua namorada Dot Rhone a deixar crescer os cabelos. Como Marianne Faithfull, muitas jovens inglesas clonaram B.B. Para compensar, a loura descolorida, arquétipo da inglesinha dos anos 1960, seria posteriormente muito procurada pelos colegiais franceses que atravessavam o canal da Mancha para aperfeiçoar o inglês.

Em 1967, ao desenhar a capa de *Sgt. Pepper's Lonely Hearts Club Band*, McCartney imaginou os quatro Beatles diante de um muro coberto de retratos de seus heróis, entre eles um cartaz gigante de Brigitte Bardot. Embora sua imagem tivesse dez vezes o tamanho de qualquer dos demais personagens, ela não aparece na versão final da capa, afinal apresentando Diana Dors, uma outra loura bombástica que nunca foi uma heroína dos Beatles.

Curiosamente, todas as tentativas de aproximação Bardot-Beatles deram em nada. Em sua primeira visita a Paris, os quatro músicos solicitaram um encontro com ela. Sua gravadora francesa a substituiu por uma grande caixa de chocolate, com um cartão: "Infelizmente mlle. Bardot ficou retida no Brasil. Esperamos que essas gostosuras possam consolá-los." Em 1966, Brigitte Bardot está em Londres para filmar *À coeur joie* (*Eu sou o amor*). Como sempre, mandou contratar suas amigas, Monique Faye, Sveeva Vigeveno, Carole Lebel. Certa noite, convida-as a jantar com os quatro Beatles. Lennon é o único que está livre. Impressionado, ele toma um ácido e vai ao seu encontro no restaurante chique onde ela fez reserva. Está acompanhada das três amigas. Nenhuma delas fala bem inglês, ao passo que John não fala nada de francês. A noite toda, incapaz de articular alguma coisa, ele fica repetindo bobamente "hello", enquanto Brigitte conversa com as amigas. O encontro deixou-lhe tão poucas lembranças que ela sequer o menciona em suas memórias.

Bardot & irmãs

Annette Stroyberg ~ Carole White ~ **Mylène Demongeot** ~ **C**atherine **D**eneuve ~ **Jane Fonda** ~ Ann-Margret ~ **C**ynthia **L**ennon ~ **Pattie Boyd** ~ **Mick Jagger** ~ Marianne Faithfull ~ Farah Fawcett ~ Kim Basinger ~ **Claudia Schiffer** ~ *Muriel Moreno*, cantora do Niagara ~ Melanie Griffith ~ Samantha Fox ~ Arielle Dombasle ~ Kylie Minogue ~ Pamela Anderson ~ Kate Moss ~ **G**isele **B**ündchen ~ Loanna ~ **Amy Winehouse** ~ Lara Stone

"Initials B.B."

"Quem vai inventar de se apaixonar por uma rainha, a não ser que ela se insinue?"

Em Saint-Tropez, o clima já não é o mesmo. Certa noite, Francine acompanha Brigitte a uma festa no Épi-Plage, na praia de Pampelonne. Num estacionamento arenoso de vegetação queimada pelo sol, Francine conta meia dúzia de Rolls. Parece a concessionária de Levallois-Perret! Saint-Tropez não é mais aquela... Nas pequenas mercearias, o queijo de cabra e as olivas dão lugar ao champanhe e ao salmão defumado. A dois passos da place de Lices, um bilionário libanês acaba de inaugurar um hotel de luxo, o Byblos, tendo Brigitte como madrinha. Diz a lenda que a construção do palácio foi um pretexto para conhecê-la. "A elite internacional que vier para vê-la vai encontrar entre nós o conforto e o luxo que busca", declarou o prefeito de Saint-Tropez na noite da inauguração... A beleza do local já não seria suficiente?

Sentado no gramado, um rapaz de rosto pálido luta por manter os olhos abertos. Completamente embriagado. A propriedade de Albert Debarge, dono de um laboratório farmacêutico, está tomada por uma fauna tão estranha que a chegada de Brigitte, que invariavelmente suspende as conversas por um momento, quase passa despercebida. Na pista, moças usando saias ciganas esvoaçantes ou antigos vestidos de rendas mal parecem capazes de ficar em pé.

Picture yourself in a boat on a river,
With tangerine trees and marmalade skies.
Somebody calls you, you answer quite slowly,
A girl with kaleidoscope eyes.

A música contribui para embaralhar os referenciais de Francine. Harmonias psicodélicas, como no *Sgt. Pepper* dos Beatles. A maioria dos álbuns lançados nesse ano — Kinks, Doors, Mammas and Papas, Pink Floyd, Beach Boys, Bowie, Canned Heat, Grateful Dead, Jimi Hendrix, Jefferson Airplane — oferecem um clima suavemente deslizante que provoca em Francine uma angústia indefinível. Frequentadora da noite, ela abriu duas boates com o primeiro marido, em Royan e Courchevel. O que sente esta noite, nunca havia sentido antes.

A Guerra dos Seis Dias parece assinalar o fim de um período alegre. Estrela do momento é o general Moshe Dayan, com um tapa-olho no olho esquerdo na capa da *Paris Match*. Entre 5 e 10 de junho de 1967, o Estado hebreu triplicou sua superfície: o Egito perdeu a Faixa de Gaza e a península do Sinai, a Síria, o planalto de Golã, e a Jordânia, a Cisjordânia e Jerusalém Oriental. "Nos últimos dias, a Europa livrou-se de certa maneira do sentimento de culpa adquirido no drama da Segunda Guerra Mundial e, antes disso, no das perseguições que acompanharam o nascimento do sionismo", escreve *Le Monde*. A guerra-relâmpago no Oriente Médio deixou na sombra a euforia ambiente. Em Saint-Tropez, o bilionário libanês vendeu às pressas o Byblos a um outro bilionário, desta vez francês. Em 26 de junho, a atriz Françoise Dorléac morreu num acidente entre Saint-Tropez e o Aeroporto de Nice. Depois de bater num poste de eletricidade, a irmã de Catherine Deneuve morreu queimada viva num R8 Gordini. Uma bela jovem moderna, ao mesmo tempo suave e áspera.

Mais que a guerra no Oriente Médio, mais que a insegurança nas estradas, são as drogas que assustam Francine. Todo mundo comenta, e não apenas os Beatles em suas canções. Na detenção em Londres de Keith Richards, Mick Jagger e Marianne Faithfull, a polícia encontrou na casa heroína, maconha e, no bolso de Jagger, dois comprimidos de anfetamina. Começam a se disseminar novas substâncias. No sul da França, por onde transita a mercadoria da Conexão Francesa, enviada depois para os Estados Unidos, não falta heroína nem LSD. Contam que nas noitadas as jovens são drogadas sem saber. Em Gassin, Rita Renoir, a mais famosa stripper do Crazy Horse, interpreta uma peça vanguardista de Picasso, *O desejo agarrado pela cauda*. De biquíni de couro e botas pretas de cano alto, ela provoca o público fumante de baseados.

Parece longe a época em que uma fogueira na praia, um violão e lagostas pescadas por um amigo deixavam Francine em êxtase. Para afastar a melancolia, ela traga um gole amargo do coquetel de rum com grapefruit, no qual o barman esqueceu o xarope. Sua vizinha, uma inglesa vestindo djellaba de seda, ajeita a franja no rosto úmido com um gesto mecânico das mãos cheias de anéis complicados. Num minivestido armado, a amiga de Brigitte sente-se desconfortável. Seu vestuário também pertence ao passado.

Onde está Bribri? Se há uma mulher que Francine ama acima de tudo, é ela. Ela jamais esquecerá do primeiro encontro das duas em Méribel. Sua marca ficou inscrita em suas células. Francine acabara de perder o marido. Na entrada no chalé, Brigitte a envolvera num abraço suave e leve como um edredom. O terno corpo a corpo não só a reconfortava, como se Brigitte absorvesse uma parte do seu sofrimento, como lhe transmitia uma energia tonificante que a devolvia à vida.

Onde foi parar Brigitte? Ela sabe se esconder quando quer. A esta hora, os vendedores da praia fecharam as barracas e recolheram as esteiras e espreguiçadeiras. Perto da piscina de água salgada, Francine vê Françoise Sagan voltando da praia, sandálias na mão, em companhia de uma jovem loura que não é Brigitte. Amigo de Madame Claude, a gerente de uma rede de *call-girls*, o irmão de Sagan é o fornecedor de Debarge, servindo também como seu factótum. No ar ainda se sente o perfume defumado dos eucaliptos cujas folhas são queimadas pelos jardineiros depois da temporada. Sentindo-se de novo angustiada,

Francine busca com o olhar a mancha prateada do minivestido de Brigitte. Ao sair do quarto, um pouco antes, Francine sentiu um aperto no coração. Na luz quente do fim do verão, sua amiga estava radiante, mais bela do que nunca. Lá está Brigitte, na extremidade do pontão. Ela conversa com Josiane, a jovem amiga de Albert Debarge[1] e Philippe, um dos filhos de Albert, despenteando-o entre risadas. Enquanto os quatro voltam em direção à casa em algazarra, Francine convida Brigitte a retornar. As duas detestam as drogas, que parecem em livre circulação. "Fique comigo", ordena Brigitte com afetuosa firmeza. "Enquanto estiver ao meu lado, nada lhe acontecerá." Meio século depois, Francine recorda-se do efeito magnético da transfusão de bem-estar que sentiu quando Brigitte tomou-lhe a mão com gentileza.

Brigitte Bardot tem uma vitalidade vibrante. Certas mulheres exerceram em seu tempo uma influência incomum, em virtude de sua capacidade intelectual: Marie Curie, Simone Weil, Simone de Beauvoir, outras embelezaram a vida com seu talento, como Maria Callas. Brigitte Bardot, por sua vez, é dotada de uma energia solar de qualidade extrafina, de uma presença vivificante e contagiosa que encantou os anos 1960.

Micmac Saint-Tropez

É no Épi-Plage que começa, em setembro, a gravação do show de Bardot, derradeiro e encantador cartão-postal do gaullismo em fim de linha, um dos mais belos presentes de Brigitte aos franceses. Com uma Cameflex 35 milímetros, Eddy Matalon já filmou três sequências, uma em Port-Grimaud, outra em La Madrague, a terceira no velho porto, na butique Micmac inaugurada na primavera, lona azul com letras brancas garrafais. Gunter é um dos acionistas, ao lado de Michel Faure, irmão de sua primeira mulher. Nela, é possível encomendar camisetas de qualquer cor com o prenome em letras impressas. Um excelente negócio, tão popular quanto os sorvetes Popoff de M. Cotos, que apregoa para os clientes no porto com ajuda de um sino. Gunter por sua vez faz seu pregão com *fashion models*, posando para as fotos publicitárias da marca. Um bom pretexto para conhecer manequins, pensa sua mulher.

Para comemorar o trigésimo terceiro aniversário de Brigitte, uma festa é organizada na casa de Albert Debarge. François Reichenbach convidou Manitas de Plata para animar a noite. Repórter-estrela da viagem nova-iorquina de BB na campanha de promoção de *Viva Maria*, Bob se mostrou interessado em ser o diretor do show, ao lado de Eddy Matalon.[2] Quando Brigitte o viu chegar com a Cameflex, ruidosa como um secador de cabelos, desconfiou que Bob tinha contratado amadores: Reichenbach só usa câmera de 16 milímetros.[3] Uma volta à época pré-histórica em que seu pai a filmava com uma Pathé Baby.

Gunter está ausente. Se ele se faz de difícil, é porque Brigitte, que se sabe ou se julga traída, está se vingando. Ela não só se recusa a morar com o marido na avenue Foch como se juntou com o parceiro Michael Sarne durante as filmagens de *Eu sou o amor* na Escócia. Em Roma, deixou as filmagens de *Histórias extraordinárias* nos braços de um certo Pierre, assistente de Louis Malle. "O amor é a maior das ilusões. No momento em que julgamos compartilhar o mundo inteiro com alguém, estamos na verdade completamente sós. É a expressão suprema do egoísmo. Como diz Graham Greene, quando estamos perdidamente apaixonados, só vemos nos olhos do outro nosso próprio reflexo", diz ela ao *Sunday Times*.

Nascido na alta burguesia alemã, criado no colégio de Rosey com os rebentos da nata da nata, herdeiros dos tronos industriais ou das antigas monarquias, Gunter Sachs é mais culto e refinado que sua mulher. Sua vida mundana de financista internacional requer convivência com o *café society*, de Marie-Hélène de Rothschild a Georges Pompidou, passando por Salvador Dalí e os Grimaldi.

Grace Kelly, chamada por Brigitte de "Sua Alteza Frigidaire", é sua vizinha na avenue Foch, assim como o embaixador da Grécia. O que não faz o gênero de Brigitte, selvagem demais para se curvar às leis mundanas.

"Eu só vivi paixões", declara ela tristemente ao *Sunday Times* em 1967. "A paixão fulminante é ao mesmo tempo um êxtase, algo doloroso e desesperado."

Em Bazoches, onde passa os fins de semana, Bob Zagury faz companhia a ela. Ela é irresistível. "Bardot estava linda demais em seu vestido-avental de camurça cinza. Mais bela que nas fotos, ou mais bela que nas palavras, e neste sentido eu de modo algum concordava com Antonio, nosso criado espanhol, que tinha envergado o paletó branco e viria a se dizer decepcionado",[4] relata Bernard Frank, que a encontra na casa de Françoise Sagan.

O projeto de show produzido por Bob progride. Para completar os textos de Jean Max, a gravadora os encomenda a Serge Gainsbourg, autor do grande sucesso do verão, "Les Sucettes", cantado por France Gall. Se os álbuns de Gainsbourg não fazem muito sucesso, o fato é que ele escreve com talento para os outros. Ele já trabalhou para Bardot. Em 1962, compôs dois twists para ela, "Je me donne à qui me plaît" e "L'Appareil à sous", com um texto de duplo sentido:

> *Tu n'es qu'un appareil à sou-pir*
> *Un appareil à sou-rires*
> *À ce jeu je ne joue pas (...)*
> *On ne gagne que des gros soupirs*
> *À vouloir t'assouvir.*[5]*

"BB faz bem à minha reputação", declara ele cinicamente no jornal *Combat*.

---

*Você não passa de uma máquina de suspiros/Uma máquina de sorrisos/E nesse jogo eu não aposto (...)/Só se ganha um enorme suspiro/Querendo te satisfazer.

Para o programa de televisão *Bonne année Brigitte* de 1965, Brigitte grava duas novas canções de Gainsbourg, "L'Omnibus" e "Bubble-gum", que bem parecem resumir sua ética amorosa.

Aimer toujours le même homme
C'est des histoires à la gomme (...)
Tu as perdu ta saveur
Comme mon bubble bubble-gum.[6]*

Brigitte Bardot é uma das fantasias abertamente admitidas por Gainsbourg. Desde que participou de um filme com ela em 1959 — *Voulez-vous danser avec moi? (Quer dançar comigo?)*, de Michel Boisrond —, ele ostenta sobre seu piano uma foto dela tirada num momento em que mal se haviam conhecido. Os jornalistas que o visitam notam a intrigante foto e a mencionam em seus artigos. No dia 6 de outubro de 1867, Gainsbourg leva ao apartamento da avenue Paul-Doumer a primeira composição destinada a Brigitte. Senta-se ao piano e canta "Harley Davidson", e então a convida a cantar também. Desde Brando em *The Wild One (O selvagem)*, filme de mística incomparável para quem é dessa geração, os símbolos sexuais associam sua imagem à imagem da moto: Elvis Presley, James Dean, Marilyn Monroe, Mick Jagger... Símbolo de uma poderosa energia sexual, a moto desencadeia uma orgia fetichista de roupas de couro, sexo e música pop. Os filmes de motociclistas fazem incrível sucesso. Nos estúdios de Shepperton, Alain Delon filma *Girl on a Motorcycle (A garota da motocicleta)* ao lado de Marianne Faithfull. Sucedem-se os filmes protagonizados por motoqueiros com jaquetas de couro: *Scorpio Rising*, de Kenneth Anger, *The Leather Boys*, filme *underground* inglês de Sidney J. Furie, *Motorpsycho*, de Russ Meyer, e uma série de outros filmes série Z inspirados nos Hells Angels que começam a proliferar na Califórnia.

---

*Amar sempre o mesmo homem/É uma história furada (...)/Você perdeu o sabor/Como meu chiclete, meu chiclete de bola.

Para Bardot, a moto não diz grande coisa por si mesma. Além do mais, Gainsbourg é intimidante, como todo tímido. Ela tenta cantar, mas não se sente à vontade. Para descontraí-la, Gainsbourg propõe uma pausa para o champanhe. É um jeito que as pessoas sempre dão com ela: já aos dezesseis anos, para desinibir aquela garota reservada, davam-lhe algo para beber. Uma tacinha, e Brigitte começa a borbulhar. Suas poses irresistíveis diante das objetivas devem muito ao estímulo das borbulhas. Bardot e Gainsbourg não parariam mais de esvaziar garrafas. Depois de mandar a Brigitte uma caixa de Dom Pérignon, que vão consumindo noite após noite, Gainsbourg vem ensaiar suas canções com ela. Como consegue seduzir uma mulher que prefere homens jovens e belos? "O charme de Serge entrou em ação nos ensaios de uma canção para o show de Bardot. No mundo do espetáculo, não é mais segredo para ninguém. São os estragos (ou vantagens, conforme o ponto de vista) do charme eslavo",[7] escreve o pai do sedutor, Joseph Ginzburg, em 31 de outubro de 1967, numa carta a uma de suas filhas. Charme eslavo? Talvez. Ou então o desejo, em Brigitte, de levar a melhor sobre um marido que não consegue dominar e que a engana. Sua relação com Gunter transformou-se num duelo. Se Gainsbourg joga com um olhar de pedinte num rosto de expressão debochada, misturando timidez e arrogância, é Bardot, mulher de iniciativa, que conduz o baile. Num jantar com um casal de amigos, ela toma a iniciativa por baixo da mesa, pegando-lhe na mão.

O cantor acaba de se separar de sua segunda mulher, Françoise, com quem teve dois filhos, Natasha e Paul.[8] Desde que se divorciou, leva uma vida de solteiro com seu caderninho de endereços, num estúdio da Cité des Arts: uma garota por noite. Instalando-se no apartamento da avenue Paul-Doumer, Gainsbourg vai compondo: depois de "Harley Davidson", "Contact" e "Bonnie and Clyde".

Serge e Brigitte aparecem juntos pela primeira vez no *Sacha Show* de 1º de novembro de 1967, interpretando uma canção assinada por ele: "La Bise aux hippies". Eles são vistos juntos no King Club, no Keur

Samba, no La Calavados, no Régine. Ela usa um mantô de pantera da Somália, ele, um terno Mao com grife Cardin. O ano de 1967 é o ano do *Livro vermelho*, publicado na França pela editora Maspero, de *La Chinoise*, de Jean-Luc Godard, e dos primeiros Comitês Vietnã de Base nas universidades. Serge dá a grande cartada eslava, com ceias no Maxim's ou no cabaré Raspoutine, onde distribui cédulas de dinheiro aos ciganos. Eles bebem muito, muito champanhe. Cada vez mais pesada, a maquiagem de Brigitte esconde as olheiras.

Carta de Joseph: "Lucien está exultante... 'A mulher mais linda do mundo, todo mundo me inveja!' Não é para menos! Mas ele acrescentou: 'Não posso cair na armadilha', subentendido: 'Se me apaixonar, vou sofrer.'"

Em meados de novembro, o cantor telefona a Jacques Chancel, cronista-estrela do diário *Paris-Jour*. É um método astucioso: Serge Gainsbourg se finge de indignado com uma notícia. O jornalista informou que Brigitte Bardot e Serge Gainsbourg passavam as noites juntos no King Club. "Todo mundo vai ficar achando que eu sou um mulherengo", queixa-se Gainsbourg hipocritamente. O estratagema dá certo: Chancel reproduz todo o teor da conversa na edição seguinte do *Paris-Jour*. Soprando na brasa, Gainsbourg confere ainda maior brilho a seu prestigioso idílio. Como qualquer estrela, Brigitte e Gainsbourg manipulam o ambiente em que vivem através dos meios de comunicação. O cantor ainda não tem uma aura de estrela, mas se esforça.

A gravação do programa é feita nos estúdios de Boulogne, aonde Brigitte já chega vestida, maquiada, penteada ou emperucada... por si mesma, ao volante de um Morgan, com os acessórios dispostos numa velha maleta de médico. Gainsbourg a ajuda a escolher trajes encomendados a Paco Rabanne, Mohanjeet, Biba ou Jean Bouquin. Não dispondo de uma figurinista, ela recorre ao próprio guarda-roupa e a sua coleção de acessórios. Improvisando no papel de estilista,

Gainsbourg erotiza o personagem de BB, soltando as amarras do seu fetichismo.

Para começar, Bardot recicla as botas de cano longo de Rita Renoir. Em "Harley Davidson", um clip erótico de série Z, ela exibe trajes Vince Taylor de estilo cabaré, couro preto e moto, usando apenas um colete de couro cintado sobre uma blusa de crepe. As botas sob medida de Roger Vivier tornam-se sua marca registrada. Estreadas na Escócia durante as filmagens de *À coeur joie*, na versão emborrachada de botas de pescador,[9] as botas são um instrumento de predador paradoxal. Armadura de conquista estanque, elas acendem o desejo e ao mesmo tempo criam obstáculo para ele. "Equipamento espetacular de sedução, que como sempre esconde o que quer mostrar, elas permitem às mulheres um jogo deliciosamente perverso: ao mesmo tempo atração e retirada, convidam e simultaneamente proíbem, armaduras de couro constituindo um anteparo ao desejo que provocam, botas de sete léguas que renegam os homens, paqueradores, é verdade, mas sempre derrotados de antemão",[10] escreve o filósofo Dominique Quessada.

Ferramenta de conquista e dominação, a bota de cano longo promete mais do que cumpre, esconde mais do que revela, a exemplo de Bardot, que parece não esconder nada e dissimula tudo. Especialista na arte da pesca, ela pratica a atração dos olhares para as armadilhas do desejo, valendo-se dela às vezes com crueldade, como viria a constatar Gainsbourg. Ela toma sem se dar.

Cada canção requer dois dias de gravação. Eddy Matalon tomou o lugar de Reichenbach, que foi filmar um perfil de Orson Welles. Bardot diverte-se na realização de um programa em certa medida escrito por ela, sugerindo enquadramentos a um Matalon ainda inexperiente. "Havia momentos de tensão no estúdio. Trabalhar com uma estrela nunca é fácil. Ela queria saber onde a câmera seria posicionada. Eu negociava",[11] conta Matalon, então estreando. Ele filma os planos duas vezes, a primeira do seu jeito, a segunda, respeitando as diretrizes da atriz, e fazendo uma triagem leal na montagem. Para variar, Brigitte, dando livre curso à imaginação, está no comando. É sua própria diretora.

Nos estúdios de Boulogne, os fotógrafos são mais numerosos que os membros da equipe de Eddy. Em sua maioria, são amigos de Brigitte. "Ela exigia que as fotos lhe fossem mostradas, rejeitando as que não lhe agradavam. Fosse ou não de um amigo", conta Matalon, que observa à distância. Entre as tomadas, ela volta a se maquiar num canto do estúdio, valendo-se de um espelho minúsculo. Como anda seu aspecto sem maquiagem? Em estado natural, Monroe era uma menina frágil e muito bonita. Nada de instantâneos de Bardot de rosto nu, com a possível exceção de uma foto de Christian Brincourt tirada na represa de Bazoches. Deitada num barco, Bardot parece outra pessoa. Uma bela jovem nórdica vivendo no campo, por exemplo. Não a mulher fatal que ela trata de maquiar diante do espelho de bolso nos estúdios de Boulogne.

Sua postura em "Bonnie and Clyde", pernas afastadas e busto projetado, causa sensação toda vez que ela associa meias cor de carne às botas de cano longo. Às vezes o alto da coxa aparece por alguns segundos. No fim do dia, a equipe contempla, matreira, enquanto Brigitte guarda os acessórios de filmagem, uma velha luminária retrô ou uma almofada, ao deixar o estúdio com um sonoro *Adieu*, Berthe" ou *"Tchau!"*[12]

Uma vez gravado o programa, em 28 de novembro, uma Brigitte em seu luxuoso mantô de pantera chega ao Aeroporto de Heathrow em companhia de Gunter: Madame volta para casa.

Brigitte e o general!

Dias antes da transmissão do programa, Bardot e Sachs são convidados a uma recepção no Palácio do Eliseu, em 7 de dezembro de 1967. "Brigitte ficou muito orgulhosa; como nunca tinha ido ao palácio, colocou o convite sobre a penteadeira, para ficar contemplando. Naturalmente, nós aceitamos o convite. Depois, ao se aproximar o dia, ela não queria mais comparecer. Eu tive de insistir", conta Gunter Sachs.[13] Nunca mais Brigitte voltaria a se encontrar com o general De Gaulle, em quem votou e que admira tanto que chega a ficar paralisada de timidez. Para tranquilizá-la, Gunter pede aos amigos Guy e Marie-Hélène de Rothschild que organizem uma ceia com o primeiro-ministro Georges Pompidou e sua mulher Claude. Na sobremesa, Pompidou, descontraído e de bom humor, propõe um ensaio. Os Pompidou tomam o lugar do general e sua mulher, enquanto Guy e Marie-Hélène de Rothschild fazem o papel dos ajudantes de ordem. Tudo transcorre às mil maravilhas. Mas como Brigitte deve vestir-se? "Como esta noite. Você está encantadora", ordena o primeiro-ministro. Ela escolheu na Micmac um conjunto Sgt. Pepper, calça preta e casaco militar.[14]

Na recepção anual ao mundo artístico e literário em 1967, o presidente da República recebe os cantores Luis Mariano, Colette Renard e Barbara, os atores Jean-Paul Belmondo, Fernandel, Annie Girardot. A estrela do encontro é Brigitte Bardot vestida de coronel da cavalaria ligeira. Comenta-se que nunca antes uma mulher entrou de calças no Palácio do Eliseu.

Na recepção, Gunter e André Malraux conversam sobre o pintor Fautrier, cujas obras colecionam. As pinturas de Fautrier, que trabalha com camadas espessas, são de tal maneira frágeis que André Malraux recolhe pequenas lascas sob a tela pendurada numa das paredes de seu gabinete na rue de Valois. "Se as colocar numa caixinha, terá uma caixinha cheia de cultura", sugere Bardot, maliciosa.[15]

Enquanto isso, Bardot encomendou a Gainsbourg uma canção de amor. Certa manhã, na avenue Paul-Doumer, ela canta para ele "Je t'aime moi non plus", composta durante sua ausência. Com arranjos de Michel Colombier, os dois a gravam em 10 de dezembro de 1967 no estúdio Barclay, na avenue Hoche. Os primeiros registros saem tão ruins que a sessão é adiada para o dia seguinte. De mãos dadas, com um microfone na outra, os dois recomeçam. Segundo o engenheiro de som William Flageollet, "foi Bardot que deixou Gainsbourg um pouco mais à vontade — os dois estavam muito próximos um do outro, e sem nenhum gesto reprovado pela moral... a sessão foi bem quente — eles trocavam carinhos, diminuíram a iluminação..."[16]

A 12 de dezembro, Gunter lê no *France Soir* que Brigitte e Gainsbourg gravaram uma canção de tórrido erotismo, "4 minutos e 35 segundos de gemidos e gritos de amor". A rádio Europe 1 a transmite no noticiário de meio-dia.[17] "Je t'aime moi non plus" seria lançada em 45 rotações com duas canções pela Philips, tendo "Comic Strip", em inglês, no outro lado.[18]

Tecnicamente, era um suicídio. Em vez de construir um vínculo com Gunter, ela o destrói. Ele se irrita. Fazer parte da aristocracia industrial alemã obriga a respeitar códigos rígidos. Embora o conselho administrativo da empresa Fichtel & Sachs seja presidido por seu irmão mais velho, Ernst-Wilhelm, Gunter recebe dividendos substanciais e não pode ir de encontro à reserva dos dirigentes. Já teve de renunciar a seu assento no conselho fiscal. Seu tio Fritz von Opel não se eximiu de criticar suas numerosas conquistas femininas, até que um tabloide se encarregasse de lembrar seus próprios troféus de caça, com uma foto na qual aparece ao lado de Jenny Jugo, a estrela do cinema alemão dos anos 1930 que fora sua amante.

O fato de Madame Sachs von Opel gravar um sucesso erótico com um cantor vulgar é um limite que o marido não está autorizado a ultrapassar. Se Gunter a trai, é discretamente. Além do mais, ao se exibir com um sujeito horrivelmente feio, ela ridiculariza o marido. Gunter dá um ultimato. É pelo menos o motivo invocado por Brigitte numa carta implorando a Gainsbourg que não divulgue "Je t'aime moi non plus". A brincadeira chegou ao fim. Gainsbourg é expulso da datcha Doumer.

Gunter leva Brigitte para passar o Natal em seu chalé de Gstaad com seu filho Rolf, de doze anos, e em seguida o casal volta a Paris para ver pela TV o show de Bardot, a 1º de janeiro de 1968. No apartamento da avenue Foch, Gunter convidou alguns amigos, que veem sua mulher cantar olhando nos seus olhos "Ce n'est pas vrai", dirigindo-se a um marido infiel:

> *Ce n'est pas vrai*
> *Tu le paieras*
> *Tu peux compter sur moi.*[19]*

Os amigos de Gunter aplaudem quando Brigitte aparece, elogiando seu talento de cantora. É verdade que o programa ficou muito bom. Esplêndida mulher de trinta anos, ela está mais sedutora do que nunca. Sua fisionomia muda: a garota ingênua dá lugar a uma vamp de sex-appeal bem marcado.

Os reluzentes exercícios de estilo de Serge Gainsbourg celebram seu erotismo, enquanto as frescas canções de Jean-Max Rivière e Denis Bourgeois expressam a natureza venusiana de Bardot. *Le Soleil*, aquático cartão-postal de 3 minutos e 14 segundos, resume melhor que qualquer outra seu universo e sua suavidade. Aos afetuosos olhos de Jean-Max, a amiga de infância é uma mulher terna, amante da natureza, e não uma atração sexy. Antes neta de Colette que prima de Jane Mansfield. E provavelmente ele está certo. A mulher sexy não passa de um papel que ela aprendeu a desempenhar, dissimulando um temperamento emotivo. Na avenue Foch, cada aparição de Gainsbourg, causando mal-estar com sua feiura, provoca uma rajada de comentários sarcásticos dos amigos de Gunter. Se Brigitte quis humilhar o marido, também vem a ser humilhada.

Sem rever Gainsbourg, Brigitte pega um avião para a Espanha, para as filmagens de *Shalako*, um western com Sean Connery. O idílio chegou ao fim. Gainsbourg aplicou-lhe o golpe do pacto cigano, um lance infantil que costuma propor às mulheres. Ele corta a mão, ela corta a sua, e, palma contra palma, os dois misturam seu sangue. Por

---

*Não é verdade/ Você vai pagar/ Pode estar certo.

toda a vida, até a morte. Ele fez o mesmo com Elisabeth Levitsky, sua primeira mulher, à qual ficaria ligado até o fim.[20]

Com a escrita copiosa de um conquistador, no papel timbrado do hotel Aguadulce, de Almería, Bardot manda-lhe algumas cartas nostálgicas, para em seguida esquecê-lo. Inspiraria a Gainsbourg uma de suas melhores canções. Perfumada oferenda, "Initials B.B." projeta visões de negritude loura de uma garrafa de água de Seltz. Existe um quê de medo na pequena celebração barroca, na queixa crepuscular do abandono sugerida pelos arranjos de Arthur Greenslade.

> *Jusques en haut des cuisses, elle est bottée*
> *Et c'est comme un calice à sa beauté*
> *Elle ne porte rien d'autre qu'un peu*
> *D'essence de Guerlain dans les cheveux*[21]*

Todas as anotações de "Initials" evocam Brigitte Bardot. O perfume Guerlain, as botas de cano alto, *L'Amour monstre* de Pauwels, que ela lhe deu para ler, as bugigangas hippies deixadas de lado antes da partida para Almería, belo nome com o qual termina uma canção cuja música recorre à *Sinfonia Novo Mundo* de Dvorak. O texto lembra *Les Bijoux ("As joias"),* de Baudelaire:

> *La très chère était nue, et, connaissant mon coeur,*
> *Elle n'avait gardé que ses bijoux sonores,*
> *Dont le riche attirail lui donnait l'air vainqueur*
> *Qu'ont dans leur jours heureux les esclaves des Maures.*[22]**

A conquista de Bardot rendeu a Gainsbourg um pedigree de sedutor. "Ele nos disse: 'Perdi todos os meus complexos de feio. As

---

*Ela usa uma bota até o alto da coxa/ E é como um cálice à sua beleza/ Não veste nada além de um pouco/ De essência de Guerlain nos cabelos.

**A amada estava nua, e, conhecendo meu coração,/ Ela usava apenas suas joias sonoras,/ Cujo rico esplendor conferia-lhe aquele ar vitorioso/ Que ostentam em seus dias felizes os escravos mouros.

mulheres me olham de um outro jeito'", escreve Joseph Ginzburg à filha. Serge ganha autoconfiança e fica mais belo. Bardot aperfeiçoa os homens que toca. Milagrosamente, eles se tornam mais sexy.

Pourtant dès qu'il a pris ma main
Ce n'était plus le même [23]*

Gainsbourg muda-se para a rue de Verneuil com seus troféus. Num atril, o pedido de Bardot para que não divulgasse "Je t'aime moi non plus". A canção seria lançada no ano seguinte, interpretada por sua nova namorada, Jane Birkin.

Sua indumentária, com blazer e Repetto brancos, parece um eco meio puído da de Gunter, jeans com paletó e mocassins brancos sem meias. No salão, o marcial busto de Brigitte Bardot por Sam Levin empalideceria ao longo dos anos sem mudar de lugar, como os cinturões hippies do show de Bardot, lembrando aos visitantes que Gainsbourg mereceu suas graças por algum tempo.

Embora em certos períodos tenham morado a poucos metros de distância, Gainsbourg e Bardot só voltariam a se encontrar muito depois, quando o cantor, já agora célebre também, assinaria cheques em benefício da Fundação Bardot.[25]

Se cada um usou o outro, o fato é que Bardot seduziu e abandonou. Nascido da vingança de uma mulher furiosamente bela e célebre, esse romance é apenas uma das muitas historietas que a beleza rendia a Bardot. Em torno desse idílio-relâmpago, a celebridade dos dois teceu uma lenda. "As pessoas querem acreditar nas quimeras, e não na realidade", dizia Marlene Dietrich. A bela e a fera é algo que mexe com a imaginação. "Eles tiveram um casinho nos anos 1960", confirma Jane Birkin, companheira de Gainsbourg. "Não durou muito, mas quando chegou ao fim, Serge sofreu."[26] Em 1986, Gainsbourg redige

---

*E no entanto bastou ele pegar minha mão/ E não era mais o mesmo.

seu autorretrato suicida para *Le Matin de Paris*: "Adeus, Brigitte, adeus, Jane, adeus, Bambou, adeus, Charlotte", escreve ele, não hesitando em incluir Bardot entre as garrafas de Veuve Cliquot.

As trajetórias dos dois divergem. Ele, cada vez mais amarrado ao próprio personagem, acaba por se confundir com sua quimera e morre cedo. Ela, no apogeu de seu reinado, faz apenas o que lhe dá vontade e oferece sua coroa aos animais. Ele tem ego. Ela, caráter.

Ressaca

> "Divorciam-se. Brigitte Bardot, 35, a duradoura *sex kitten* do cinema; de Günter Sachs, 36, rico playboy da Alemanha Ocidental; por incompatibilidade de gênios; em Lenzerheide, Suíça."
>
> *Time Magazine*, 17 de outubro de 1969

No caminho de terra coberto por um longo tapete vermelho, fotógrafos nervosos se atiram sobre o ator com cabeça de asno Jean Lefebvre vestido de condutor de burros. Seguido de um burro, ele acompanha Lina e Picolette, duas amigas de Brigitte fantasiadas de Paulo e Virgínia. Misturados a músicos ciganos, Jicky e Anne Dussart entram sob fundo musical com Eddie Barclay, os três fantasiados de ciganos. Um motoqueiro e sua moto, um domador de ursos e seu urso vêm à frente. Quinhentos convites foram enviados para o baile à fantasia que Brigitte Bardot oferece em La Madrague em 7 de julho de 1968. Vindos de Paris ou Roma de avião, os eleitos se acotovelam num cortejo, secretamente lisonjeados com um convite tão mágico, tão perturbador. Uma festa na casa da estrela das estrelas!

Os convidados fazem a travessia pela embaralhada vegetação do jardim e das palmeiras oferecidas por um admirador. Ao longo do caminho iluminado por lanternas nas quais oscila a chama de círios, um garotinho veneziano negro agita impávido uma folha de palmeira, como que dizendo "vento", "vento". Do lado esquerdo, no escuro, os reflexos azulados de uma enorme tenda branca. À direita, a casa que precisa ser contornada para ir ao encontro da anfitriã. Diante do mar, protegida por uma alcova de folhagens, Brigitte concede audiência num trono taitiano coberto de pele de animal, metida num biquíni de couro preto. Com uma corte de amazonas aos pés, ela recebe as homenagens com uma máscara de filhote de leopardo.

Num sincretismo meio orgia romana, meio sultanato taitiano, o trono e os pufes das damas de honra são recobertos por peles de animais. Tapetes mongóis foram amontoados diretamente sobre o cascalho. No centro do cenário, digno de um *jungle movie* dos anos 1920, Brigitte com suas botas de cano longo envergou o uniforme de chicoteadora, cercada pelo destacamento de belas jovens que a acompanha em seus deslocamentos. A esplêndida loura em trajes típicos a seu lado é Monique Faye, filha do médico de Saint-Tropez que se tornou a dublê de Brigitte Bardot, e que viria a se casar com Mario Adorf, astro do cinema alemão. Ao lado está Sveeva Vigeveno, ex-manequim paquerada pelo telefone pelo futuro presidente Valéry Giscard d'Estaing. Ela se tornou fotógrafa (de Bardot, por enquanto). A chilena Gloria, mulher do apresentador Gérard Klein, faz as vezes de secretária de Brigitte, enquanto a ruiva Carole Lebel faz figuração em seus filmes. Embora tenha confiado a organização da noite a uma agência de relações públicas, Brigitte encarregou-se pessoalmente de encenar o próprio personagem.

A quem se destina o punhal que traz preso na cintura? A Gunter, tentando provar-lhe espetacularmente que a vida continua, mesmo sem ele? Não se trata de uma festa, mas de uma operação de comando: Brigitte teve o cuidado de convidar os amigos do marido. Pelos jornais, ela sabe que ele está passando o verão na ilha de Sylt, no mar do Norte, acompanhado de uma esquadrilha de manequins magrelos. Brigitte Bardot, tão zelosa da própria intimidade, abre seu paraíso a todos os farristas, assim como aos cronistas mundanos de plantão em Saint-Tropez para se certificar de que as imagens da festança chegarão ao belo destinatário e o atingirão bem no coração. Promove um espetáculo para si mesma para camuflar um fiasco. Gunter a abandonou.

Em maio, sem um pensamento sequer para os estudantes que arrancavam os paralelepípedos nas ruas de Paris, Brigitte estava em Roma filmando sob a direção de Louis Malle. Foi lá que recebeu uma carta oficial de rompimento. Gunter exigia o divórcio alegando "concepção abusiva do casamento e abandono do domicílio conjugal".[1] No palácio que alugara para ela, mais uma vez ela o tinha traído. Ante o olhar de uma delatora, a governanta de Gunter.

O ar recende a citronela, aquecida em refratores de luz. Alguém pergunta pela piscina. Piscina? Mostram-lhe o mar. Se os convidados adoram o bufê exótico, Brigitte não come. Ela bebe. Champanhe, muito champanhe. Phiphi d'Exea continua a afirmar que se Gunter casou com ela, foi para ganhar uma aposta... Uma aposta? É verdade que Las Vegas... Mas Gunter apresentou-lhe a mãe na Baviera, na noite dos fogos de artifício! A lembrança daquela noite é como um punhal no seu coração. Fogos de artifício na floresta em sua homenagem! Exclusivamente para ela! Vai demorar para que lhe aconteça algo parecido! Gunter conferia brilhantismo à banalidade, o que é raro. Dando de ombros, Francine recomenda a Brigitte que não leve as coisas para o lado trágico. "Seu casamento, no fim das contas, era um jogo." A verdade é que Brigitte acreditou nele. Ela cai das nuvens e fica com a alma machucada, como diria Sagan, igualmente abandonada por Elke, uma herdeira alemã por quem se apaixonara. O pior não é o afastamento de Gunter, mas que seja responsável por semelhante estrago.

Gunter tem trunfos incomparáveis. Belo, elegante, culto, curioso, cordial, educado, generoso, afetuoso, rico sem ter a terrível aridez dos ricos. O príncipe encantado em pessoa. Seus mocassins Gucci, seus roupões Charvet no café da manhã, suas cuecas Brioni, seus jeans brancos... Sua água-de-colônia Eau Sauvage... E ainda por cima seus olhos, meu Deus.

Em caso de choque, um organismo vivo tem três formas de reagir: luta, fuga ou hibernação. Por sua força vital, Brigitte é compelida a ir na direção do combate. Aquela noitada espetacular, que de modo algum faz o seu gênero, dá bem a medida da mágoa sentida, ou sobretudo rechaçada vigorosamente. Ela não é dessas que desmoronam, mas antes das que queimam a própria energia para atirar a realidade o mais longe possível. E que poderia haver de melhor para isto do que uma festa?

Brigitte dá alguns passos em direção à praia, transformada em salão de festa ao ar livre. O produtor Darryl Zanuck, fantasiado de Darryl Zanuck, conversa com Michèle Mercier, a Marquesa dos Anjos, em seu uniforme de marquesa. Um bando de beberrões investe contra o enorme jarro de ponche. As amazonas se dispersaram na pista de dança. Ao redor de Brigitte, são substituídas por cortejadores: Jean-Jacques Manigot, grandalhão barbudo do círculo de Gunter, e Paul Albou, dentista e playboy. Sempre a postos para lhe trazer uma taça de champanhe ou acender seus cigarros. Quando alguém pergunta como anda sua relação com Brigitte, Albou responde incansavelmente: "Eu espero." Como se bastasse esperar sua vez.[2] Pois que espere, se quiser. Brigitte aceita dançar uma música lenta com Manigot, quando toca "Rain and Tears". No ombro, o amigo de Gunter sente a pressão de uma bochecha pesada que se entrega, a bochecha de uma criança engolindo um soluço. Rapidamente ela perde o interesse na dança. Agita-se, dirige-se para a casa, para se recompor. Um sujeito repulsivo apaga o cigarro numa ânfora romana trazida por um amigo pescador. Brigitte sente os olhares ávidos examinando a propriedade. Todos uns fofoqueiros. Conseguiram estar ali naquele templo grego de Saint-Tropez, o santuário onde fica a *semideusa de origem animal*.[3] O simples fato de terem entrado em La Madrague é motivo de orgulho. Ela os encontra até no interior da casa, que percorrem como sonâmbulos, espalhando-se pelos aposentos como pérolas de um colar rompido. Na lareira, o magnífico candelabro trazido do México, suposto amuleto do amor, não serviu propriamente para lhe dar sorte. No espelho do banheiro, ela retoca a boca e ajeita o cabelo com as mãos.

Antes de voltar à dança, ela ordena que seu quarto seja fechado, para impedir a invasão de seu refúgio. Trepar na cama de Bardot, a fantasia absoluta. E por sinal, anos depois, um dos seguranças de La Madrague aproveitaria a ausência da proprietária para transformar seu quarto em lupanar, com direito até a aluguel de trajes: em troca de uma bela quantia, seus "clientes" podiam ali enlaçar a amante com roupas de BB.

Diante do balanço de jardim, o negrinho agita a folha de palmeira para um casal deitado que se entusiasma. As conversas começam e acabam no meio de uma frase. Escondida por trás da tenda no jardim, encoberta pelos juncos à beira-mar, a droga chegou na festa como penetra, sem coragem de enfrentar a anfitriã. Essa mulher meio antiquada seria bem capaz de dar um par de tabefes em quem tivesse a ousadia de fumar um baseado debaixo do seu teto. O mau gênio de Brigitte é famoso. Ela sofre com isso. Seus impulsos a atiram por vezes em verdadeiros abismos de sofrimento e remorso. Se Brigitte se ouvisse, procuraria fazer uma autocrítica, movimento muito raro nela. Ela sabe que é inconstante, fútil, egoísta, intolerante, caprichosa, imatura, autoritária, ciclotímica, indisciplinada.[4] As fadas deram-lhe tudo: beleza, graça, elegância, fotogenia, simplicidade, inteligência instintiva, uma bela voz, popularidade, sedução. Ela teve capas de revistas, filmes de sucesso, canções lindíssimas, celebridade mundial, e o príncipe encantado. E abriu cada embrulho de presente, mal teve tempo de se encantar e foi abrir o seguinte. Gunter, um esplêndido presente que ela não soube aproveitar. Há poucas semanas, ainda, para consolá-la da morte de um cão adotado em Almería, ele a levou ao Jardim do Alhambra a bordo de um jato particular. Ela estava mergulhada em ideias pessimistas. Sua amiga Dalida tinha tentado o suicídio.[5] BB fora uma das raras pessoas — à parte a família — autorizadas a chegar à sua cabeceira.

Gunter tinha comprado para ela um apartamento na avenue Foch, para que pudessem viver sob o mesmo teto sem invasão recíproca. Mas ela se recusou a fazer a mudança, a pretexto de que o bairro é sinistro. Passou ao largo, como passa ao largo da própria vida. Transformou seu casamento num impasse. Vadim disse um dia que ela não estava à altura do próprio gênio. A Brigitte falta apenas uma coisa, e ela bem o sabe: um bom temperamento.

Seu velho amigo Félix Giraud, chamado por todos de Félix de l'Esquinade, nome de seu primeiro bar em Sainte-Maxime, proprietário do l'Escale e de várias boates, surgiu em meio a um grupo de amigos disfarçados de Dalton. Ele então a arrasta para dançar o jerk quando começa a tocar "Yummy Yummy".

Yummy yummy yummy
I got love in my tummy

Na iluminação estroboscópica da tenda do jardim palpita um plantel de garotões bonitos fantasiados de tuaregues. O instinto predador de Brigitte vem à tona. São Casanovas do jet-set italiano, explica Félix, que conhece todo mundo: Beppe Pirodi, Rodolfo Parisi, Gigi Rizzi, Franco Rapetti. Novos presentes *made in Italy* que só querem ser degustados.

Aqueles anos todos de uma vez, como uma Schweppes bebida de um só gole! A festa suntuosa do verão de 1968 sem dúvida assinala o apogeu do reinado da rainha Bardot, como a chamava Marguerite Duras. Menos voltada para o divertimento que para a vingança, ela deixaria em Brigitte uma ressaca de vários anos, período deprimente de filmes fracassados e amores humilhantes, até que finalmente abandonasse o cinema, descobrindo um espaço de liberdade e prazer no qual renovar sua vida.

Nos braços de Gunter, ela entrava no Maxim's num vestido de praia Micmac Saint-Tropez, descalça para desafiar os códigos burgueses. Agora, contrata mordomo e camareira, como Gunter. Incumbe da reforma de La Madrague um decorador da moda, Georges Grateau.

Manda construir uma piscina. Uma casa de hóspedes. As doze badaladas da meia-noite soaram. Mesmo sem príncipe, Brigitte não voltará a ser Cinderela. Depois de limpar a casa, devastada pela festa, ela aluga um iate e nele embarca com suas amazonas para comemorar na Córsega o 14 julho, dia do aniversário de seu casamento fracassado. Trinta e cinco metros de comprimento, seis cabines de luxo e um homem apenas, Luigi Rizzi. Para estrangular a angústia e afastar a mágoa, Bardot se entrega a uma orgia de prazeres ritmada por passeios de lancha, garrafas de Dom Pérignon e a melhor música pop da época. Gigi é sucedido por um Patrick que se deixa entreter. Vinte anos, como as suecas com que se exibe Gunter. Ei-la então às voltas com os rapazes bonitos, os quase gigolôs. "A vida inteira, eu me voltei para a felicidade, mas sempre fui irremediavelmente arrastada para uma inexplicável desesperança."

Inexplicável, será? Louis Malle, perguntado sobre qual seria o defeito de Bardot, respondeu que "ela era um pouco egocêntrica". Como um recém-nascido. "Ela tem o gênio e a ingenuidade da criança. A crueldade e o egoísmo da criança. Uma necessidade frenética de presença, de disponibilidade, de amor",[6] diz Vadim. Para ela, amor é idílio, fusão que absorve o outro até apagá-lo, fazê-lo desaparecer.[7]

Ela própria lamenta sua impossibilidade de ser como os outros, um isolamento dentro de si mesma, uma dificuldade de compartilhar com quem não seja seu duplo. "Talvez seja por isto que decidi dedicar minha vida aos animais." Ninguém se torna a maior estrela de sua época sem ficar obcecado com a própria imagem. Dolorosamente voltado sobre seu vazio interior, incapaz de entender e amar a diferença. O egocentrismo é uma doença. Um sofrimento. Uma frigidez. Pois exclui a empatia, a atenção ao outro, fecha. "Em Brigitte, tudo é paradoxal. De tanto buscar apenas o próprio prazer, querer ser feliz a qualquer preço, ela se destrói", diz Vadim.

Ela não se desliga de Gunter com a rapidez que gostaria. Não consegue encontrá-lo em Munique, onde concordou em participar da promoção de *Shalako*. Em Hamburgo, depois de comemorar o aniversário de 34 anos no castelo da família Bismarck (amigos da família de Gunter), ela vai a sua boate favorita, mas ele não aparece. "Nem sei se chegamos a nos divorciar", declara ele à *Time Magazine*. "Insatisfação, teu nome é Brigitte."

O que ela não quis aceitar, Gunter oferece a uma outra. Cinquenta e seis dias depois do divórcio, ele se casa em Saint-Moritz com Mirja Larsson, manequim sueca quinze anos mais nova[8] que conheceu numa seleção de elenco Micamac e que seria sua companheira até o fim. Existe um mistério Bardot. Por que será que ela sempre estraga sua sorte?

Bardot's boys (Um dia meu príncipe virá)

"E daí?! É isso mesmo! Não precisa complicar! É preciso dizer as coisas como são. A gente ama e depois deixa de amar."

Brigitte Bardot, na casa de Françoise Sagan[1]

"Brigitte Bardot foi uma das primeiras mulheres realmente modernas a tratar os homens como objeto amoroso, comprando e os descartando. Gosto disso."

Andy Warhol, *A filosofia de Andy Warhol*, 1975

1949-56: Vadim Plemiannikov, conhecido como Roger Vadim, cineasta.

1953: Odile Rodin, de 16 anos.

1955: André Dumaître, diretor de fotografia.

1956-58: Jean-Louis Trintignant, ator.

1957: Gustavo Rojo, ator uruguaio.

1958: Ralf Vallone, ator italiano.

1958: Xavier, concierge de hotel.

1958: Gilbert Bécaud, cantor.

1958-59: Sacha Distel, cantor.

1959-60: Jacques Charrier, ator.

1960-63: Sami Frey, ator.

1961: François Guglietto, dono de restaurante.

1963: Olivier Despax, guitarrista.

1963-66: Bob Zagury, jogador de pôquer profissional e empresário imobiliário.

1966-68: Gunter Sachs, playboy e herdeiro. Casamento a 14 de julho de 1966 em Las Vegas, divórcio em Paris em outubro de 1969.

1967: Michael Sarne, ator e cantor australiano-britânico.

Inverno de 1967: Serge Gainsbourg, cantor.

1968: Jean-Jacques Manigot (segundo Gigi Rizzi em seu livro *Io, B.B. e l'altro 68*, Carte Scoprete, Milão).

Julho de 1968: Gigi Rizzi, playboy italiano.

1968-70: Patrick Gilles, estudante do Institut d'études politiques de Paris e do Institut de langues orientales, ator por breve período — Titus, em *L'Ours et la Poupée* (*O urso e a boneca*), 1970 —, depois modelo na Paris Planning e finalmente *trader* na Merril Lynch.

1969: Warren Beatty, ator americano.

1971: Nino Ferrer, cantor, compôs para ela a canção "Libellule et papillon".

1971: François Cevert, corredor de automóveis.

1971-72: Christian Kalt, barman.

1972-74: Laurent Vergez, ator principiante.

1974-75: Philippe G., jornalista.

1975-79: Miroslav Brozek, conhecido como Mirko, escultor e ator com o nome de Jean Blaise em *Le Grand Meaulnes* (*O bosque das ilusões perdidas*), filme de 1967.

1980-84: Allain Bougrain-Dubourg, produtor de TV.

1992: Bernard d'Ormale, empresário.

Os favoritos: Roger Vadim, Jean-Louis Trintignant, Sami Frey.

Os maridos: Roger Vadim (1952), Jacques Charrier (1959), Gunter Sachs (1966), Bernard d'Ormale (1992).

Os irmãos de alma: Jean-Max Rivière, conhecido como Maxou, Ghislain Dussart, conhecido como Jicky, Philippe d'Exea, conhecido como Phiphi, Félix de l'Esquinade.

Os apaixonados à distância: Vince Taylor, que compõe para ela "Big Blond Baby", e Valéry Giscard d'Estaing, com quem ela apenas jogava.

Uma coisa de que as mulheres gostam em Bardot: seus amantes. Ela é a garota que todos os rapazes desejam. Sua vida amorosa é uma árvore cheia de presentes, basta estender a mão para apanhar um rapaz. Ela tem poder e todas as possibilidades de escolha, ela seduz e abandona, aos quinze anos já é um dom-juan. É ela que, levando Vadim até o elevador, pousa os lábios nos dele. E ela que, depois de descobrir o telefone de Charrier, marca encontro com ele no hotel, a pretexto de pedir conselhos. Como um rapaz, convida-o a tomar algo num lugar romântico em frente da Catedral de Notre-Dame, para em seguida ir até o quarto que reservou. "Uma leoa, uma liana, um furacão", diria ele ao sair. O jornalista inglês Leonard Mosley, que ficou famoso por ter "descoberto" Bardot em seu país, chegaria a dizer: "Até então, uma mulher era uma mulher, e parecia uma mulher.

Brigitte Bardot mostrou também que uma mulher podia se parecer com um rapaz incompleto e se comportar como tal (...). Através de seus filmes e sua vida, ela se transformou no símbolo mundial da jovem que deixa de lado as outras mulheres chatinhas para ir brincar com os rapazes na esquina."

Uma coisa de que os homens não gostam em Bardot: a publicidade que faz de suas aventuras sexuais. Se o patriarcado lhe concede certa liberdade, esperando extrair disso vantagens, quer ao mesmo tempo que seja discreta. Sua liberdade de costumes ameaça a virilidade. Libertinagem tudo bem, mas em segredo, para não desmoralizar os homens.

Quando Bardot abandona, é sem a menor hipocrisia, de acordo com seu lema: "Mais vale dar-se por algum tempo do que se emprestar sempre." Um homem não é suficiente para uma mulher ou então é demais, parafraseando Chardonne. Segundo Vadim, Brigitte tem o dom da infidelidade.[2]

Quando um homem deixa de admirá-la, Bardot o substitui. O antigo e o novo amante dão de cara um com o outro, como no teatro. Sacha a encontra na cama com Jacques, Jacques a vê flertar com Sami etc. Ela nunca deixa um homem sem que o seguinte já esteja à vista. Substitui antes de descartar. Poupa-se das restrições afetivas que lhe foram infligidas tão cedo. Brigitte jamais funciona acima de seus sentimentos. "Brigitte recebia muito, mas não dava", disse a seu respeito o ator Roger Hanin, marido de sua agente, Christine Gouze-Rénal. Dar-se aos homens é algo que ela não sabe. Não sabe mais. Certamente nunca encontrou realmente alguém, no sentido do verdadeiro encontro com um outro que não seja a si mesmo, do reconhecimento gratuito que se enriquece com a diferença.[3]

Em seu estilo costureirinha sentimental, a escritora Marguerite Duras escreveu: "Quando se sente atraída por um homem, Bardot vai direto a sua direção. Nada a detém. Não importa que ele esteja num café, em casa ou na casa de amigos. Ela vai embora com ele imediatamente, sem a menor consideração pelo homem que está deixando."

Sem a menor consideração, não. Para afastar a solidão, Brigitte pode abrir um parênteses. Quando diz a um homem que o ama, é sincera, mas no dia seguinte pode esquecer.

No amor, Bardot aprecia apenas a fugidia passagem pelo jardim do Éden. No amor, gosta apenas do início, só que todos os inícios se parecem, como dizia o príncipe de Ligne. Morenos, bronzeados, bonitos, assim são os *Bardot's boys*. Passados os primeiros momentos, ela já está em outra. "A paixão foi sua droga, foi escrava dela a vida inteira",[4] declarou seu primeiro marido.

A infidelidade (do outro) acaba com ela. Excessivamente frágil, ela tenta se matar quando se julga abandonada por Roger (que foi ao encontro da mãe), quando Jacques se recusa a voltar para ela (depois de ter sido traído). Levando uma vida insular, Brigitte Bardot praticamente não tem uma vida mundana. "Os únicos momentos em que está em contato com os outros são durante o trabalho, nos estúdios. É quando ela fica tranquila, longe dos olhares curiosos. É quando tem oportunidade de fazer intrigas e encontrar o amor", explica Vadim. Em consequência, os atores representam um terço de suas aventuras, e os cantores, 20%. Nada esnobe, ela pode igualmente paquerar um porteiro, o barman, um jogador de pôquer ou um playboy. Gosta de homens bonitos: Christian Kalt, Miroslav Brozek, do tipo viril.

Quando Bardot ama um homem, tricota um cachecol para ele. Christian Brincourt tirou uma esplêndida foto dela tricotando ao sol de Méribel. O cachecol destinava-se a Mirko.

Quando quer impressionar um homem, ela dá uma grande tacada. No aniversário de Bob Zagury, preparou para ele a surpresa de um ateliê de artista, na rue Campagne-Première, cheio de luz e com um estoque de tintas do qual nem mesmo Picasso seria capaz de dar conta. Oferece assim a Bob, pintor nas horas vagas, recursos para transformar seu hobby em profissão. É o que informa o *Palm Beach Daily News* de 17 de novembro de 1964.

Todo homem que sai com Bardot torna-se *interessante*. "Recentemente, Bob Zagury me apertou a mão com um belo sorriso, no Castel, e eu fiquei todo orgulhoso porque ele se lembrou de mim. Meu esnobismo é realmente muito estranho",[5] escreveu Bernard Frank. Ela é capaz de transformar um bobalhão bonito num astro, um feioso num símbolo sexual.

O homem é ela. Ela vive como um homem.

Bela e simples

"Quando se é um Narciso, pode-se chegar no
máximo à estrela do cinema."

Jane Fonda[1]

Recoberto apenas por uma leve camada de musgo, lá está ainda o
portão de *L'Ours et la Poupée* contra o qual Brigitte Bardot bate com
seu carro, e, num gramado recoberto de maçãs, o banco de pedra no
qual ela espera Jean-Pierre Cassel. A coisa nunca andou bem entre os
dois. Ele a considera irritante.

Pousado num campo que mais parece um tapete verde, o casarão
não mudou desde a época das filmagens. La Closerie ocupa o terreno
há cinco séculos, e Anne-Marie Damamme, sua proprietária, desde
os anos 1930.[2] Ela espera Brigitte Bardot na biblioteca, o fogo crepita
na lareira e o *Victoria Sponge*, o bolo favorito da rainha Vitória, está
pronto. Aos 87 anos, agasalhada numa caxemira cinza e em admiráveis meias-calças de lã com listras multicoloridas, a proprietária de La
Closerie parece saída diretamente das páginas de Katherine Mansfield.
Brigitte gostou tanto da casa que as duas continuam a se corresponder
até hoje. Um gatinho compõe o *twin-set* usado por Anne-Marie, a
quem Brigitte transmitiu o amor pelos animais. Entre essas paredes
sépia nas quais o tempo ficou suspenso, uma foto preto e branco mostra a atriz cercada dos seis filhos de Anne-Marie e dos jovens atores
do filme. Com os cabelos presos num coque, as costas retilíneas, ela

encara a objetiva com uma seriedade de professora. Vincent Cassel, o filho de seu colega de elenco, está sentado em seus joelhos.

Encantada com a aventura, Nina Companeez dirigiu seu pequeno automóvel até Saint-Pierre-de-Manneville, aldeia engastada numa curva do Sena, atravessada num barco do tamanho de um brinquedo. Fascinada ao conhecer a mansarda, ela escreveu o roteiro de *L'Ours et la Poupée* em 1969, como pretexto para poder voltar. Seu companheiro Michel Deville foi o realizador do filme. Leve como uma música de Rossini, o filme exala um aroma de maçãs e feno úmido. A animada intriga nada tem a ver com a história da família Damamme, mas se desenrola na casa. Félicia, uma boneca desocupada e desmiolada, causa uma colisão com o carro de Gaspard, urso ranzinza e sonhador. Ela dirigia um Rolls, e ele, um 2 CV. Violoncelista, ele trabalha na ORTF e mora no subúrbio. Caprichosa, Félicia faz suas compras na maison Dior, coleciona arte contemporânea e maridos. O acaso os reúne. Ele se mostra insensível aos seus encantos, ela não larga mais do seu pé, e a coisa toda é borbulhante de malícia. Bardot inclui o filme entre seus favoritos.[3] E tem razão. "É um quase nada, mas absolutamente encantador", escreveu alguém,[4] com razão. Jean-Pierre Cassel fazia cinema para participar de comédias leves como *L'Ours et la Poupée*, ou pelo menos é o que dizia.

Entre o *chaud-froid de poulet* e a sobremesa, Anne-Marie Damamme faz uma revelação: "Em certas cenas nós trapaceamos." "Nós", como se ela fosse a autora do filme. Nina Companeez nada diz. "Brigitte toma banho numa falsa banheira instalada no celeiro!" Não! E lá vamos nós escalando as alturas, entre livros que recobrem as paredes como uma hera. A falsa banheira deu lugar a uma mesa de bilhar.

Colorido, ensolarado como uma melodia de flauta transversa, *L'Ours et la Poupée* é um filme adorável. A casa e o jardim desempenham um papel de primeiro plano. Um buquê de margaridas lhes faz sombra. Michel Deville filma flores e mulher como um botânico comovido. A vivacidade de Brigitte Bardot o deixa perturbado. Sob a superfície, ele percebeu a malícia cintilante. Comovido, não excitado. Sussurra-lhe suas instruções ao pé do ouvido, e ela se deixa levar. Esse poeta é seu irmão. Eles têm pontos em comum. Uma certa simplicidade. Uma sensibilidade à flor da pele, uma certa selvageria. Sem música, não conseguiriam sobreviver. E compartilham as mesmas lembranças: a trilha sonora de sua infância é a de *Branca de Neve*, que passava no cinema Marignan, no fim dos Champs-Elysées. Ambos nasceram na zona oeste, ele em Boulogne, ela em Passy. Deville adora a graça de Brigitte Bardot, sua presença melódica.

Nas locações, o clima é de despreocupação. Michel Deville compartilha, reconforta, cumprimenta, agradece. Na granja, Nina Companeez prepara as imagens cheias de alegria. A presença tranquila de Cassel acalma Bardot, assim como a do coelho no estábulo acalma o puro-sangue. "Uma atriz atenta, obediente. Um verdadeiro sonho, a nata",[5] declara Deville. Ele está realmente falando de Bardot. Exatamente o contrário do que o haviam levado a temer: uma atriz voluntariosa e irritante. Para variar, ela tem prazer em representar. A família Damamme continua a viver no casarão durante as filmagens, com filhos e gatos. Diariamente, Anne-Marie oferece um maravilhoso chá a Brigitte. Solidamente assentada na paisagem, uma autêntica casa de família com seis filhos de verdade, uma mãe de verdade e animais de verdade: exatamente aquilo de que Brigitte gosta. Na casa de um médico, alugada a alguns quilômetros dali, ela hospeda Maria Schneider, gato perdido e meia-irmã de seu colega de elenco Xavier Gélin. Aos dezesseis anos, Maria deixou a escola e sua mãe depois de uma briga. Brigitte se afeiçoa a essa espécie de jovem pajem de sensibilidade à flor da pele que nunca foi reconhecida pelo pai, Daniel Gélin.

Nina Companeez está encantada com a atriz. "Não sei se é carisma, magnetismo ou algum feitiço que ela lança. Seja o que for, era realmente incrível. Brigitte tinha algo de único. Naturalmente, assume atitudes perfeitas com o corpo e tem um andar sublime.

Mas era bem mais do que isso. Ela entrava numa sala cheia de gente e tudo parava."

Filmagens longe de Paris favorecem confidências. Brigitte e Nina têm longas conversas. Assunto das duas mulheres liberadas: os homens. Duas vezes, Nina cruzou em seu caminho com homens dilacerados por BB. "Completamente destruído, Jacques Charrier não é mais capaz de se ligar a uma mulher", recorda-se Nina. Ela também conheceu Sami Frey no momento em que foi abandonado por Brigitte. Num voo Paris-Nice, Sami, ferido até a medula, soluçava em seu ombro. Acabara de ver na primeira página de jornal a foto de BB e seu novo amor, Bob Zagury.

"Quanta besteira eu fui capaz de fazer", confidencia Brigitte. Consciente de sua imaturidade, ela sabe que é incapaz de suportar a solidão, o que a envolve em situações lamentáveis. Não consegue admitir que um homem se afaste, nem mesmo para trabalhar, e imediatamente oferece então uma interinidade ao primeiro sujeito que aparece. Militando. Militando contra o próprio interesse, ela perde maravilhosos *chevaliers servants* e atura outros, medíocres, por medo de ficar sozinha. Como o grandalhão cheio de melenas que mandou contratar para o filme e que não é nada apreciado pela equipe, pois a maltrata. Uma espécie de personagem do jet-set que Nina toma por um garagista.

Em quase todos os seus filmes, o principal parceiro de elenco aplica uma memorável bofetada em BB (quatro em *E Deus criou a mulher*). Ela está sendo punida por ser tão bela. De Claude Autant-Lara a Jean-Luc Godard, passando por Vadim, sejam da escola antiga ou da *nouvelle vague*, os diretores costumam ter a mão pesada com ela. Um corpo de mulher pertence aos homens, e como prova disso, eles a humilham. Brigitte pode ter seus caprichos de estrela, mas nem por isto é respeitada. Com Deville, são apenas carícias. "É uma excelente lembrança. Eu contava com atores fabulosos", diz ele. Sua Brigitte de margaridas é por ele desfolhada delicadamente, até o coração. Para variar, o ser humano transparece por trás da esplêndida mulher.

Sua elegância de rainha-margarida de postura segura e trêmula o comove. "Ela era bela e simples", acrescenta ele. Aí está. Alguém o disse. Bela e simples.

Em produções leves e elegantes, o Lubitsch francês dirigiu as mais deliciosas atrizes: Marina Vlady, Catherine Deneuve, Anna Karina, Françoise Dorléac, Mylène Demongeot, Françoise Fabian, Romy Schneider, Dominique Sanda, Géraldine Chaplin, Marie Laforêt, Alexandra Stewart, Miou-Miou, Fanny Ardant, Emmanuelle Béart.[6] Por que Bardot as eclipsa? "Brigitte era ainda mais bela que as outras." Simples assim. "Tinha uma graça, uma beleza raras. Certas atrizes são belas em determinado filme por serem bem maquiadas e bem iluminadas. Brigitte era bela ao natural", constata Michel Deville.

Nesse filme, havia algo mais: ela está feliz, e dá para ver. Torna-se luminosa. "Brigitte era extremamente sensível. Como um animal, podia ser aprisionada ou fugir. E então ela se fechava. Eu tinha sido avisado: passada uma semana e meia, duas semanas, ela se cansaria. Mas não. Não sei por qual motivo, ela confiava em nós." As filmagens duram sete semanas. Para variar, ela nem sente o tempo passar. Toda a boa vontade da parte do diretor acabou com sua desconfiança. Ela se entrega.

"Era uma beleza. Eu revejo certos momentos do filme. Certa manhã, não filmamos. Ficamos esperando que ela chegasse ao jardim, onde estava tudo preparado." Escondida em sua casa, a devoradora de homens soluça: o bobalhão das melenas passou a noite fora. Deville vai ao seu encontro. "Ela estava chorando, como uma criança inconsolável. E pedia desculpas, sem conseguir parar." Não é um capricho, mas algo bem diferente, que Deville não julga. Ele a consola, seu atraso não é grave, a equipe espera aproveitando o sol. Estamos no verão, o campo é belo, a vegetação, luxuriante. Desarmados com a gentileza de Brigitte, os técnicos sentem prazer em trabalhar com ela. Seu jovem motorista, Frédéric Mitterrand, foi conquistado: "Eu sempre fiquei impressionado com a extraordinária alegria que se desprende dela." Ela aparece para filmar no fim da manhã, sua maquiagem é refeita. "E foi maravilhoso."

Certa manhã, o motorista Frédéric não acorda e perde a hora. Pontual, Brigitte o aguarda à beira da estrada, e acaba resolvendo pedir carona. Quando diz ao motorista qual o seu destino, ele responde: "Ah, sim, você vai assistir às filmagens com Brigitte Bardot!" Ela chega esbaforida, mas na hora. "Ela era de uma gentileza, de um profissionalismo fora do comum. Diziam que não gostava de cinema... Não creio."

Michel Deville fica maravilhado com a verdade da interpretação de Bardot. "Sua arte da representação consiste em dizer as coisas com precisão. Brigitte Bardot é extraordinariamente direta. Um olhar, um gesto, tudo é luminoso e verdadeiro."

A princípio *L'Ours et la Poupée* foi escrito para Catherine Deneuve e Jean-Paul Belmondo, que não estavam disponíveis. Delon quase chegou a substituir Belmondo, mas acabou não indo. "Foi uma sorte não poder contar com eles. Muitas vezes é assim que acontece. *L'Ours et la Poupée* é um filme de sorte", diz Deville. Como o filme se destina a uma protagonista considerada boa atriz, o papel foi escrito nos mínimos detalhes. "O simples fato de ver Brigitte caminhando é maravilhoso. Ela é a própria dança. Um espetáculo por si só. De maneira geral, os diretores se limitavam a filmar sua graça. Seus papéis raramente são mais substanciais. Em nosso filme, ela tinha realmente um papel a interpretar. Não nos limitamos a filmá-la. Ela representava de verdade, e creio que de certa maneira isto lhe agradava." Michel Deville tem razão. Nos raros filmes em que seu personagem tem algum fôlego — Yvette Maudet, a pequena delinquente perfeitamente comum de *En cas de malheur*, a comovente Dominique Marceu de *La Vérité* —, ela lhe confere uma verdade surpreendente. Entra na pele de sua Yvette, a garota que se prostitui, com uma exatidão impressionante: a exata medida de deboche e mascar de chicletes. E será que tinha o chamado fogo sagrado? "Brigitte tinha algo mais que isto. Tinha fogo", diz Deville.

Treze anos se passaram desde *E Deus criou a mulher*. Uma página é virada. A *Le Film Français* apresenta sua contabilidade a Bardot. Os números são insuficientes: *O repouso do guerreiro* ficou 25 semanas em cartaz no lançamento em Paris, atraindo 481.869 espectadores. *O desprezo*, onze semanas, 234.374 espectadores. *Une ravissante idiote* (*As malícias do amor*), seis semanas, 202.772 espectadores. Só *Viva Maria* realmente fez sucesso, com 643.190 ingressos vendidos em 37 semanas. *À coeur joie* fica em cartaz doze semanas e atrai 121.377 espectadores. *Shalako*, um fiasco, permanece em cartaz apenas cinco semanas, vendendo 135.227 ingressos.[7] As críticas são mordazes: "Ela não seduz mais, está apenas se agarrando", considera *Le Monde*. Sua plástica é objeto de zombaria: "Brigitte Bardot tenta animar o filme passeando — timidamente e por breves momentos — de seios nus, mas seu olhar pesado de rímel e sua interpretação indolente levam a crer que não conseguiu fechar os olhos desde o filme anterior", escreve a *Time Magazine*. Cronos que se alimenta de carne fresca, a indústria cinematográfica decreta a data de vencimento das belas plantas. A cotação de BB está em baixa. A garota divertida, bonita e inteligente agora é Marlène Jobert, fazendo enorme sucesso no extravagante *Faut pas prendre les enfants du Bon Dieu pour des canards sauvages* (*As doces assaltantes*). Uma jovem esplêndida, cuja pele dourada permite magníficos *travellings*. Com uma feminilidade suculenta, Marlène Jobert encarna um erotismo sapeca, alegremente desprovido de voyeurismo. Suas nádegas ocupam alegremente a tela toda.

Quando Nina Companeez e Michel Deville, que produz o filme, abordaram BB, ela respondeu: "Eu sou Brigitte Bardot. Não valho mais nada. Vocês não precisam me pagar, e depois veremos."

A essa altura de sua carreira, ela pode guardar seus acessórios de loura bonitinha, abrir mão das jogadas com a cabeleira, abrandar a maquiagem, baixar as bainhas para começar uma nova carreira na comédia. Não tem mais idade para representar seu próprio papel. Os minivestidos de menininha ficaram para trás. Acabaram-se os cabelos longos do tipo *sou um animal sexual*. A expressão "*sex kitten*" não se aplica a uma mulher de 35 anos. "*Duradoura sex kitten*", escreveu a *Time Magazine* a seu respeito no outono de 1969. Duradoura? Por que não imperecível? O *kitten* cresceu, transformou-se em pantera. A beleza não é inalterável. Nas filmagens, Jean-Pierre Cassel observou que, durante a maquiagem, Brigitte fica se observando para ver se continua com o mesmo frescor.

Mas o fato é que seu magnetismo promete-lhe uma longa carreira. Convencido de que Brigitte Bardot é uma atriz, Louis Malle a imagina evoluindo para graciosos papéis de comédia à Danielle Darrieux.[8] Nascida em 1917, Darrieux filma há oito décadas. Estreou aos quatorze anos em *Le Bal*, de Wilhelm Thiele, e ainda estava filmando em 2010, aos 93. Antes de ser uma atriz cheia de vida e frescor, foi uma grande estrela, filmou em Hollywood e foi a heroína de uma obra-prima, *Madame de...(Desejos proibidos)*, de Max Ophüls.

Ao contrário de Darrieux, Bardot chegou ao cinema por acaso. Comentando o início de sua carreira em conversa com Françoise Sagan, ela dizia: "Eu não entendia o que me estava acontecendo. E até hoje não entendi." Ela era fotogênica, e ponto final. Uma plástica sensacional e um intenso desejo de agradar, conjugados ao milagre econômico, a propulsionaram por uma trajetória fora do comum.

Desde então, ela percorreu um longo caminho. E esse caminho lhe oferece um belo futuro, se assim quiser. O triunfo de uma rainha da beleza é passageiro, mas Bardot tem outros trunfos a explorar no cinema: seu senso da comédia, seu lado divertido, sua graça, sua energia luminosa. O encontro com Deville, a maneira como é filmada por ele, contribuem para sua renovação. Só que Bardot exige a perfeição de si mesma. Os fracassos retumbantes a deixaram mortificada. Os comentários sobre seu físico, também. Ela declarou que no dia em que tivesse idade para representar uma mãe, deixaria o cinema. Em caso de crise, ela se destrói.

Em lembrança do prazer sentido durante as filmagens de *L'Ours et la Poupée*, ela faz um derradeiro filme com Nina Companeez. "Certo dia, durante as filmagens de *A vida alegre de Colinot*, em Périgord, ela me disse: 'Não tenho a menor vontade de me ver envelhecendo nas telas. Como Garbo'", recorda-se a cineasta.[9] Ela nem completou ainda quarenta anos. "No intervalo entre duas cenas, eu passei na frente de um espelho, com um chapéu medieval na cabeça e vestida de castelã. E me achei francamente ridícula, uma paspalhona. Há algum tempo já eu tinha perdido o interesse pelo cinema, e naquele segundo decidi parar. Imediatamente. Concluí o filme, mas disse a minha agente, Mama Olga, Olga Horstig, que não queria mais fazer cinema e que nunca mais queria ler um roteiro."[10] Mas sua magia continua intacta. Ela está tão bela que à noite, ao entrar no restaurante em Sarlat, a equipe, apesar de ter passado o dia filmando com ela, para de jantar para vê-la atravessar o salão. Seu porte de dançarina fluida e segura, sua postura decidida despertam uma admiração próxima da adoração.[11] Internamente, ela está ferida. "Brigitte tinha medo. De quê, não sei. Medo de não se mostrar à altura, provavelmente." Desde o início ela tem medo. Cada filme a deixa nervosa. No início das filmagens, fica coberta de espinhas. Não sabe como agir, como preparar os papéis. A coisa vem por si mesma, ou então não vem. Como na época da escola, ela nunca soube aprender.

"Ela não era capaz de se tornar uma pessoa crescida de verdade, com autênticos problemas de adultos, nem mesmo no cinema. Não traiu a pequena Brigitte",[12] diz Vadim.

Talvez. Tantas coisas que deram errado. A dança, única arte que praticou com seriedade, tão rapidamente descartada. A criança abandonada, os casamentos transformados em impasse. Os bons filmes recusados, *Crown, o magnífico*, com Steve McQueen. *A serviço secreto de Sua Majestade*, com Sean Connery. "Acho os filmes de James Bond sensacionais, mas sem mim. A não ser que me deixem interpretar o papel de Bond."[13] Até sua beleza ela é capaz de dissipar, com sol demais, champanhe demais. Seu drama é ter dotes demais. Por orgulho, ela abandona o cinema.

Intermédio de flerte: Lucienne e Pilou

Todo dia 15 de agosto, Brigitte Mathieu Saint Laurent e seu marido Gérard me fazem uma surpresa. Este ano, fotos e cartas da coleção de Lucienne, mãe de Yves e Brigitte Saint Laurent. Em 1971, o pai da francesa mais famosa do mundo se apaixona pela mãe do francês mais famoso do mundo. Se Yves Saint Laurent não se interessa em absoluto por Brigitte Bardot, que de modo algum faz seu gênero, seu pai, Charles (Pilou), manda braçadas de rosas a Toty, a mãe de Brigitte. E sobretudo, Pilou Bardot está apaixonado por Lucienne Saint Laurent, vizinha da família. Os Bardot passaram a morar no número 33 da rue Nicolo. Pilou não gosta apenas de Lucienne, pois aprecia também suas filhas e outras senhoras, mas ela ocupa um lugar privilegiado em seus pensamentos. Às vezes, pela manhã, ele invade a varanda de Lucienne, que mora no térreo, e, num salto, se convida para o café da manhã com a maior naturalidade, mas levando os croissants. Um pouco surdo de um dos ouvidos, ele usa um aparelho, mas quanto ao resto, aos 85 anos, mantém-se esbelto e elegante, com sua cabeleira de neve. Trinta anos mais moça, Lucienne é uma bela mulher de olhos verdes, com pernas que Pilou adora, valorizadas pelo novo escarpin Séville do filho, piscadela para os anos 1940.

Durante alguns meses,[14] ele faz a corte: cumprimentos, poemas platônicos, dedicatórias. Faz chegar a suas mãos *Vers en vrac*, coletânea publicada por sua própria conta em 1960. Ele queria mais, ela se mostra menos entusiástica. Ele então decide convidá-la a jantar no Yacht-Club de France ou ao banquete do Lions Club. Lucienne ainda não se dá ao trabalho de atendê-lo ao telefone. Pilou manda então cartas a Séraphin, grande amigo de Lucienne, pedindo que transmita suas mensagens. As trocas se espaçam mais, mas não sem que Lucienne e Pilou lamentem não ter conseguido casar seus célebres filhos.

Três anos depois, na véspera do 11 de novembro, que assinala o fim da Grande Guerra de 1914 que o marcou para sempre, Pilou morre em casa, na rue Nicolo, tendo Brigitte e Toty a seu lado. Ele era da geração de Charles de Gaulle, Franco, Adenauer, Mao Tsé-tung, Eisenhower. E também de Hitler.

ATRAÇÃO ANIMAL

> — "Que foto gostaria que fosse publicada depois de sua morte?
> — A foto com o bebê-foca, que simboliza toda a minha vida. Da celebridade ao isolamento na banquisa."
>
> *Paris Match*, 26 de março de 2009,
> declaração a Christian Brincourt

Branca de Neve na banquisa

Deitada no gelo, ela protege com o corpo o jovem animal, uma pelúcia oblonga com dois buracos insondáveis no focinho. Na imensidão polar, o olhar liquescente de Bardot para a objetiva tem algo de pungente. Com o cachecol vermelhão funcionando como refletor, ela parece mais luminosa do que nunca. E no entanto levantou-se ao alvorecer numa tenda de caçador de peles em Blanc-Sablon e se maquiou às pressas. Olhos, maçãs do rosto, boca, ela até se parece com Bardot. Sabe que nada lhe será perdoado.

São 8h30 de sábado, 19 de março de 1977, quando o helicóptero Jet Ranger do Greenpeace a deposita no frágil quebra-cabeça da banquisa litorânea. Os movimentos da água podem romper o gelo. Ela é tão fina que ao descer do aparelho a bota de Brigitte afundou numa fissura, deixando sua perna congelada. Sua equipe dispõe de 7 minutos para registrar a imagem. Além do namorado Miroslav Brozek, Brigitte é acompanhada por dois técnicos da agência Sygma.[1] Como o fotógrafo Léonard de Raemy não pôde embarcar, por falta de lugar disponível, seus aparelhos foram emprestados a Mirko, cuja presença foi exigida por Brigitte. Não é um capricho. A ambliopia provoca crises de vertigem e pânico em aeronaves pequenas, e as condições meteorológicas são terríveis. Na véspera, a visita foi adiada por conta do nevoeiro e da nevasca.

Depois de cinco dias de espera na região subártica do Norte canadense, é a última oportunidade de conseguir as imagens. Em Blanc-Sablon, onde os espera, Hubert Henrotte, o dono da Sygma, está exausto. "Quase tivemos de voltar sem as fotos. Uma tempestade invernal se aproximava",[2] diz ele. Uma imagem de Bardot na banquisa ensanguentada teria sido ideal para Henrotte, mas foi preciso desistir da ida à zona de caça. A imagem macabra teria tido maior impacto? Na pista do aeroporto, o piloto do Corvette fretado pela Sygma exige deixar o Québec antes da chegada de ventos fortes, pois o jato é esperado em Paris.

Um sol pálido surgiu. Reina o silêncio na banquisa, cortado pelos gritos lancinantes das focas. Ao se aproximar o helicóptero, os animais adultos desapareceram nos buracos no gelo. A banquisa não é o grande carpete liso e branco que se imagina. Cheia de mossas, sulcos e gretas esculpidas pelo vento ou a pressão, sua superfície é instável. O cara a cara com a natureza selvagem não chega propriamente a comover o quarteto de mãos enluvadas que trata de aproveitar a oportunidade num frio desumano. Todos sabem que dispõem de pouco tempo para trabalhar. A equipe da Sygma filma. Miroslav tira fotos. Brigitte posa. Ela deixou Paris na segunda-feira e ao longo da semana perdeu as esperanças de ser levada até as focas mais jovens por um helicóptero. Sem foto, sua missão não teria sentido.

"Mas que fofura! *Oh la la*!" Usando um conjunto cáqui com o emblema do Greenpeace, ela se ajoelha perto da pequena foca. "Como ela é fofa!", repete. Parece um diálogo da Walt Disney Productions. "Como ela é fofa!", volta a dizer. Mirko pede-lhe que tire as luvas de pele. Bardot acaricia o animal no sentido do pelo, e a foquinha pisca levemente quando suas unhas pintadas arranham o olho ou o bigode. "Como alguém pode matá-las?" Branca de Neve descobre a fauna depois que o malvado predador se foi. "É nojento." Branca de Neve não diria algo tão veemente. Ante esse transbordamento de afeto, a foca mantém a atitude reservada de um colegial abraçado por uma mãe superprotetora diante dos colegas. Só o narigão molhado fareja a atmosfera, como se o bicho tentasse identificar a composição da nuvem com cheiro de baunilha que o envolve. *L'Heure bleue.* Aquela hora em que o sol desaparece, dando lugar ao veludo da noite. Guerlain. Francesa, com certeza. E agora ela a abraça, chorando. Será o sal que lhe arde nos olhos? Consciente de desempenhar um papel histórico, o jovem animal mantém-se digno. "Não se preocupe, eles vão ver", promete Brigitte. O grupinho começa a se afastar, com uma película de 36 poses e um filme de televisão de 6 minutos.[3]

Na antevéspera, Bardot teve um dia "terrível", segundo Hubert Henrotte, que está financiando os aviões e as despesas de deslocamento de BB, em troca de exclusividade *absoluta*. Paris é nessa época a capital mundial do fotojornalismo. A presença na banquisa do fundador da Gamma e da Sygma, as duas agências fotográficas de maior prestígio, evidencia a importância do lance. Henrotte criou uma poderosa editoria VIP. As estrelas ocupam um lugar cada vez maior nos meios de comunicação, e contratar reportagens exclusivas com elas torna-se vital para a Sygma. Sua grande venda histórica, alguns anos depois, seria uma foto de Lady Di. Zeloso de sua exclusividade, Henrotte acomoda Brigitte Bardot numa casa na saída de Blanc-Sablon, austera aldeia de 1.200 habitantes, inacessível por via terrestre, na fronteira entre Labrador e Terra Nova. Longe dos outros fotógrafos, já impacientes.

Quarenta e cinco jornalistas europeus convidados pelo ecologista suíço Franz Weber hospedam-se na cidade, num hotel dos mais simples. Despreparada para enfrentar um frio intenso, a imprensa europeia evidencia péssimo humor. O bar é mal abastecido, exceto em cerveja local. Em Blanc-Sablon, nada de BB. Nada de bebês-focas tampouco, exceto os de pelúcia trazidos por Franz Weber. Operação comando do Greenpeace, a campanha de 1977 visa salvar o maior número possível de jovens focas. O canadense Brian Davies, fundador do Fundo Internacional para a Proteção dos Animais (IFAW), veio oferecer seu apoio, assim como Franz Weber, que pretende financiar a viagem dos jornalistas europeus com a venda de focas de pelúcia. Os jornalistas franceses o tomam por um bilionário suíço admirador de Bardot e disposto a apoiar sua causa. Na realidade, Brigitte é secretamente a mecenas da excursão europeia.[4]

A uma hora de helicóptero, 100 mil focas de verdade dormem ou mamam sobre o gelo. Se uma esquadra de seis embarcações transportou a imprensa americana e canadense até a zona de caça, nenhuma empresa aceita levar até lá os repórteres franceses. O que se apresentava como uma viagem empolgante transforma-se em neurastenia. Os jornalistas julgavam estar a caminho da banquisa em companhia de uma estrela. Mas têm de se contentar com um playboy suíço adepto da ecologia narcisista.

O número de jornalistas aumenta constantemente em Blanc-Sablon, de tal maneira que o Greenpeace organiza uma entrevista coletiva com Brigitte para diminuir a pressão. Ao grupo que chegou da França vem juntar-se uma centena de colegas americanos. Como Weber, Brian Davies desembarcou em Labrador com um símbolo sexual louro de pulôver norueguês, Yvette Mimieux. A chegada de Bardot, superestrela internacional, fez com que os batalhões americanos refluíssem para Blanc-Sablon e os pescadores perdessem a paciência. O Norte canadense transforma-se nesse inverno de 1977 num circo da mídia.

No hotel rústico em que se hospedam os franceses, os caçadores de imagens misturam-se aos caçadores de focas, ursos de pelo ruço que não podem negar a origem escocesa e não ficam nada satisfeitos com a situação. Brigitte decide internamente que eles têm cara de assassinos. À sua frente, nenhum olhar humano, apenas o buraco negro das máquinas posicionadas. Os fotógrafos riem, se xingam, investem, miram, metralham. O barulhinho metálico dos disparadores cobre a voz de Weber. Brigitte não vê o rosto amistoso de Claire Brière-Blanchet. Admiradora de Bardot, a enviada especial do *Libération* já é adepta da causa. Filha de um industrial burguês católico como ela, Claire compartilha da admiração de Beauvoir por esse personagem de mulher livre. Bardot está então para a emancipação feminina como a rainha da Inglaterra para a nação inglesa. Militante de extrema esquerda na época de seus estudos, tendo entrado para a política no momento da guerra da Argélia, Claire deixou-se conquistar pela atitude firme de Bardot ante a chantagem da O.A.S. Foi ela que convenceu seu jornal a enviá-la como repórter.

Brigitte fica sem saber o que fazer. Nunca se viu em uma situação semelhante. "Tome um caminho que não conhece para chegar a um lugar desconhecido e lá fazer algo de que seja incapaz", diz o psicanalista François Roustang. É preciso coragem. Tratando de mobilizá-la, Brigitte atira-se em águas geladas. Dominando a assistência com sua silhueta retilínea, ela exige silêncio. De maneira excessivamente imperiosa. "Este massacre revolta o mundo inteiro. Algo de grave acontecerá ao Canadá se ele não cessar...", diz ela. Está pegando pesado demais, com muita pressa. A solenidade do tom surpreende Claire Brière. Na mesa coberta de microfones que separa a ex-atriz de seus interlocutores, a mascote de pelúcia de Weber parece ridícula. Enquanto estouram os flashes, Bardot censura severamente os fotógrafos, lembrando que não estão em Cannes. Como no México, no dia em que Jeanne Moreau ludibriou a imprensa, ela se equivoca totalmente. Precisaria, isto sim, de uma retórica, ou pelo menos de esperteza. Mas nada disso está ao seu alcance. Investida de uma missão da maior importância, a estrela adota uma atitude estoica e digna que a faz parecer autoritária. "Eu apreciava a Bardot bela e livre, e não aquela virago", recorda-se Claire, cuja benevolência parece então comprometida.

Com o inimitável tato que a caracteriza, Bardot eleva o tom: "Canadenses, assassinos". Como Beauvoir observara igualmente, com perspicácia: "Brigitte Bardot não se preocupa nem um pouco com os outros. Ela faz o que bem entende, e é isto que perturba..."[5] Antissocial, Bardot não sabe dialogar, trocar, comunicar. Um sorriso, um certo humor poderiam virar completamente o jogo. Exasperado, Thierry Desjardins, o enviado do *Figaro*, a recrimina por suas invectivas contra os canadenses, pessoas formidáveis que libertaram a França. Já Brigitte se pergunta como um grosseirão tão desconchavado, que ainda por cima teve sua viagem paga por ela, ousa falar-lhe nesse tom. Com a voz um pouco aguda demais, ela o chama de mendigo. "Depois de tantos dias naquele buraco, é verdade que não estávamos nas melhores condições", reconhece Desjardins. "Mas Bardot tampouco estava bem." Sua atitude desdenhosa afasta a simpatia dos jornalistas, até mesmo dos que já tinham aderido à causa.

Com sangue-frio, ela firma pé. Até que um caçador usando camisa xadrez a interpela do fundo da sala. "Mademoiselle Brigitte, gostaria de ver um bebê-foca que acaba de ser morto?" Ele lhe entrega um pacote. Num saco plástico manchado de sangue encontra-se um corpo abatido naquele mesmo dia. Duas pupilas suplicantes ressaltam na carne escura.[6] O Norte do Canadá é rude, e os costumes lá são viris. Entre eles, os habitantes da Terra Nova não se chamam de *hunters* (caçadores), mas de *killers* (matadores). "Nesse momento, ela desmoronou. E não era para menos", diz Henrotte. Depois de agradecer aos presentes, Brigitte Bardot deixa a sala em prantos.

"Um clima de caça ao furo de reportagem estragou a viagem",[7] diz Thierry Desjardins. Todos queriam entrevistar Bardot, regra implícita desse tipo de deslocamento. "Ela ficou invisível. Não poder conversar com ela me deixou magoada. Enviei para o jornal uma reportagem sobre a caça às focas sem falar dela", diz Claire Brière, que viria posteriormente a editar as publicações da Médicos do Mundo. Ela ficou decepcionada com sua heroína. "Eu me vi de repente diante de uma megera amargurada, embora compartilhasse de sua causa. Era absurdo."

Num artigo impiedoso, Thierry Desjardins lembra a Bardot que Garbo soube sair de cena a tempo. "Atriz em baixa, ela encontrou um hobby simpático. Era meio patético, mas o fato é que eu adoro os animaizinhos...", diz ele.

O grupinho de jornalistas se diverte com as dificuldades de Henrotte para encontrar uma jovem foca e fotografá-la com Bardot. O Greenpeace viria em seu socorro. Instalada em Belle-Île, ilhota inóspita e castigada por ventos no golfo de Saint-Laurent, a equipe da ONG, conduzida por Paul Watson, viu sem muito entusiasmo o desembarque da loura bonitinha na banquisa. Os membros do Greenpeace se interpõem no corpo a corpo entre os caçadores e a foca. Ficou célebre a foto de Laurent Trudel, porta-voz do Greenpeace, com os braços esticados para impedir o avanço de um quebra-gelo. Quanto a Watson, um guerreiro sem concessões, agredido pelos caçadores, ficou gravemente ferido.

Quando ecoguerreiros vegetarianos veem desembarcar no acampamento uma mulher com botas de couro, quando estão lutando contra a exploração dos recursos animais, não podem ficar exatamente satisfeitos. "Nós imediatamente propusemos que ela as trocasse por algo mais quente.." Sem dar lições, pois ela parecia desorientada. Afinal, ela própria parece uma espécie que necessita de proteção.

Felizmente, eles não sabem que têm à sua frente a intérprete de "Mon léopard et moi", verdadeira apologia das peles animais, uma canção assinada por Darry Cowl e Hervé Roy.

Une peau tigrée danse au sommet de mes cuissardes
Et je n'ai rien de plus sur le dos que ce manteau qui léoparde[8]*

---

*Uma pele tigrada dança no alto de minhas botas/Trago nas costas apenas esse manto que ruge.

A jovem congelada é abrigada numa tenda, onde lhe é oferecido chocolate quente. Brigitte inspira a um de seus anfitriões uma iniciativa de surpreendente delicadeza. "Para tranquilizá-la, toquei flauta transversa para ela",[9] conta Laurent Trudel. Até na banquisa a música vem socorrer Brigitte, cuja vulnerabilidade corta o coração dos integrantes da ONG, aos quais confessa sua admiração e seu orgulho por tê-los conhecido. Além do mais, ela é bonita demais para ser maltratada, especialmente quando reaparece com o macacão laranja do Greenpeace, conseguindo torná-lo sexy. Antes de voltar a Blanc-Sablon, ela abraça cada um deles, fazendo pose para a foto de recordação. O Greenpeace põe a sua disposição o helicóptero que vai permitir-lhe alcançar seu objetivo: levar uma foto do "bebê-foca".

"*Bebê*-foca"! Os canadenses sorriem ante a visão antropomórfica e pueril de Bardot, desconfiando que ela sofre da síndrome de Bambi.[10] Na Terra Nova, os recém-nascidos são chamados de "branquinhos", "filhotes" ou "novilhos". Através das palavras, dois mundos em confronto. Prática ancestral iniciada há quatro séculos, a caça ao lobo do mar, nome da foca da Groenlândia, produz pele seca, gordura e ossos exportados para o mundo inteiro. Os pequenos, chamados branquinhos em referência à cor do pelo, que lhes permite fundir-se na banquisa à espera do nascimento de um pelo impermeável, são objeto de intenso comércio desde o fim da década de 1950, graças à moda dos casacos de pele. De janeiro a maio, essa caça é a única fonte de renda dos habitantes da Terra Nova, que no resto do ano pescam bacalhau, lagosta, arenque e camarão. Para os caçadores, a foca é uma fonte de renda, um ganha-pão.

Aos olhos dos ecologistas, é um animal comovente, um bebê que desperta o instinto materno. Particularmente vulnerável antes da muda, a foca é uma presa fácil abatida pelo caçador com ajuda de um hakapik, espécie de gancho completado com um anzol, para em seguida ser esfolada viva com facão de açougueiro. O gemido das jovens focas na banquisa é tanto mais tocante por se parecer com um grito humano. Os relatos dos militantes fazem questão de frisar que "as mães, impotentes, muitas vezes ficam vários dias junto ao corpinho ensanguentado, desprovido de sua pele e largado no gelo pelos assassinos: elas tentam aquecer o cadáver nu e continuar a aleitá-lo...".

Jornalistas ou caçadores, todos se equivocam ao zombar da ex-atriz francesa. É verdade que Brigitte ainda vive no tempo mágico da infância, com seus bichos de pelúcia e seu maniqueísmo, mas ela se saiu bem no primeiro teste: superar o ridículo. Tratando-se de uma mulher de ego tão inflado, é bem provocante. Como diz o filósofo americano Paul Regan, famoso defensor dos animais, "todos os grandes movimentos passam por três etapas: a do ridículo, a da discussão e a da adesão".[11]

A foto de Brigitte na banquisa chega à capa da *Paris Match* em 1º de abril de 1977, sendo então reproduzida no mundo inteiro. Como as estrelas, os animais são um tema idealizado pelos fotógrafos. Nada é mais magnético que a junção numa mesma imagem de uma superestrela e de um animalzinho, cada um potencializando o coeficiente emocional do outro. Já em Capri os paparazzi imploravam a Bardot que acariciasse cães, gesto sentimental que decuplicava o valor das fotos no mercado.

Graças a Bardot, a causa dos filhotes de focas, até então atraindo a atenção apenas dos ecologistas, torna-se universal. Minuciosamente orquestrado pelo IFAW e o ecologista suíço Franz Weber, a viagem de Brigitte Bardot ao Canadá é uma poderosa ferramenta de comunicação. Depois de alguns sucessos nos Estados Unidos, os militantes querem conseguir a proibição da venda de focas filhotes, e depois também o das adultas, para a Comunidade Europeia.

A presença da estrela, filiada ao IFAW, transforma o discurso animalista em *reality show*. Como três quartos das peles de focas jovens são usados pela indústria da moda, a campanha está voltada para as mulheres, que têm em Brigitte Bardot um exemplo a seguir. Atendendo ao seu apelo, muitas decidem boicotar os casacos de pele: seu poder de emulação continua intacto.

A miniepopeia de Bardot no Norte canadense, suas negociações com os caçadores de Blanc-Sablon deram a volta ao mundo. A Bela se mobilizou para socorrer a Fera. Bardot segurando o *bebê*-foca em seus braços é a Mãe eterna protegendo a vida. Em termos de marketing humanitário, é o máximo. A campanha das jovens focas assinala uma virada na história da relação entre o homem e o animal selvagem. Embora este fosse durante séculos um recurso natural, o citadino o transforma em companheiro idealizado, com ele estabelecendo uma relação afetiva. Não será mais possível ignorá-lo.

"Ela alcançou resultados, mas pagou caro durante a visita", comenta Hubert Henrotte, que se tornou amigo de Brigitte. Bardot nunca facilitou as coisas para si mesma.

Já em 1977, o presidente Valéry Giscard d'Estaing, antigo apaixonado por BB, proíbe a importação de peles de focas jovens para a França. Em 28 de março de 1983, chega a vez da União Europeia. Em 5 de março de 2009, vitória histórica: o Parlamento Europeu proíbe a comercialização de qualquer produto derivado da foca, à exceção dos obtidos pelas formas tradicionais de caça promovidas pelos esquimós.

O primeiro combate de Brigitte Bardot conduz a uma vitória total. Seus companheiros já se mostram mais amargos. Militantes sinceros, Paul Watson e Laurent Trudel deixam o Greenpeace já em 1977, com a sensação de terem sido manipulados por uma ONG em busca de dinheiro e poder, e não da salvação dos animais.

A foca jovem não é apenas uma presa para os caçadores canadenses. Em termos de rendimento compassivo, apresenta trunfos sem igual. Para começar, o nome. Bebê. Foca. Um sonho para qualquer diretor de marketing. A beleza. As lágrimas. "Acrescente-se a imagem sangrenta do caçador que o atinge na cabeça, e temos uma imagem que vai direto ao coração dos amigos dos animais. Para não falar das lágrimas do bebê-foca. Na realidade, ele chora por causa do sal, que impede o congelamento dos olhos...", diria Wilson.

Laurent Trudel voltou a sua paixão inicial, a música, enquanto Paul Watson banca o pirata à frente de sua ONG Sea Shepherd. Na Suíça,

Franz Weber aos poucos vai entregando sua luxuosa fundação de Montreux à filha Vera, conhecida como a *Brigitte Bardot de Vaud*, que comercializa, além de focas de pelúcia, pratos vegetarianos preparados.

Tendo feito fortuna em 1997, Brian Davies deixou o Fundo Internacional para a Proteção dos Animais, atualmente uma das mais poderosas ONGs animais. Recebeu do IFAW uma indenização de 2,5 milhões de dólares canadenses. Quanto à imagem do bebê-foca, continua a servir ao Greenpeace e ao IFAW, que se tornaram ONGs riquíssimas, levantando todo ano respectivamente 200 milhões e 100 milhões de dólares, o equivalente a vinte vezes o que a foca jovem rendia aos caçadores de Labrador. Milhões de doadores contribuem, ignorando essa falácia: a caça às focas jovens já é proibida há muito tempo. Os pescadores de Saint-Malo queixam-se disto, afirmando que a proliferação de focas na zona subártica canadense alterou o equilíbrio ecológico e esgotou os recursos. Difícil ser benfeitor...

"Bardot era tão sincera quanto nós", diz Rex Weyler, antigo militante do Greenpeace. "Nessa aventura, ela punha em risco sua fama, o que não era pouca coisa." De fato, não era pouca coisa. Era mesmo tudo, para uma mulher assim. Seu orgulho: com os traços marcados e a cabeleira presa, ter pulverizado na banquisa sua imagem de símbolo sexual e superado o pavor de perder a aprovação do público, como naquele dia em que quase morrera, quando o vaso chinês se quebrou. A foto, assinada por Mirko Brozek, pertence hoje a Bill Gates.

A estrela e a acadêmica

Antes da imagem, havia o verbo. O verbo da escritora Marguerite Yourcenar, que abriu os olhos de Brigitte Bardot para a situação das jovens focas. Yourcenar admira Brigitte. Em 24 de fevereiro de 1968, essa amiga dos animais manda-lhe uma longa carta do Maine para alertá-la para o massacre das jovens focas nas águas canadenses. Nessa correspondência, hoje guardada nos arquivos Yourcenar de Harvard, uma grande escritora francesa pede a uma grande atriz francesa que ponha sua fama a serviço das *peles brancas*. Ela sugere a Brigitte Bardot que escreva ao primeiro-ministro canadense, Pierre Elliott Trudeau, ou melhor, que exorte ao boicote das peles de focas. "Estou convencida de que você é capaz, mais que qualquer outra pessoa, de convencer o público feminino a boicotar as roupas produzidas a custo de tanta dor e agonia." Num estilo cuidadoso, uma Yourcenar emocionada descreve o abate das focas jovens no golfo de Saint-Laurent sem economizar detalhes crus. Consciente das críticas que não deixarão de ser dirigidas aos defensores da causa animal, tantas vezes acusados de preferir o animal ao homem, Yourcenar trata de desarmá-las antecipadamente. "O homem que evidencia ferocidade, ou, o que talvez seja pior ainda, grosseira indiferença ante a tortura infligida aos animais, também é mais capaz de torturar homens. Como se já tivesse treinado."

Em 17 de maio de 1964, a TV Radio-Canada transmitiu um sóbrio documentário de 20 minutos denunciando a violência de um tipo de caça potencializado muitas vezes pela tecnologia: aviões, helicópteros, corvetas. Funda-se o IFAW, Yourcenar se filia. Não foi por acaso que ela escolheu Bardot: sabe que ela é sensível ao sofrimento dos animais. Em 5 de janeiro de 1962, no programa *Cinq Colonnes à la une*, apresentado por Pierre Desgraupes, a atriz participa de um novo quadro intitulado "Advogados por uma noite", defendendo a causa dos animais de abate. Yourcenar assistiu com o maior respeito a esse admirável gesto. Nunca antes os animais puderam contar com uma advogada tão graciosa. Trocando seu habitual arsenal de boneca sexy por uma faixa bem--comportada nos cabelos e uma maquiagem leve, Bardot olha para a câmera com uma calma franca e direta. Na posição de inquieta espera de uma jovem corça, ela expõe a situação com clareza.

Como na Idade Média, os animais continuam a ser degolados vivos. A jovem testemunha que acompanha Brigitte, seu amigo Jean-Paul Steiger, cronista da *Tintin* e criador aos doze anos do Clube dos Jovens Amigos dos Animais (J. A. A.), foi trabalhar nos abatedouros de La Villette. Durante oito dias, varreu os estábulos cronometrando a agonia dos bezerros. Por uma eternidade que dura 3, 4, 5 minutos, o animal está vivo e sofre. A prova é que se afasta quando o cabo da vassoura se aproxima de sua cabeça. O relato factual é seguido de um primeiro plano do rosto de Brigitte Bardot. Sem uma palavra, ela mergulha seu olhar sombrio e profundo no do telespectador, hipnotizando-o com sua delicadeza. Ao se voltar para os dois matadores dos abatedouros de La Villette, seus cabelos presos num coque semelhante ao boné frígio lhe conferem um típico perfil republicano francês. Pela primeira vez na França o bem-estar dos animais de abatedouro desperta interesse. Com seu delicado punho ornamentado com uma pulseira fetiche de pérolas finas, Bardot segura a pistola de abate usada na Dinamarca e na Grã-Bretanha para anestesiar os animais, explicando aos abatedores seu funcionamento: "Nós dispomos de um sistema muito fácil..." Vibrante e contida, sua intervenção é de uma rara elegância. Ela não abusa do sentimentalismo do telespectador. Parece desculpar-se por ser tão bela, tão única. Sua personalidade se irradia com tato. E ela sabe do que está falando, preparada por Jean-Paul Steiger. Foi ao aderir a seu clube para crianças que Brigitte começou a defender os animais. Allain Bougrain-Dubourg e o futuro ecologista Antoine Waechter fizeram o mesmo, só que na época de fato eram crianças. "Naquela noite, Brigitte foi muito astuciosa. Ela não acusou os comerciantes. O impacto na opinião pública foi extraordinário",[12] afirma Jean-Paul Steiger. Marianne Frey,[13] filha de Roger Frey, ministro do Interior, entra em contato com a atriz e lhe oferece ajuda.

Brigitte e o jovem amigo dos animais obtêm ganho de causa, pois a partir de 1964 um decreto obriga a atordoar o animal antes do abate, à exceção dos casos de abate ritualístico. Esta bela vitória causou forte impressão. "É maravilhoso que a beleza e a graça sejam ao mesmo tempo bondade", conclui Yourcenar no fim de sua carta.

Os arquivos não guardaram qualquer traço da resposta de Brigitte a Marguerite Yourcenar, cuja correspondência em parte só será acessível depois de 2037. Mas seus atos falam por ela. É na fonte de impacto realista do estilo de Yourcenar que Brigitte Bardot se vai abeberar já a partir de 1977, quando dá início a seu combate em favor dos bebês-focas. Ela se refere a um mundo "sob tantos pontos de vista terrível", as carcaças sangrentas, os gritos dilacerantes da mãe diante do bebê-foca desmembrado ainda com o coração pulsando... Tudo que faz a força e a fraqueza do discurso de Bardot encontra sua matriz em Yourcenar. Mas somente em 1976 ela se conscientiza do massacre, depois de ver pela televisão as primeiras imagens.[14] Até então, embora tenha participado de programas para defender causas animais ou da infância em risco, ela ainda não é uma militante, apesar de vegetariana desde 1962.[15]

"Como dizia Marguerite Yourcenar, não quero digerir agonia", costuma dizer. Não era Marguerite Yourcenar que se expressava aqui. Em seu romance *A obra em negro*, falando de um personagem vegetariano, ela escreve: "A carne, o sangue, as vísceras, tudo que palpitou e viveu lhe causava repulsa nessa época de sua vida, pois o animal morre com dor, e não lhe agradava digerir agonias." Segundo seus exegetas, Yourcenar se lembrava aqui de uma metáfora de Victor Hugo. Diante de um buquê de flores no vestido de uma mulher, ele se referiu ao acessório como "um buquê de agonias".

A 1º de abril de 1976, Brigitte anuncia a criação da primeira Fundação Bardot (que seria enterrada em 1977), e no dia seguinte participa de uma manifestação de protesto contra a caça às focas jovens em frente à Embaixada da Noruega.

Ela abandonou o cinema há dois anos, seu pai acaba de morrer, ela tenta imprimir uma nova direção a sua vida.[16]

Jojo ama Bardot

A história de Brigitte Bardot teria de ser contada do ponto de vista de um animal. Uma gazela do Senegal, um urso dançante da Bulgária ou um urso-polar canadense, um macaco do Congo, um coala da Austrália, um gibão da Indonésia, um cavalo tunisiano, um cão sérvio, um elefante da Tailândia, um lince da Espanha, um gato de La Garenne-Colombes, um peixe-martelo, um tigre do circo Medrano. Quantos animais não tiveram sua vida transformada por iniciativas suas? Cães e gatos, cavalos e carneiros, ursos de circo, focas, elefantes, rinocerontes, enguias e crustáceos, uma quantidade incrível de animais cuja vida ela salvou ou melhorou. É um dos mais belos aspectos do destino dessa mulher: ela despertou as consciências e às vezes mudou a lei. Brigitte Bardot nos ensinou a tratar melhor os animais. Não conseguiu acabar com a crueldade com os animais, mas até mesmo Gandhi fracassou no que diz respeito a esse vício arraigado no mais profundo da humanidade.[1]

"Certos problemas são percebidos mais rapidamente por mentes mais rápidas ou corações mais profundos que os nossos... Na França, penso numa mulher de que já se fala menos e cujo exemplo me parece muito importante: Brigitte Bardot. Brigitte Bardot, tão bela, tendo obtido tão grande sucesso com seus filmes de menina-mulher, de mulher-objeto, que poderia ter-se limitado e mesmo contentado em ser uma eterna mulher bela, e que em vez disso tornou-se a defensora dos animais, também participou da defesa da natureza de forma excessivamente ativa, excessivamente corajosa, tanto mais que muitas vezes foi atacada com ironia", declarou Marguerite Yourcenar a respeito da discípula.

Longe de achar Bardot agressiva demais, Yourcenar declara-se pelo contrário encantada de vê-la valer-se do próprio entusiasmo, de sua energia e sua "capacidade de violência justa" contra aqueles que maltratam os animais.

O leilão de 17 de junho de 1987

O catálogo está esgotado. Com uma dedicatória de Brigitte Bardot, o de Jacques Tajan, organizador do leilão, desapareceu. Não só os pedidos de informações, mas as credenciais de imprensa e as ordens de compra chegam dos quatro cantos do planeta. O Metropolitan Museum de Nova York quer comprar para sua seção de moda o vestido de noiva de Brigitte, o do casamento com Vadim. "Temos um vestido de Marilyn, queremos também um de Brigitte Bardot",[2] escreve o museu. As três pulseiras Cartier presenteadas por Gunter fazem parte do catálogo do leilão. Constituem os lotes 68, 69 e 70.

Jacques Tajan, maior leiloeiro da França, está estranhamente comovido. Tem conhecimento do improvável objetivo de Bardot: salvar os animais. Todos os animais do mundo inteiro. Seu modelo, a Fundação Cousteau, criada cinco anos antes. O Estado exige um capital mínimo de 3 milhões de francos. É o que Brigitte explica a Jacques Tajan, convidado a sua casa para avaliar seus tesouros. Tudo está à venda, lembranças de família e do cinema, móveis, louça, obras de arte, joias, figurinos de filmes. Brigitte Bardot dá tudo, até seu retrato aos dez anos, pintado por Marie Laurencin e com a dedicatória a *Madame Louis Bardot, com um grande obrigado, outubro de 1945*, do qual sua mãe nunca se separou. Brigitte já tinha vendido objetos pessoais para financiar uma primeira associação, pertences ou acessórios supérfluos, numa butique, "La Madrague", mantida por uma amiga em Saint-Tropez. Ela a abastecia com saias de renda, colares de conchas, bolsas de uso pessoal, cartazes com dedicatória, camisetas com sua imagem. Desta vez, vai mais longe, sacrificando seus objetos mais caros. Só uma pequena penteadeira Charles X do tamanho de uma criança, herdada da avó materna, escapa ao inventário do leiloeiro. Ela explica que foi nesse espelho que começou a se achar bela.[3]

Não é necessário muito tempo para fazer a relação dos lotes: pouco mais de uma centena, em sua maioria sem grande valor. As posses acumuladas ao longo de uma vida dão ideia de um temperamento. Os seres generosos não acumulam. Bardot é uma mulher que agradou aos homens mas não tirou muito proveito disso, pensa Tajan com seus botões.[4] Por trás de uma coleção inestimável, ele pressente o egoísmo, a avidez, a revanche buscada. Faz mais de 150 leilões por ano, teve ou terá em suas mãos as mais belas coleções. Coleções como as de Philippe de Rothschild, do *golden boy* decaído Roberto Polo, do dei de Argel Hussein Pacha, da viúva de Giacometti, do coreógrafo Serge Lifar, do banqueiro David Weill, dos escritores Sacha Guitry e Roger Peyrefitte, do ourives Louis Carré, do bibliófilo Jacques Guérin e do ator Yul Brynner passaram pelo seu martelo.

A estimativa entregue a Brigitte, objetiva e cruel, está longe dos 3 milhões necessários a seu projeto. Sem perder a esperança, ela oferece em sacrifício... sua pequena penteadeira. Tajan não sabe o que dizer. Sua profissão o expõe à sovinice, inclusive nos leilões de caridade em que se especializou. Conseguir lotes é desgastante. Da tribuna do leiloeiro, a humanidade não é amável. "Eu nunca tinha encontrado ninguém que se dispusesse a dar tanto pelos outros ou por uma causa. Não é muito comum encontrar pessoas generosas nos leilões de caridade." Temendo um sacrifício excessivo, ele tenta dissuadir Brigitte de incluir o brinquedo na venda. De nada adianta. A penteadeira consta do leilão, com o número 116. O último lote do catálogo. A vendedora vende o próprio coração.

Na quarta-feira, 17 de junho de 1987, é grande a agitação na Maison de la Chimie, onde o leilão teve de ser realizado, por falta de espaço no hotel Drouot. Meia hora antes do leilão, Jacques Tajan manda seu motorista buscar Brigitte Bardot, sua secretária e seu ex-noivo Alain Bougrain-Dubourg, para poupá-los da espera. Com o passar dos dias, uma mulher comovente surgiu diante dele, muito diferente de sua imagem pública. "Brigitte Bardot tem a voz de um ser terno", observou o leiloeiro, sensível à música dos seres. Só cerca de vinte estações de TV conseguiram lugar na sala. Quem não conseguiu reluta em ceder o lugar.[5] O atraso provocado pelos meios de comunicação obriga Brigitte a esperar, enquanto na sala se vão instalando entre seiscentas e setecentas pessoas. Nos bastidores, Tajan a vê fumando um cigarro atrás do outro, como se fosse consumir-se ali mesmo. Os traços macilentos são protegidos dos olhares por uma maquiagem pesada. Ela inaugura um novo penteado, um coque que libera a nuca orgulhosamente. Admirável num tailleur preto que esculpe suas formas, sua beleza tem algo de mágico, pensa ele. Em sua vida de selvagem em Saint-Tropez ou em sua casa de Bazoches, ela passou a vestir-se exclusivamente de jeans e botas. Em seu guarda-roupa, selecionou um elegante tailleur de seu período glorioso, surpreendendo-se por ainda ser capaz de entrar nele. Usa-o diretamente sobre a pele, bronzeada demais. Aos 53 anos, ela não só não ganhou um único grama como emagreceu desde que passou a viver à beira do desgosto, pela primeira vez sem um companheiro. Pensa que os homens a deixaram porque está envelhecendo. São eles que envelhecem e não se adaptam mais a um estilo de vida dedicado aos animais.

Ela teme o barulho e as multidões, percebendo o alarido por trás das cortinas. Gente do show-business, admiradores, curiosos. O habitual circo. Teria ingerido um ansiolítico? É possível. Tomada de medo, ela força sua natureza. "Eu me conscientizei da extraordinária qualidade daquela mulher. Há nela uma fé, uma sensibilidade, um desprendimento das coisas materiais..."

Acompanhando Brigitte frente ao público, Jacques Tajan percebe que ela está tremendo. Ele próprio é tomado de emoção. A sala se levanta para receber BB debaixo de aplausos. Segurando uma braçada de flores, Brigitte Bardot improvisa uma declaração. "Eu dei minha beleza e minha juventude aos homens, e agora dou minha sabedoria e minha experiência, o melhor de mim mesma, aos animais." Salva de aplausos, enquanto ela toma o seu lugar entre lágrimas.

Começa então a mais memorável noite já vivida por Jacques Tajan. Mais de vinte anos depois, o leiloeiro fica comovido toda vez que a evoca. Ele mobiliza todo o seu talento, todo o seu sentido teatral da encenação a serviço daquela mulher. Começa por leiloar as obras de arte, busto de Aslan, violoncelo de Arman, guache de Antoni Clavé. A presença da estrela eletriza o público, que acompanha cada oferta retendo a respiração, para depois explodir em aplausos. Empolgado com esse entusiasmo, o leiloeiro rapidamente encontra seu ritmo e com brilhantismo vai elevando os lances. O minivestido Paco Rabanne do *Bardot Show*, o toucado 1925 de pérolas do filme *Boulevard do rum*, tudo é arrematado debaixo de bravos e aplausos, numa espécie de saudação da beleza do gesto. "Eu a tinha diante de mim, a cerca de 5 metros, e olhar para ela era demais. Eu amava aquela mulher pelo que era."

"Nobre franciscana", escreve o acadêmico Maurice Rheims no prefácio do catálogo que ela tem sobre os joelhos. Uma capa branca simples na qual foi impresso o logotipo infantil da futura fundação, o mesmo de hoje. Com a inscrição "Leilão em benefício da Fundação Brigitte Bardot, com o objetivo de promover e organizar a defesa e a proteção do animal selvagem e doméstico, tanto na França quanto no resto do mundo (fundação em processo de criação)".

Nobre franciscana? Como Francisco de Assis, o protetor dos animais, Brigitte é uma moça de família que se despoja para viver sua fé. Foi em Spoleto, onde Brigitte filmou *Vida privada*, que Francisco teve sua revelação. Para se pôr a serviço de Deus, ele vendeu até as próprias roupas e ficou completamente nu. Ela também está se despojando.

O lote 45, "vestido de casamento com Vadim, veludo de seda branca, busto princesa, cauda e drapeado nos quadris", acaba não sendo arrematado pelo Metropolitan. Por algum motivo misterioso,

Brigitte não forneceu as informações necessárias. Por quê? Yvette Trantz, uma amiga de sua mãe que abrira uma casa de moda no número 6 da rue des Moulins, local de um antigo estabelecimento de prostituição frequentado por Toulouse-Lautrec, tinha confeccionado o vestido. Mas que importa? Aplausos quando um outro interessado faz o arremate. Brigitte separa-se de um traje guardado zelosamente há 35 anos, lembrança de seu primeiro amor, inesquecível, o amor por Vadim. É como uma autobiografia se desenrolando diante do público.

Há também copos de cristal, um aparelho de jantar, uma *nécessaire* de maquiagem. A leitura do catálogo mostra que Brigitte está dando tudo. Os anéis do início do século XIX das avós, um missal, livros de anotações de marfim esculpido, estojos de pó de arroz, velhos brinquedos infantis, os tesouros de família de que a burguesia não costuma separar-se com facilidade.

Diante de uma assistência que parece trazer na palma da mão, Jacques Tajan se faz insistente, envolvente, puxando os lances para cima. "Estávamos vendendo Brigitte." Ela estabelece uma relação tão singular com o público que cada objeto parece impregnado de uma presença especial. Por ternura ou gratidão, seus admiradores deixam correr os lances, para participar de seu sonho. "Quando alguém se levanta", disse o pintor futurista Anton Giulio Bragaglia, "a cadeira continua sendo ocupada por sua alma." É assim que Bernard Pivot, estrela da televisão, arremata a caneta Cartier e as oito taças de champanhe com as iniciais BB gravadas, certamente presente de Gunter Sachs. Brigitte Bardot foi seu sonho de juventude. "Como tantos outros, eu me apaixonei por ela. Vi a maioria de seus filmes."[6]

Curiosamente, fazem parte do inventário vários relógios de homem. Será que em sua alcova eles se esqueciam das horas? "Três anos com Brigitte Bardot equivalem a trinta anos com uma simples mortal",[7] dizia Gunter Sachs.

Quem lhe teria presenteado os dois belos braceletes que podem ter pertencido à Maharani de Kapurthala? Cinzelados nos ateliês de

Jaipur, em esmalte realçado com pedras preciosas, eles são arrematados por dois monstros marinhos com cabeças de elefante que se enfrentam. Discretamente, Gunter deu instruções para o arremate do diamante marquesa e dos três braceletes Cartier presenteados a Brigitte. À sua maneira, ele a ajuda a criar sua fundação. No lote 68, lê-se a seguinte inscrição: "Bracelete de platina, fecho de ouro branco, articulado com 44 motivos quadrados, cada um deles ornamentado com um diamante talhado em brilhante com a assinatura Cartier Paris, 18 centímetros de comprimento." O lote 69, articulado com 55 rubis quadrados calibrados, mede 18,2 centímetros. O lote 70, articulado com 47 safiras quadradas calibradas, mede 17,3 centímetros.

O morno léxico de um leilão reduz um objeto carregado de imaginário a uma seca materialidade de números, medidas, pesos. Os lotes 68, 69 e 70 alcançam recordes (100 mil, 60 mil, 100 mil francos), assim como as alianças de três cores presenteadas em Las Vegas. Jacques Tajan transformou-se em prestidigitador, pois poucas horas antes, na sala 10 do hotel Drouot, seu colega Hubert le Blanc vendeu os mesmos por preços quatro vezes menores.

O hábil Tajan de tal maneira emprega sua força de convicção a serviço de Brigitte Bardot que o diamante de 8,76 quilates do lote 75, com um preço que chega a 1,3 milhão de francos, escapa a Gunter. Cerca de metade do valor necessário à criação da fundação. Um grupo de italianos particularmente exuberantes contamina a sala até o delírio. O leilão já rendeu 3,5 milhões de francos quando se chega ao último lote, o número 116. A pequena penteadeira portátil. Jacques Tajan vira-se para Brigitte e propõe que a retire do leilão. Mas é em vão que fica esperando uma resposta. "Aquela penteadeira, não havia quem não a quisesse. Eu olho para Brigitte, ela nem se mexe." Ele levanta o martelo. "Cada fibra do meu ser era arrancada com aquela separação",[8] diz ela. O martelo bate. Seis mil e quinhentos francos.

Nada mais resta a ser leiloado por um martelo que parece ter adquirido contornos de varinha mágica. Tajan o põe à venda. Dessa vez,

Brigitte toma a frente dos lances, tendo observado que o objeto é feito de marfim e dente de baleia. Ele é afinal arrematado pelo prefeito de Saint-Tropez. E vem então uma ovação que não acaba mais.

"É um dos maiores momentos da minha vida...", Jacques Tajan reflete um momento: "Pela qualidade do vendedor."

À noite, ele envia um embrulho para o endereço de Brigitte. É a pequena penteadeira. O comprador foi ele. "Sou muito grato a ela, pois me permitiu vivenciar algo extraordinário", diz. Palavras simples, que traduzem o sentimento de muitos admiradores de Brigitte Bardot.

Rue Vineuse

Ele é Jojo. Com a porta da jaula aberta, explora o armário de provisões. Ele foi entregue por um desconhecido. O sujeito estava desempregado, tinha sido deixado pela mulher, Jojo não tinha mais como ser mantido. O divórcio como um drama para o animal. A doninha e sua linda jaula encontraram refúgio na Fundação Brigitte Bardot. Num clima bem leve de creche, com móveis românticos de junco branco e almofadas de xadrez vichy, lembrando o quarto do pequeno Nicolas em 1960 ou uma cabine de esteticista na Côte d'Azur, a bela telefonista está sempre de olho nele. Muitas vezes é ela que recolhe gatos como o que dormita sobre o teclado de um computador, debaixo de um cartaz de BB.

A Fundação conta 54 mil filiados de sete a 77 anos. Um escritório em Bucareste, uma antena móvel na Iugoslávia, uma festa anual de família, o "Natal dos animais", patrocinado por alguma estrela, Michel Serrault, Robert Hossein, Rika Zaraï. Cerca de quarenta funcionários, jovens e belos especialistas apoiados por uma centena de deputados franceses.

"A Fundação é meu maior motivo de orgulho na vida", diz ela. A instituição foi considerada de utilidade pública em 1992, depois que Bardot lhe doou sua propriedade de Bazoches e La Madrague: "Os animais me dão um teto", diz ela. Ainda lhe resta La Garrigue, outra propriedade em Saint-Tropez.

Na Assembleia Nacional, os parlamentares recebem o periódico da Fundação, do qual ela é na prática a redatora-chefe. Ele é impresso na rue Vineuse 39, o mesmo endereço onde seu pai tinha escritório. O antigo palacete particular desapareceu, tendo dado lugar a um prédio da década de 1970, mas o pequeno jardim entre quatro paredes onde ela andava de velocípede ficou intacto. Bardot toma todas as decisões nessa publicação popular: a primeira página, os editoriais sentimentais, a lúgubre iconografia. Ilustrada com fotos repelentes, a revista cultiva um estilo emocional cru: focinho vomitando sangue, enforcamento de gatos, feridas purulentas, mutilações. Às vezes, a Fundação Bardot pega pesado, como nesta campanha publicitária de impacto: "Não faça aos outros aquilo que não gostaria que lhe fizessem." No visual, uma foca investe contra o cadáver azulado de um recém-nascido humano a golpes de hakapik.

Com lágrimas nos olhos, Brigitte Bardot quer causar compaixão. Do ponto de vista tático, essa abordagem sentimental é uma faca de dois gumes: embora seu combate seja justo, o tom pode irritar e militar contra a causa. Diante de tanto sentimentalismo, a troca é impossível. Ela fala dos animais com muita emoção. Emoção demais. É sua arma e seu ponto fraco. Raiva, indignação, piedade, mágoa e repulsa são coisas impossíveis de comunicar. A onda de passionalismo que satura seu discurso confunde uma mensagem que no fundo é justa. Bardot dirige-se antes ao coração que à razão. Sua estratégia polui a mensagem, de tal maneira que às vezes ela fica inaudível. Há muito tempo, assim, a Fundação Bardot tenta atrair a atenção para os chiqueiros industriais e os galinheiros gigantes onde nascem os frutos do nosso modo de vida. A maneira como os tratamos é justa ou não? Que seria necessário mudar? Quais são nossas responsabilidades diante dos animais? Aos argumentos racionais, a Fundação prefere infundir um sentimento de culpa.

Quanto a Brigitte Bardot, está infeliz. "A condição dos animais não avança, está recuando. A industrialização se acelera. O transporte e o abate industrial aumentam o sofrimento dos animais. A robotização é um horror." Enquanto o mundo animal continuar sofrendo, Brigitte sofrerá. "Seria bom de vez em quando alcançar resultados..." Incapaz de abrir mão das ilusões da infância, incapaz de se engajar numa vida adulta, ela sonha com um mundo sem maldade.

Nicolas em pleno fiorde

Diante do homem de cabelos curtos trajando um jaquetão de frio grande demais, a advogada Karen Berreby não reconhece um garoto que conheceu vinte anos antes em casa de amigos. Cheio de alegria, Nicolas Charrier impressionava por sua exuberância aos quinze anos aproximadamente. Se veio de Oslo, onde vive, foi por ter sofrido um sério golpe. "Um golpe na cabeça", esclarece ele, em conversa com a advogada.[1] Um tijolaço de 558 páginas publicado pela editora Grasset, *Iniciais BB*.

Karen Berreby já viu muitos jovens infelizes. Em 1980, trabalhando com a grande estrela dos tribunais de Marselha, Paul Lombard, ela possuía como cliente Béatrice Saubin, jovem de vinte anos condenada à morte na Malásia por tráfico de drogas. Abandonada pelos pais, Saubin tem a mesma idade que Nicolas, com diferença de poucos meses. Visivelmente cansado, o jovem de pé diante da advogada não consegue expressar sua angústia. Évelyne Charrier, sua tia, o estimu-la afetuosamente a se expressar. "Ele não sabia mais o que queria",[2] conta a advogada.

Depois do divórcio dos pais, quando tinha dois anos, Nicolas passa a viver inicialmente com o pai e a tia Évelyne, até o novo casamento de Jacques Charrier, com France Louis-Dreyfus, herdeira do Grupo Louis-Dreyfus, um conglomerado de empresas transnacionais. O menino convive então com o casal e duas meias-irmãs, Marie e Sophie. Quando o pai volta a se divorciar, ele fica aos cuidados de Évelyne

Charrier, casada com um médico. Dos oito aos dezoito anos, Nicolas cresce nos Pirineus na companhia dos primos, até se matricular na faculdade de Paris-Dauphine para um mestrado de administração. Mistura-se então à massa dos estudantes. O que não é difícil, pois na França existem dezenas de Nicolas Charrier, e por sorte ele não parece nem com a mãe nem com o pai.

"Minhas relações com a minha mãe, todo mundo pode imaginar como são",[3] declarou Nicolas Charrier. Todo mundo imagina. Nicolas é uma vítima colateral da celebridade, objeto de curiosidade. Aos quatro anos, já aparecia na primeira página da *France Dimanche*.[4] Nas fotos, ele era visto patinando no gelo nos braços do pai, enquanto nas fotos ao lado os braços de Sami Frey e... Bob Zagury enlaçam sua mãe. Aos sete anos, ele estava na capa da *Paris Match* com BB.

Bastava que fosse conhecido seu parentesco com a estrela para a curiosidade se acender. As pessoas ficavam olhando para ele. Tentavam encontrar a semelhança. Quando ia a uma festa, era apresentado como "um adolescente musculoso que tem a quem sair, com seu excelente físico".[5]

Não, Nicolas Charrier não parece com a mãe. Nem um pouco. É mesmo o contrário dela. Moreno, introvertido. Pudico. Discreto. Nem de longe do gênero que vai abrindo caminho com os cotovelos, buscando a boca de cena. Afetuoso. Preocupado em passar despercebido. O afilhado de Pierre Lazareff não gosta de publicidade.

Sua ilustre filiação não é um trunfo. É o que ele vem a perceber ao dar seus primeiros passos no mundo adulto. Em 1983, querendo convencê-lo a gravar duas canções, dois improváveis produtores ficam repetindo que ele é "genial", que sua voz é "formidável". Ele comete o erro de acreditar. É a época em que Anthony Delon, Paul Belmondo, Stéphanie de Mônaco se posicionam nas luzes da ribalta. Nicolas Charrier está apaixonado por Anne-Lise, modelo norueguesa que conheceu na maison Cardin, onde também trabalhou como modelo enquanto estudava. Mas será que também pode ser considerado um cantor? No estúdio, ele grava dois títulos, "Station Music" e "Accéleration". O vinil, lançado pela Philips/Polygram, tem tão pouco sucesso quanto o de seu pai em 1959. Sua mãe manda-lhe então uma carta particularmente dura.[6] Abalado com esse fracasso, Nicolas vai parar nas páginas dos tabloides ou, pior ainda, nas pesquisas do tipo "Filhos e filhas de...". Por exemplo: "*L'Officiel Homme* fez um levantamento do novo tipo de estrelas do jornalismo, que podem dizer: 'Obrigado, papai, obrigado, mamãe.'"[7] Obrigado? Sério?

Nesse dia de outono, Nicolas Charrier não consegue se expressar. "Ele tinha sido atingido em seu coração de homem",[8] diz Karen Berreby. A advogada está comovida. Como todas as mulheres de sua geração, pode-se considerar uma fã de Bardot. Quando passa na televisão um de seus antigos filmes, ela nunca perde. E além do mais, também adora animais: Karen Berreby se diz capaz de se comunicar com os cocker spaniels. Começa então a fazer perguntas ao jovem mudo. Especializado em informática, ele vive e trabalha em Oslo, onde se casou e tem duas filhas. A advogada tem dificuldade de imaginar como pai de família aquele grande adolescente ferido sentado à sua frente. Ele explica que sua mãe diz coisas inaceitáveis. Tão inaceitáveis que não poderia repeti-las. Publicado em setembro de 1996 em meio a uma grande campanha publicitária, o livro de memórias *Iniciais BB* encabeça a lista dos mais vendidos já a partir da primeira semana.

Dias depois, a advogada encontra Jacques Charrier, o pai. Muito falante, ele faz um relato consternador das relações de Nicolas com a mãe. Segundo ele, Bardot primeiro quis o filho, enviando a Jacques cartas entusiásticas.[9] Influenciada pelos amigos, ela foi aos poucos mudando de opinião. Egoísta, receava perder a beleza. "Sua vida tem a mancha do abandono do filho, que soube amar no início, mas depois deixou de lado",[10] diz ele.

Se Bardot ficou feliz ao engravidar, seus sentimentos certamente eram ambivalentes. Num livro de memórias publicado dez anos antes, Vadim confirmava o medo da ex-mulher. Grávida de algumas semanas, ela tivera uma conversa com ele, o único que sabia entendê-la sem julgamento, para só então decidir-se a casar com Charrier. A maternidade a aterrorizava. "Será que sou um monstro?", perguntara-lhe. Ela considerava a gravidez um "castigo do céu".[11]

Na infância, o menino teve com a mãe relações esporádicas, ao sabor das férias escolares e dos feriados. Num certo verão, ele chega para as férias em La Madrague. A casa está cheia, não há mais lugar para ele, exatamente como na vida de sua mãe. Vadim, casado com Catherine Schneider (depois de Jane Fonda), dá abrigo ao menino em sua propriedade de Saint-Tropez.[12]

Em Bazoches, Brigitte mostra o quarto do menino, com duas caminhas de ferro cobertas de bichos de pelúcia, queixando-se de que ele nunca aparece.[13] Mas é ela que não o convida, por falta de tempo. Estudante, Nicolas quer um carro e sonda a mãe. Muito a propósito, pois ela estava mesmo em busca de uma ideia para lhe dar de presente no Natal. Quando este dia chega, ela o convida a almoçar em Bazoches com o pai. Encerrado o ritual dos presentes, Brigitte pede ao filho, já impaciente, que abra a janela. E ele então tem a (má) surpresa. Uma bicicleta. Precisa então engolir a decepção, ouvir as justificativas: ela teve despesas inesperadas. Ao partir, ele deixaria a bicicleta.[14]

Ao morrer a avó materna, Nicolas conta receber a casa de Saint-Tropez que ela lhe havia prometido.[15] A mãe a põe à venda, oferecendo-lhe no seu lugar a biblioteca do avô. Literatura de extrema direita, conta Charrier: os pensamentos de Goebbels,[16] *Mein Kampf* na edição Sorlot, com dedicatória de Hitler, Gobineau, autor do *Ensaio sobre a desigualdade das raças humanas*, Drieu La Rochelle.[17] Seria má fé de Charrier? Karen Berreby tenta separar o joio do trigo nesse relato do pai. Na década de 1930, qualquer família francesa razoavelmente culta tem esse tipo de livro em sua biblioteca. O interesse por esses nazistas tão agitadores não surpreende. Não dá para concluir, como faz Charrier, que Pilou fosse um fascista. Embora pudesse ser conservador, não chegou a ser um colaboracionista: "É possível ser oficial da reserva sem ser reservado em suas opiniões", declarou sua filha. De origem lorena,[18] a família Bardot detestava os alemães mas falava sua língua.

Charrier apresenta à advogada elementos de prova mais convincentes: sua correspondência com a futura mãe. "Estou tão feliz por esperar um filho seu", escreveu Bardot em sua caligrafia infantil.[19] Uma coisa é importante para Jacques Charrier: que seu filho saiba que foi desejado.

O tumulto em torno de *Iniciais BB* chega ao máximo. Bardot escolheu como editora uma empresa boa de publicidade desde sua criação pelo engenhoso Bernard Grasset, inventor das primeiras agências de imprensa. É verdade que o investimento é considerável: Patrick Mahé, da *Paris Match*, negociou em nome da atriz um adiantamento de 5 milhões de francos. Três meses depois, o livro já rendeu dez vezes mais. De Frankfurt a Nova York, Patrick Mahé negocia os direitos no exterior. Ele oferece a Brigitte 2 milhões de dólares pelos direitos americanos.

— Lamento, Patrick, não me interessa.

— Por quê?

— Eles executaram os Rosenberg.

— Brigitte, isto foi há quarenta anos!

— Não insista.[20]

Em 4 de outubro de 1996, Brigitte é convidada a participar de *Bouillon de culture*, famoso programa literário de Bernard Pivot. Fã de Brigitte Bardot, ele a recebe com um tratamento de rainha: um cara a cara sem público, como ela queria. É ela quem parece conceder-lhe uma audiência. Vestida de preto, uma flor de tecido nos cabelos, a ex-atriz parece nervosa. "Ela era impressionante... e estava impressionada",[21] diz Bernard Pivot, encontrando a heroína de sua adolescência pela primeira vez.

Bardot garante ter escrito ela própria uma autobiografia iniciada 21 anos antes. Guardou os grossos manuscritos redigidos com caneta de feltro azul. Como tantas vezes acontece com pessoas de destino excepcional, suas memórias são interessantes, vivas, muito francas, cínicas, queixosas, divertidas. Ela não se poupa, nem tampouco aos outros.

À exceção de Trintignant e Sami Frey, nenhum homem merece perdão aos olhos da estrela. Jacques Charrier, o pai de seu filho, é chamado de "alcoólatra", de "sujeitinho", de "ordinário". Bardot relata o nascimento de seu filho com uma brutalidade fora do comum. Culpa-se por ter rejeitado a "pobre coisinha inocente" que já na primeira noite afasta para longe de si, ao mesmo tempo lamentando a atrofia de sua fibra materna. "Eu devia ser um monstro!" Mas não fica por aí. Não só Bardot não teve nenhum elã em relação ao recém-nascido, mas seus sentimentos são de hostilidade, como deixam claro vários trocadilhos cruéis. No livro, *grossesse* (gravidez) rima com *grosse fesse* (bunda grande). O bebê é comparado a "um tumor que se nutriu de mim". Confissões boas para o psicanalista. Bardot escreve com um hakapik. Que lhe passa pela cabeça? Será que ela tem noção do alcance de suas palavras?

Embora não entre em detalhes, Bernard Pivot, constrangido, interroga a convidada sobre os cortes exigidos pela editora. "Na verdade, eu recusei. Foi uma grande guerra entre nós dois. Como sabe, monsieur Fasquelle, da Grasset, é adorável, pois correu um risco considerável." Na mesa preta que a separa do crítico, ela cruza e descruza dedos de unhas reluzentes. "É preciso ter coragem de dizer tudo, do contrário mais vale não dizer nada", explica. Chocados com a narrativa, percebendo a mágoa que ela podia causar e o escândalo judiciário que se anunciava, os amigos tentaram chamá-la à razão. Particularmente seu amigo François Bagnaud, que datilografou, corrigiu, organizou o manuscrito em capítulos,[22] abalado pelas páginas sobre Nicolas Charrier. E seu editor, temendo processos. De nada adiantou. Bardot recusou-se a reler o que escrevera, receando perder a espontaneidade.

"Como no cinema: uma única tomada. Sua qualidade principal é a sinceridade do primeiro impulso, uma certa ingenuidade, uma certa inocência. Ela devia ser assim no amor. Bardot é natureza. Nunca aceitou compromissos", diz Bernard Pivot.

Brigitte Bardot transformou a franqueza em marca registrada. Num artigo cheio de admiração para a revista *Esquire*, Simone de Beauvoir reconhecia-lhe uma "virtude deslumbrante": a autenticidade. Sagan, por sua vez, elogiava sua naturalidade: "De minha parte, eu falaria de uma perfeita naturalidade, naturalidade tanto na generosidade quanto no egoísmo, na ferocidade ou no afeto, na exigência ou na ternura."[23]

No estúdio, Bardot bebe um gole d'água. "Você acha que a verdade não tem limites?", pergunta-lhe Bernard Pivot cordialmente, por trás de seus óculos de leitura. "Sim, a sinceridade não tem limites. A Verdade sai nua de seu poço... Como eu", diz ela, coquete.

Para Bardot, todas as verdades devem ser ditas. Desde que sejam as suas. Foi o que pôde constatar Gregor von Rezzori durante as filmagens de *Viva Maria*. Numa série de artigos divertidos, ele fez graça com a hostilidade entre as duas estrelas do filme, Bardot e Moreau. Amigo querido de Brigitte, logo caiu em desgraça. Reação tanto mais absurda na medida em que o grande escritor austríaco amava e respeitava Bardot. Nas filmagens de *Vida privada*, fazendo o papel de seu pai, ele ficara impressionado com o ódio que ela provocava. As páginas a ela dedicadas em seus livros são impregnadas de benevolência. *Outsider* talentoso, por sua vez estigmatizado por sua intransigência e alegre independência, Rezzori tinha tudo para agradar a Bardot. Até o fim lamentaria o fim da amizade. Mantendo sob controle a própria imagem, Bardot é incapaz de aceitar um olhar, mesmo amoroso, que não se conforme com a pauta estabelecida para sua lenda pessoal.

Bardot diz e faz o que pensa. Não tem contas a prestar a ninguém. Não ouve ninguém. Emparedada em si mesma, dizem os amigos, ela tem dificuldades de relacionamento. Inacessível e fechada, é isolada por uma surdez interior, incapaz de empatia, exceto em relação a animais ou seres desprotegidos, como as velhinhas abandonadas. O altruísmo lhe é algo estranho, assim como a capacidade de imaginar que possa ferir alguém. Ela não tem consciência de si mesma nem do outro, nem portanto do efeito que causa. Mesmo quando esse outro é seu filho. Nem todas as verdades devem ser ditas.

"Optei por me expor completamente. Prefiro que me julguem mal, mas pelo menos ficam sabendo quem eu sou", explica ela a Pivot. Criança egocêntrica, Brigitte Bardot quer ser amada pelo que é. "Não meço palavras, às vezes pode ser duro de ler",[24] reconhece.

Certos trechos do livro teriam sido escritos sob efeito do álcool? Brigitte Bardot não esconde que bebe. O período de vacas magras foi uma provação difícil: sete anos sem um companheiro. Como compartilhar a vida de mulher de temperamento difícil e exclusivo, vivendo em La Madrague cercada de animais? Certas noites, a solidão era tão forte que ela tocava violão para quebrar o silêncio. "Um instrumento mágico que se basta. A gente pode tocar mal, não tem importância, imediatamente se cria um clima diferente, instala-se a alegria, estamos em festa."[25] Há dias em que ela pode começar a beber vinho tinto pela manhã.[26]

A franqueza, geralmente considerada uma qualidade, muitas vezes não passa de ferocidade. Na sinceridade agressiva de Brigitte existe algo de vingança contra o pai do filho que ela deixara de amar, contra os homens e talvez também contra seu próprio pai, que desejava um menino.

Bernard Pivot encerra o programa em tom amistoso: manda trazer champanhe nas taças arrematadas no leilão de Jacques Tajan. A caneta comprada nesse mesmo dia se perdeu, mas as oito taças de cristal com as iniciais da atriz gravadas estão intactas. A cada mudança, são tratadas como um autêntico tesouro. Bernard Pivot as utiliza nas grandes ocasiões: nelas, o champanhe parece mais alegre, mais borbulhante. Ele brinda com Bardot. Os dois acabam de bater um recorde de audiência, com mais de 3 milhões de telespectadores.

Karen Berreby leu o livro inteiro. Em 31 de outubro, entra com uma ação pedindo a apreensão do livro em nome de Nicolas Charrier e de seu pai. Mas o pedido é recusado: na audiência, a parte contrária apresenta um acordo assinado por Nicolas antes da publicação. Ao pedir a autorização legal do filho, Bardot mostrou-lhe o manuscrito, a pedido do editor. De férias em La Madrague, Nicolas Charrier ficou tão mortificado com a leitura que, depois de uma noite de insônia, sem dizer palavra, devolveu o texto à mãe e assinou o ato de concordância que ela lhe entregava. Tendo recalcado essa terrível experiência, ele esqueceu de falar a respeito a sua advogada. Seria necessário então argumentar em função do conteúdo propriamente dito.

Em 23 de janeiro de 1997, Nicolas Charrier não comparece ao Palácio de Justiça. Nem mesmo debaixo de seu pesado casacão ele se sente protegido. "Nicolas não é ator. Não temos aqui um ator interpretando sua vida, nem sua relação com a mãe, nem sua relação com a França. Ele simplesmente suporta, não é alguém que revide. Na Noruega, certamente é diferente",[27] diz sua advogada.

O pai e o filho queriam que a audiência fosse a portas fechadas. Como o tribunal recusasse, Nicolas não compareceu para ouvir sua própria advogada ler em voz alta as palavras de Bardot, dizendo como tivera, no ano de seu nascimento, de ouvir um desconhecido revelar sua intimidade em público. No início de sua "bunda grande", ela contemplava "sua barriga lisa como se olha pela última vez um ser querido antes de fechar a tampa do caixão". Depois, ela tentou curar-se daquele "tumor" "dando murros na barriga" e pedindo doses de morfina a um certo doutor D. "Foram nove meses de pesadelo..." E agora, o parto. "Com um cheiro pavoroso", vieram lhe entregar "um saco de água quente de borracha". Era ele. Nicolas.

A atriz é defendida por Wallerand de Saint-Just, advogado de Jean-Marie Le Pen e tesoureiro da Frente Nacional. Há quatro anos ela vive com Bernard d'Ormale, amigo do líder de extrema direita. Conheceu-o numa noite de junho de 1992, num jantar na casa do advogado Jean-Louis Bouguereau, outro membro da Frente Nacional. "É sua própria vida que ela está violando, e não a dos outros. Ela faz parte da história de nosso país, escreveu suas memórias e seu direito está acima do direito dos Charrier", declara a advogada.

Seu direito é superior ao direito dos Charrier? A lei acaso conferiria poderes ilimitados às estrelas? Dinheiro demais, celebridade demais geram abuso de poder. A República garante a igualdade perante a lei. Os Charrier pedem uma indenização de 6 milhões de francos à atriz e 5 milhões à editora. Além disso, querem a eliminação de todos os trechos do livro que lhes dizem respeito, o equivalente a oitenta páginas num total de 558, a retirada das fotos em que aparecem, a publicação da sentença em sete revistas, a proibição do lançamento do livro na Noruega, onde vive Nicolas, na Dinamarca e na Suécia, países vizinhos onde seus amigos ou os de seus filhos poderiam ter acesso ao conteúdo.[28] Como acontece com tudo em que Bardot se envolve, o sucesso editorial é impressionante. Na França, o livro é um best seller: 500 mil exemplares vendidos em três meses. À exceção das histórias em quadrinhos, Bardot bate todos os outros livros no ano de 1996. *Iniciais BB* supera *En toutes libertés* (editora Ramsay), escrito pela mulher do presidente da República, Danielle Mitterrand, que chega perto dos 500 mil exemplares. Todos os best sellers da temporada ficam para trás: Mary Higgins Clark com seus dois romances nesse ano de tiragem de mais de 300 mil exemplares *(Revelação ao luar* e *Noite feliz)*, pela Albin Michel, Pascale Roze, contemplada com o prêmio Goncourt, e seus 350 mil exemplares, Umberto Eco e o seu *A ilha do dia anterior,* pela Grasset, com 400 mil exemplares, Régine Deforges, Paulo Coelho, Christian Jacq...

Nicolas Charrier obtém 100 mil francos de indenização, seu pai, 150 mil francos. A censura das passagens cruéis é recusada. Na verdade, o processo rendeu uma enorme publicidade para as frases assassinas que, reproduzidas na telinha, transformam-se em manchete dos noticiários das redes de televisão.[29] O processo virou-se contra Nicolas, conferindo às palavras de Bardot um eco mais sonoro. O livro chegaria a vender 1 milhão de exemplares no mundo. "Acho até que se fosse órfão Nicolas seria menos infeliz", diz Karen Berreby.

O episódio custa caro a Bardot. Suas declarações cheias de desprezo a fazem perder o afeto do filho, mas também a simpatia de admiradores chocados. "A partir do momento em que eu pude constatar a dor de seu filho, Bardot deixou de existir para mim", diz Karen Berreby. A atriz queimou seu último cartucho: sua popularidade.

Bardot viria a lamentar sua dureza em relação ao filho. "Foi um nascimento de uma incrível violência, em todos os aspectos. Eu tinha a impressão de que ia morrer ou enlouquecer. Nicolas sofreu as consequências disso. Quarenta e nove anos depois, sei que a maior injustiça que infligi ao meu filho é o fato de tê-lo culpado por nascer em tais condições. É por isto que, no meu livro, escrevi palavras tão duras a respeito de seu nascimento. Eu pensava: por que deveria trazer ao mundo uma criança que me suga a vida de tal maneira? Eu sei que, para ele, foi uma incrível injustiça", declarou ela a Christian Brincourt. Ela legou a Nicolas algo que lhe é muito pessoal: o sentimento de culpa de não merecer o amor dos pais.

São poucas as atrizes que poderiam merecer um Oscar de melhor mãe. Jeanne Moreau, que teve um filho em 1949, também admite que não é maternal.[30] E ninguém a recrimina por isto. Não só Brigitte Bardot não criou o filho como assume isso sem a menor hipocrisia. Quebrando um tabu, teve a coragem de assumir um comportamento incomum. Sua relação com a maternidade é um dos aspectos mais interessantes de seu mito. Com sua horrorizada recusa da procriação, ela se define como mulher à parte numa sociedade patriarcal que reserva aos homens o direito ao gozo gratuito. Ela é criticada por ter abandonado o filho, mas ninguém jamais dirigiu a mesma censura a Jacques Charrier por não tê-lo criado.

Nem mãe nem puta, Bardot põe em risco a ordem masculina. Toda mulher é secretamente ambígua. Uma parte, fiel e dedicada, protege o lar. A outra só pensa em liberdade e prazer. Brigitte Bardot é a parte audaciosa do desejo feminino, a parte ousada que só faz o que quer. Ela não só escolhe e paquera seus amantes como manda o filho andar.

Os seres que de tal maneira fogem à norma mexem com a sociedade em suas profundezas, mas ao preço de um grande sofrimento: a solidão. Quem abandona o filho é rejeitado pelo grupo. Até o fim de seu mito, Brigitte Bardot seria considerada mãe desnaturada. Mãe desnaturada, mulher desnaturada. Mulher maldita aquela que levanta seus véus. Os amigos nunca lhe falam de seu filho. "É um assunto doloroso demais para ela",[31] diz seu confidente François Bagnaud. Nas entrevistas, ela sempre afirma que não acredita nos vínculos de sangue. Mas eles tratam de se fazer lembrar dela. Ninguém cicatriza da carne da própria carne. Todo ano, no Dia das Mães, Brigitte registra que o filho não deu sinal de vida. E ponto final. Os amigos baixam os olhos. Ninguém tem coragem de lhe falar "disso". "Acho que é o drama de sua vida", diz Jean-Max Rivière. Ela é uma espécie de mãe para tantos protegidos, mas não soube ser a mãe do próprio filho.

Todo filho idealiza a mãe. Como se libertar de uma figura idealizada pela sociedade? Como lhe conferir seu justo lugar? Embora não fosse uma boa mãe, Bardot tampouco foi a pior das mães. Apenas uma mãe medíocre. Mas pelo menos não tentou dissimular, permitindo ao filho enxergar com toda clareza.

Nicolas Charrier construiu sua vida perto do círculo polar. No país das geleiras. Na Noruega, o mais distante possível da França. Um reflexo animal de sobrevivência. Certos genitores, é melhor manter à distância. Não se tem escolha. Nicolas não quer vingança. Nem é masoquista. Quer apenas evitar a mãe. "Qualquer contato é um verdadeiro golpe", diz Karen Berreby. Casado com Anne Line Bjerkan, Nicolas tem duas filhas, Anna Camilla e Thea Josephine. Terão elas frequentado a escola francesa de Oslo? Acaso falam a língua da avó? O certo é que Nicolas sonha em norueguês.

Essa história consternadora fez duas vítimas: Brigitte Bardot e seu filho Nicolas.

Pobre filho.

Pobre mãe.

Mas é possível que as mulheres tenham ganhado por assumir mais o seu desejo.

Alô, Brigitte Bardot falando

> "— Mas e quando você chamou Fogiel de 'babaca'?
> — Pois repito com toda convicção."

Brigitte Bardot, *Médias* nº 8, março de 2006

Junto ao telefone, eu espero Brigitte Bardot. A combinação é a seguinte: eu devo estar a postos, e a certa hora ela vai telefonar de Saint-Tropez. Frank Guillou, seu secretário na Fundação, acabou conseguindo uma hora para mim. "Alô, Brigitte Bardot falando." A dicção é descuidada, a voz, clara, um pouco rouca, a língua, precisa. Um timbre emite ondas, numa fração de segundos sabemos que tipo de temperamento está do outro lado do fio. Este que eu ouço é franco, direto. Uma boa voz. Animada, maliciosa também, quando diz: "Lá vou eu ser demolida mais uma vez."[1]

Un cri dans le silence [*Um grito no silêncio*], o livro polêmico por ela publicado, teve trechos lidos em voz alta no jornal em que eu trabalho. Dir-se-ia que BB fez uma lista de tudo que poderia causar escândalo para em seguida ir ticando: os homossexuais, os políticos, os desempregados, os muçulmanos, os professores, os deficientes, cada um tem a sua parte. Minha vontade é de rir, diante de tais absurdos. Não consigo levá-la a sério. São apenas palavras.

Os homossexuais, por exemplo, são chamados de "fenômeno de circo". Em sua maioria, os amigos de Brigitte Bardot são homossexuais, justamente. Ela nunca os aborrece com essas histórias. E ela própria teve relações com mulheres. Não é um livro de reflexão, apenas um catálogo de lugares-comuns escatológicos. Se ela não fosse Brigitte Bardot, ninguém publicaria semelhantes asneiras. Mas é evidente que nem todo mundo vai achar graça. Na Fundação, seus colaboradores ficam consternados. Eles ficaram surpresos com seus últimos livros, de uma rara violência. "Brigitte é uma mulher calorosa e maternal. *Un cri dans le silence* não foi escrito pela pessoa que eu conheço",[2] diz seu porta-voz, Christophe Marie, resumindo a opinião geral na rue Vineuse. Quem foi então que o escreveu?

Brigitte Bardot sabe perfeitamente que vai chocar. E talvez o deseje secretamente. O escândalo é sua jogada que costuma dar certo.

— Sim, lá vou eu ser demolida de novo.

— Então por que escrever esse tipo de coisa?

— Porque é o que eu penso.

Sem discutir o número de mesquitas na França, pergunto-lhe se ela conhece muitos professores.

— Não, nenhum.

— Mas você escreveu que são uns porcos. Como sabe?

— Eu os vejo na televisão!

Brigitte não gosta de falar de si mesma. Trata-se de mudar de conversa, fala de animais.

— Tenho uma vida... rara — reconhece.

Tapas e bolos

Através dos seus amigos, sei do seu isolamento. Anos de reclusão. Ainda hoje, ela não pode ir a Saint-Tropez sem ser seguida, assediada, fotografada. Desde 1958, praticamente não sai da casa. "Você imagina o que significa nunca poder caminhar pela rua? Nunca, a vida inteira, ter sido capaz de comprar um par de sapatos? Brigitte leva uma vida de reclusa, fora do tempo, fora da sociedade", diz Anne Dussart. Por causa da fama, ou por outro motivo. La Madrague, o Walhalla de

Brigitte Bardot, é sua estação solar. Lá ela vive com um guarda-costas, animais, um namorado exclusivo. Escolhido num partido extremista, derradeira provocação. "Brigitte é um animal esfolado vivo", acrescenta Anne. Ela nunca sai sozinha.

"Como eu poderia ir a um café ler meu jornal? Imediatamente seria cercada. E por sinal sem qualquer agressividade. Prefiro tomar meu café em minha propriedade, na mais absoluta paz, em companhia de meus rouxinóis."

Mas não existem apenas rouxinóis em La Madrague. Há também pombos, símbolos de doçura.

Anne Dussart contou-me que Brigitte há trinta anos não entra num cinema. Ela gosta de cozinhar. Pratos de bistrô, sem complicações. Como toda mulher que sente prazer à mesa, ela gosta de ir ao mercado. Cerejas para seus célebres bolos de frutas, tomates, peixes para grelhar, queijos, tudo isto ela gosta de escolher. Lá está ela de short, irritada, despenteada, um sujeito a fotografa, ela lhe dá uma bofetada, a foto sai em toda parte.

Ligada ao resto do mundo por uma linha telefônica, ela se comunica com todo o planeta, num tom de soberana familiaridade, generosa, insuportável, completamente deslocada. "Ela não tem medo de nada nem de ninguém", diz Anne Dussart. Depois dos atentados de 11 de setembro, Brigitte cumprimenta os bombeiros de Nova York por sua coragem. Telefona ao presidente da França por qualquer motivo. "Alô, meu Chichi", dizia, dirigindo-se a Jacques Chirac. "Até hoje, não conheço um só homem que não se desmanche ante o seu charme", conclui Anne Dussart. Com as mulheres, a mesma coisa.

Ela não deve ter visto muitas mesquitas entre Saint-Tropez e o Aeroporto de Nice. Brigitte Bardot vive isolada há lustros. A imagem pessimista que acabou desenvolvendo de um mundo que segue em frente sem ela é a imagem moldada dia após dia pelos meios de comunicação. Ela lembra esses velhos interioranos exilados nos trópicos que só têm notícia da França pela leitura deformante da *Paris Match*.

— Temos o direito de dizer o que pensamos, desde que sem ferir ninguém. Você é Brigitte Bardot, cada palavra sua tem enorme repercussão. O que lhe dá certas responsabilidades. Naturalmente que todo mundo vai cair em cima. Proteja-se!

Ela ouve.

— Você deve ser uma pessoa incrivelmente gentil. Dá para perceber por sua voz.

Pela primeira vez alguém me diz algo assim... Brigitte certamente está projetando sua própria gentileza em mim. "Gentil": o qualificativo que mais tenho ouvido desde que comecei a me informar sobre ela.

Dias depois, ela é convidada a participar de um talk-show.[3] Vestida de preto, entra no estúdio de braços dados com o ator Alain Delon, outra celebridade de sua geração.

Sentada num banquinho, ela parece tensa. Há sete anos não participa de nenhum programa importante. "É um teste e um desafio. Por que não?, pensei." Nos bastidores, ela teve palpitações.

Contracenando com Delon, ela volta a interpretar a cena de *O desprezo* em que, deitada nua na cama, pergunta a Michel Piccoli: "Você acha minhas nádegas bonitas?" É meio embaraçoso. Nem ela nem Delon recorreram à cirurgia plástica. Nenhuma estrela americana desse porte teria tal liberdade. Brigitte Bardot não amadureceu com a idade: ficou devastada, dizia Rezzori. Ela se impõe tal como é, o que requer muita coragem.

O programa passa em revista sua carreira, com reportagens e imagens de arquivo. Brigitte canta "La Bamba" com os Gipsy Kings, acompanhando ao violão. O apresentador assobia e dança na cadeira. "Há anos eu não era aplaudida assim. Fiquei muito agradecida ao público (...). É um prazer, de sete em sete anos", diz ela, comovida. Ela perde o medo. Fala de si mesma, de sua antiga profissão. "O mundo do cinema é cruel. Ele nos aceita e nos rejeita. Se eu tivesse continuado, não estaria aqui."

Com um chapéu de flores de plástico, ela observa com gentileza os artistas que cantam em sua homenagem. Quando seu rosto se ilumina, seu sorriso é o sorriso de uma criança. Ela é comovente. É a única mulher no mundo que consegue se manter com uma classe incrível sentada num banquinho. Não há o que fazer: ela sabe manter o porte.

O apresentador bebe as palavras de Brigitte. É um belo rapaz de pele lustrosa, com um sorriso melífluo acionado por um sólido par de mandíbulas. De repente, o tom muda. Ele ordena que o público se retire. Vai falar agora do livro que ela está publicando. O rosto de Brigitte Bardot fica sério. Antes do programa, combinou-se que o assunto não seria tratado. Mas o público não obedece: são amigos de Brigitte e membros de sua Fundação. Uma voz grita: "Brigitte, você caiu numa armadilha!" Ela foi enganada. Mais uma vez. É o que fica patente em seu rosto expressivo. O belo rapaz lê trechos do livro. Depois de lisonjear Bardot durante 60 minutos, ele quer mostrar seu outro lado. Em seu rosto pastoso, o sorriso deu lugar à indignação, à pose virtuosa.

A cena é constrangedora. O que o apresentador pretende provar? Que a beleza física de Bardot não basta? Que sua celebridade internacional não vale nada? Que ela não é instruída? Que largou a escola cedo demais? Que sua cultura política é superficial? Sua bagagem intelectual, muito básica? Sua linguagem, pobre? Que seu pensamento carece de consistência lógica ou moral?

Convidada a participar de um programa de televisão, uma celebridade se conforma às referências ideologicamente convenientes: vocabulário vazio, lugares-comuns moralizantes, sorriso neutro. Bardot é uma atriz, uma filha de burgueses, uma grande apaixonada, um símbolo sexual, uma amiga dos animais, uma amblíope. E muitas outras coisas. Mas não é uma intelectual. "Eu não sou de política. Simplesmente emito minha opiniões pessoais, que não refletem as opiniões da minha fundação",[4] diz ela. Se admira uma radical de esquerda como Arlette Laguillier, ou um radical de direita como Jean-Marie Le Pen, é por achá-los sinceros.[5] Como ela. Melhor acabar num impasse.

Às vezes Brigitte Bardot pensa com a boca. Ante os amigos e admiradores consternados, expele frases absurdas que dão cócegas judiciárias nos antirracistas, que transformam esse lixo grosseiro em moeda sonante. O que fala pela boca escandalosa nessas ocasiões é a parte maldita das pulsões a ela atribuída por seu mito. "E o meu país, a França, minha pátria, minha terra, volta a ser invadida, com as bênçãos dos sucessivos governos, por uma superpopulação estrangeira, especialmente muçulmana, à qual nos submetemos", escreve ela em 26 de abril de 1996 em *Le Figaro*.

Em várias oportunidades, Brigitte Bardot foi condenada por incitação ao ódio racial.[6] Mil e quinhentos euros, 3 mil euros, 4 mil euros, 5 mil euros, 15 mil euros em 2008, as multas vão aumentando e ela não desiste de provocar. Ela comparece ao tribunal com flores de plástico nos cabelos e chora. Seus jovens assessores olham para os próprios tênis. Ela é condenada. Reincidente. "Estamos fartos de ser pressionados por toda essa população que nos destrói, destrói nosso país, impondo sua vontade",[7] escreve ela na vez seguinte.

Brigitte Bardot é capaz de dizer palavras condenáveis, mas nada em seus atos dá mostra de racismo. Absolutamente nada, pelo contrário. Ela nunca apoiou qualquer organização de extrema direita. Nos anos 1960, era gaullista. Durante a guerra da Argélia, quando recebeu a carta de ameaças da O.A.S., seu reflexo foi imediato: denunciar a organização terrorista. Assessorada pelo advogado Robert Badinter, apresentou a primeira queixa judicial contra a O.A.S. Em 1961, num momento em que o próprio governo assumia uma atitude ambígua. De Gaulle era favorável à independência da Argélia, mas não seu primeiro-ministro, Michel Debré.

Na época, o homem de teatro Antoine Bourseiller, que apoiava a FLN, Frente de Libertação Nacional da Argélia, recebeu um telefonema noturno recomendando que desaparecesse por alguns dias, pois estava sendo procurado pelos agentes do ministro do Interior, Roger Frey. Uma polícia paralela tinha sido criada, argelinos eram executados por ordem do chefe de polícia de Paris, Maurice Papon. Sem saber o que fazer, Antoine Bourseiller telefonou em plena noite a seu amigo Sami Frey, mas sem ter a coragem de contar tudo. Desligou sem ter pedido ajuda, mas

Sami, percebendo que as coisas não iam bem, ligou para ele. Brigitte e ele ofereceram sua hospitalidade a Bourseiller na avenue Paul-Doumer. Ninguém desconfiou que o homem procurado se escondia na casa da atriz mais fotografada do momento, vendo-a picar cenouras em sua cozinha. Bardot jamais contou essa história: ela nunca se justifica.[8]

Como a Grande Mademoiselle, prima de Luís XIV, que assumia sem rodeios seus dentes estragados, pois eram os seus, ela assume suas ideias, ainda que polêmicas. Força e magia ilógica de Brigitte Bardot. Se a televisão tenta demonizá-la, mostrando seu lado ruim, tornando infame a mulher famosa, no fim das contas é ela que desmascara as posturas morais que não se comprometem com nada. A máquina de denunciar volta-se contra seus promotores. Depois do programa, chegam a La Madrague 60 mil cartas, em sua maioria amistosas. E como a máquina totalitária é cega, só o apresentador seria punido por sua impostura. Desde então, ele é considerado uma das personalidades mais antipáticas da paisagem audiovisual francesa.

Numa democracia autêntica, o que importa não é o que as pessoas pensam, mas aquilo em que votam. O que o meu vizinho pensa não me diz respeito. Eu não sou um delegado de polícia. Se não aprecio as ideias de alguém, não o convido a minha mesa. Mas faço questão de que ele possa se expressar. O direito de falar é mais importante que o conteúdo, disse Voltaire. Que deveríamos pensar de uma época que obriga todo mundo a ter pensamentos perfeitos, vale dizer, em perfeita coerência com as exigências da boa consciência de massa? Uma época que nivela e poda o pensamento é um fascismo que deu certo. Um totalitarismo sedutor que recruta seus comissários entre os apresentadores de televisão hedonistas e os jornalistas credenciados. Um editor publica as opiniões de Brigitte Bardot. Simples convicções, não uma doutrina. Valem o que valem. Palavras, palavras. Não importa que sejam aprovadas ou não, o azedume não mata. Brigitte Bardot não está na política, suas opiniões carentes de urbanidade não constituem um programa. Seu papel é iluminar, e não esclarecer.

"O incrível é que Brigitte não é racista", diz sua amiga Anne Dussart. "Quando ela faz declarações primárias, começando uma frase com 'os árabes'..., eu não discuto com ela."

Brigitte Bardot é uma mulher de temperamento forte e às vezes de mau temperamento. Seus amigos o sabem, mas gostam dela tal como é. "Os amigos a gente aceita com suas qualidades e defeitos", afirma Anne. Suas palavras muitas vezes vão além do que ela pensa, e o amigo que se encontra por perto no mau momento acaba levando. Mas não dura. Bardot pratica o perdão das ofensas: de bom grado absolve aqueles que maltratou. "Às vezes o pessoal aqui de casa me vê desligar o telefone, certos de que nunca mais voltarei a falar com Brigitte, de tanto que ela gritou comigo. No dia seguinte, ela esqueceu tudo. E eu também", diz seu amigo François Bagnaud.

Desde seus primeiros passos na militância, ao lado dos Jovens Amigos dos Animais, Brigitte Bardot luta para melhorar a condição dos animais de abate. Critica a criação concentracionária que enche os animais de antibióticos e a engorda artificial dos gansos. Os animais destinados ao abate kosher ou halal são degolados ainda conscientes. "Temos de suportar contra a vontade as tradições desses desmandos islâmicos, e em muitos casos as interpretações equivocadas de sua religião e o desprezo da ordem pública, diante dos quais nossos dirigentes políticos baixam a cabeça com uma covardia que só se equipara a seu medo", escreve ela. É o sofrimento dos animais que a deixa revoltada.

Notre-Dame-de-la-Garrigue

"'Saint-Tropez? Pijamas. Costas nuas. Estivas cheias de turistas ricos. Duzentos automóveis de marca a partir das 5 horas no porto. Coquetéis, champanhe nos iates ancorados no cais e à noite, na areia das pequenas enseadas, sabe como é...' Não, não sei. Realmente não sei. Eu conheço a outra Saint-Tropez. Que ainda existe. E sempre existirá para aqueles que acordam com o alvorecer."

Colette, *Prisons et paradis*

A chave ficou na fechadura. Uma chave grande que gira suavemente. Francisco de Assis, de braços abertos e acompanhado. Uma infinidade de imagens piedosas, oferendas, orações ao redor do altar coberto com uma toalha de renda nova e limpa como paredes caiadas. Perto da porta, uma foto de Brigitte com o Dalai Lama. E uma outra, aos pés de João Paulo II, que a recebeu num dia de são Francisco.[1] Fico de pé à entrada, estranhamente comovida. Não tiro fotos. A chave abandonada com confiança estimula a discrição. É aqui, segundo se diz, em Notre-Dame-de-la-Garrigue, num recanto de paraíso terrestre, que Brigitte quer ser sepultada. Eu fecho a porta.

Escondida por uma vegetação luxuriante, a bela capela domina o mar. Diante da porta, um banco de pedra à sombra dos galhos de um pinheiro, entre os quais palpita o Mediterrâneo reluzente à luz do sol. Ao sul, o farol de Camarat, com suas sentinelas dia e noite. Ao norte, o promontório de Capon mergulhando no mar. Daqui, pode-se ouvir a respiração regular das ondas nos rochedos cheios de deliciosos ouriços do mar. A vegetação densa dos carvalhos vai descendo até a beira-mar e oculta o convento da encosta. Um éden de vegetação selvagem que Brigitte se recusa a aparar.

Ao redor do banco, a terra foi revirada pelos javalis. É uma "fresca e agradável manhã de outono, uma dessas que consolam o fato de o verão ter ficado para trás, tão doces são, de um azul esfumaçado, e imóveis" (Colette). Brigitte Bardot deixou o tempo recobrir seu corpo com uma pátina, tomada de humores sombrios, mas não enfeiou o mundo. Tem seu mérito. La Garrigue é um derradeiro fragmento da paisagem dos gregos.

Tocar a campainha de Brigitte Bardot? Ela não recebe mais. Ninguém mais. Ainda que me recebesse, não mudaria grande coisa. Ela nem tem a chave. "O que me aconteceu foi um verdadeiro milagre. Na verdade, tive apenas um mérito, o mérito de ter chegado e portanto de estar aqui no bom momento", explica ela, como a bela simplicidade que a caracteriza.[2] O que ela pensa hoje, eu posso ler aqui e ali. Além do mais, com um tema como ela, é necessário encontrar alguma distância, a boa distância. Aproximar-se dela é assumir o risco de se deixar envolver. Ou de assistir à dissolução da miragem. Mando-lhe perguntas por correio. Ela responde à mão e envia as respostas por fax. Animada, espirituosa. Os livros a seu respeito não a interessam: tudo já foi dito, principalmente por ela, explicam os amigos.

Diariamente, ao meio-dia, no volante de um Renault 4 fabricado na ilha de Seguin, Brigitte Bardot deixa La Madrague acompanhada de seus cães. Para acionar os pedais com seus quadris travados, ela dirige de pernas esticadas e pés descalços. Na baía de Canoubiers, os pontões estão desertos e o clube náutico, fechado, como as grandes propriedades ocultas por trás de imponentes muros. Fincadas como lâminas, essas paliçadas isolam os domínios dos reis do brioche dourado ou da bolsa de grife, de agenciadores de apostas on-line ou dos espertalhões da propina. À entrada de um desses domínios, uma escavadeira desnuda uma colina e arranca as árvores do bosque, que será substituído, nos traços de um paisagista, por um implante de rochas e palmeiras. A propriedade de Brigitte Bardot está cercada da riqueza que picotou o maciço de Maures segundo o capricho dos privilegiados. Pelo retrovisor, ela verifica se todos os cães estão ali.

Sua visão a faz sofrer? Ela nunca fala de sua ambliopia. Uma linha no livro de memórias, e ponto final. Fala com mais facilidade de um câncer de mama tratado por um histrião do bisturi. Estranhamente, Brigitte nunca falou muito de sua ambliopia aos que a cercam, que muitas vezes ignoram essa particularidade. "Brigitte faz disso tamanho mistério que fica evidente que é uma coisa muito importante para ela. Um autêntico incômodo, um complexo", diz seu amigo Jean-Paul Steiger, com quem entrou acidentalmente em confidências certo dia em que estava meio alta. Sua deficiência visual não diz respeito a mais ninguém, senão a ela. Se os outros achassem que é uma deficiente, ela teria de aceitar crenças ligadas à invalidez. Para lutar contra seus próprios complexos, ela optou por causar uma profunda impressão.

A beleza tranquila de seus domínios comove Brigitte. Um coelho atravessa o caminho na diagonal, contornando os montículos de terra revolvida pelos javalis. O grande javali solitário que se estabeleceu em La Garrigue reproduz-se descontroladamente. Por mais que a prefeitura exija uma limpeza do terreno, Brigitte nada faz. Sem a espessa grenha do bosque, os animais não teriam refúgio. A vizinha Tatiana Ieltsin, filha de Boris, optou pela tundra: carvalhos e medronheiros, arbustos de aroeiras, turfas, cistos, alecrins, tudo foi arrancado para dar lugar a uma plantação de paramilitares armados até as orelhas. Até os pássaros, não querendo perder as plumas, contornam seu enclave.

Os pés de Brigitte estão cobertos de uma crosta tão espessa que ela nem sente os espinhos dos pinheiros quando os pousa no solo, depois de se apoiar na muleta. Uma artrose nos quadris a tem feito sofrer. Ela não quer se tratar. Gunter ofereceu-se para mandar um helicóptero a

La Madrague para transportá-la a uma clínica de primeira. Hoje em dia, essas intervenções são rotineiras. Brigitte não quis: tem medo de anestesia, desde que escapou da morte numa mesa de cirurgia. Não tem mais como descer para passear com os cães na praia nem subir até a capelinha.

Festejada pelos cães, ela abre a porta da cabana. É recebida por Maria Callas cantando "Romeu e Julieta", pois a Radio Classique fica sempre sintonizada para os gatos que moram ali. Ela observou que os animais dormiam perto do aparelho.

> *Je veux vivre*
> *Dans ce rêve qui m'enivre;*
> *Ce jour encore,*
> *Douce flamme,*
> *Je te regarde dans mon âme*
> *Comme un trésor!*[3]*

Brigitte acha tão bela a "Casta Diva" de Callas que pediu que seja tocada em seu funeral. Saberia acaso que uma outra estrela de sua geração manifestou o mesmo desejo? No funeral de Yves Saint Laurent, na Igreja de Saint-Roch, a ária levou uma emoção trágica à rue Saint-Honoré, onde se juntava uma multidão em silêncio. O canto pacificado, quase argênteo, de Norma, sacerdotisa gaulesa, imagem do sacrifício, marca da existência de ambos.

Como o costureiro, Brigitte Bardot assistira à famosa récita de 1958 na Ópera de Paris, na qual Callas cantou "Norma" em encenação de Franco Zeffirelli. Quando ela entoou "Casta Diva", a casa prendeu a respiração. Brigitte lembra-se do presidente Coty, de Jean Cocteau e Martine Carol, de Gérard Philipe, de Juliette Gréco, de Charlie Chaplin e sua mulher Oona, que mais parecia uma menina, do duque

---

* Quero viver/Neste sonho que me inebria;/Em mais este dia,/Doce chama,/Te contemplo em minh'alma/Como um tesouro!

e da duquesa de Windsor e também da manequim Victoire: toda Paris querendo assistir à queda da diva. Em Roma, a grande soprano tinha interrompido a representação no fim do primeiro ato, debaixo de vaias do público. Esgotada, ela era traída por suas cordas vocais.

No palco do Palais Garnier, a frágil silhueta evidenciava nessa noite uma rigidez catatônica. Expressão dolorida, nariz longo, La Callas parecia um corvo em desespero. Nos primeiros compassos, sua voz parecera carente de elã. O timbre nunca mais seria o mesmo. Mas acabou ganhando impulso. À medida que ela recobrava confiança, sua voz ousava mais, seus traços se descontraíam. Ela conseguia impor-se. O rosto se metamorfoseava, chegando a parecer mais cheio, mais redondo. No fim, abrindo um largo sorriso, ela estava resplandecente em meio aos bravos.

Na época, Brigitte ainda não era capaz de apreciar um ser tão fabulosamente comovente. Preferia o jazz despreocupado de Sacha Distel, que a acompanhava naquela noite na ópera. De forma confusa, Brigitte fora sensível ao drama representado no palco, assim como Yves Saint Laurent, o magricela de óculos de aro de metal que acabava de suceder a Christian Dior nos ateliês de alta-costura da avenue Montaigne.[4] Depois de se tornarem estrelas, os dois haveriam de se defrontar com o mesmo monstro: a expectativa desumana do público. Com o medo de não se mostrar à altura.

Se Brigitte Bardot e Maria Callas não chegaram a se conhecer, certamente pensavam a mesma coisa da glória, esse "luto resplandecente da felicidade" de que fala Madame de Staël. Seja como for, é o que pensa Brigitte. Depois de fartar-se dela, La Callas refugiou-se numa solidão que provavelmente a matou. Marilyn, Dalida, Jean Seberg e Romy Schneider puseram um ponto final em suas vidas. Marlene Dietrich acabou abandonada. Que grande fraude, a celebridade! Sedutora armadilha! Tendo permanecido uma burguesa, Brigitte foi protegida por uma educação bem terra a terra, ligada às coisas tangíveis. Quando pensamos que nesse mesmo momento, na Universidade de Londres, alunos estudam sua trajetória num curso...

"Quando Brigitte Bardot aceitou ser a estrela do filme de Godard, era a atriz europeia mais famosa de todos os tempos. Haverá quem considere que esse título nunca deixou de ser seu. Este curso vai estudar o processo através do qual Bardot, apesar de ter participado de um número relativamente pequeno de filmes, veio a encarnar a mulher moderna do pós-guerra." A atriz europeia mais famosa de todos os tempos não está nem aí. Ouvindo a Radio Classique, ela prepara o almoço. Coisas simples e vegetarianas, bem ao seu gosto. No cesto, ela trouxe *Le Figaro*. Se tiver tempo, vai fazer as palavras cruzadas.

Essa terra selvagem de 4 hectares à beira-mar foi adquirida por ela há trinta anos, para fugir dos excursionistas. No verão, La Madrague, monumento nacional, faz parte do circuito turístico. A toda hora, um barco de turismo passa diante da casa com comentários no megafone. Em terra, os ônibus desfilam. Para a casa de La Garrigue, o projeto foi desenhado pela própria Brigitte. Escondida entre as árvores, a cabana dos Sete Anões não pode ser vista nem mesmo do mar. No alto da propriedade, Jicky pousou uma cabana que com o tempo se transformou numa casa de verdade, com piscina. Ele era o irmão mais velho que ela não teve. Dava-lhe livros bem complicados. *A vida dos mestres*, de Baird Thomas Spalding, que era seu livro de cabeceira. Ou *Cartas a um jovem poeta*, de Rilke. Até sua morte, Brigitte o encontrava no caminho diante da capela. Jicky morreu em casa em La Garrigue, tomando chá em sua sensacional varanda dando para o mar.[5] Quando discutiam, Brigitte e ele ficavam brigados, Robinsons Crusoés mal-humorados se ignorando a poucos metros um do outro. Os homens que ela amou levam vida de misantropos: Sami Frey e Jean-Louis Trintignant só se apresentam sozinhos no palco. Seus dois príncipes encantados continuam donos das mais belas vozes do teatro e do cinema. Será que continuam gostando muito de música?

As duas casas de Brigitte são inundadas por melodias clássicas o dia inteiro. Vivaldi, Haydn, Bach, Mozart. Brigitte detesta a multidão, está sempre em busca da calma. Rádio sintonizado na Radio Classique dia e noite, ela vive mergulhada em música. A primeira música que a marcou foi a de *Branca de Neve e os sete anões*, quando era criança. Quando o filme foi lançado na França, ela tinha quatro anos. *Um dia meu príncipe virá...* Ela queria viver nesse desenho animado, em plena floresta, cercada de animais. Como em La Garrigue.[6] Adolescente, ouvia rumbas e chá-chá-chás. Aos poucos, os homens de sua vida lhe abriram os ouvidos. Raf Vallone a encantou com o "Concerto para dois violinos" de Bach, explicando que o adágio fora inspirado pela respiração humana. Aquele sopro calmo e suave a levava longe. Sacha a iniciou no jazz: Sarah Vaughan, Claude Luter, Henri Crolla, Miles Davis, Stéphane Grapelli. Sami a encantou com o adágio do "Concerto para clarinete" de Mozart. Bob Zagury, com a bossa nova, tão despreocupada. Chico Bouchikhi, o criador dos Gipsy Kings, com a música cigana.

Diariamente, Brigitte Bardot telefona a Frank para acertar as coisas. Há vinte anos ele administra seus telefonemas, seus deslocamentos e sua correspondência. Dá-lhe notícias da Fundação, uma organização a serviço dos "animais do mundo inteiro", como prometido. Cães, gatos, gansos, papagaios, lobos, patos, crocodilos e tartarugas, vacas, galos de briga, galinhas de granja, touros de tourada, carneiros degolados sem eletronarcose no Aid el-Kebir, cabras em fim de linha, elefantes de circo, baleias e golfinhos, abelhas vítimas de inseticidas e mesmo o coral, animal primitivo que combate o aquecimento atmosférico. "Trabalhamos por todos os animais do mundo, no mundo inteiro", diz ela, garota onipotente que nunca desistiu.

Frank responde a uma parte da correspondência de Brigitte. Cinquenta cartas chegam diariamente a La Madrague e quatro vezes mais à Fundação. Frank é sua interface com a vida real, pois Brigitte, resistente à tecnologia, nunca usa computador. Ex-mordomo, ele preservou, na profissão, um hábito estrito de reserva e discrição. Já agora a serviço de uma pessoa única e de uma causa, ele sabe tudo de Brigitte, que o considera como um filho, com ele mantendo uma relação simbiótica. Em 8 de maio de 2011, quando Gunter partiu deste mundo, foi ele quem lhe deu a notícia, indo em seguida ao seu encontro em La Madrague. É uma das raras pessoas que hoje têm acesso a sua intimidade. Ela estivera com Gunter pela última vez na comemoração dos vinte anos da Fundação no Théâtre Marigny.[7] Transformado num velho urso-branco, "Planti" fora cumprimentá-la. Com muito tato, ele se matou na ausência dos entes queridos, depois de escrever uma carta de despedida em seu MacBook. Gunter queria fugir da "doença sem cura A.", um Alzheimer, e da perda de controle intelectual sobre a própria vida, que considerava algo indigno. "Essa ameaça sempre foi para mim o único critério para pôr fim à vida", escreve ele. O gesto de um aristocrata que recusa a decrepitude. Um sol de primavera iluminava seu funeral em Gstaad. Corbelhas de flores deslumbrantes chegavam de toda parte. Bela e esbelta num vestido preto, a loura Mirja o acompanhou até o cemitério de Saanen. Fiel na amizade como no amor, Gunter estava cercado dos seus. Vadim por sua vez morreu em 2000. O mesmo ano que Christian Marquand, seu quase-irmão.

Brigitte tem um temperamento de cão, e as coisas não melhoram. "Quando ela tem um de seus ataques, é impressionante", diz Frank. Do outro lado da França, tudo para. Na rue Vineuse, nem uma mosca ousa voar, os cães ficam paralisados, os gatos recolhem as garras. É raro, pois Brigitte não gosta de conflito. Nem tampouco seus jovens colaboradores. Sensíveis ao sofrimento animal desde a infância, graças aos programas SOS-Animais apresentados por Brigitte,[8] os *Bardot's boys* sabem temperar os excessos da patroa. "O confronto constante não permite que o trabalho avance. No trato com as autoridades, os ataques precisam ser alternados com algum tipo de troca", diz Christophe Marie. A indignação fica por conta dela, o diálogo, deles. "Brigitte pode dizer coisas terríveis e ao mesmo tempo sabe ser diplomática. Ela é capaz de trocar realmente." Como todos os jovens especialistas de que se cercou, Christophe Marie sabe que ela é uma mulher complexa, capaz de dizer tudo e o contrário. Mas nada se faz na Fundação sem sua concordância. Ela tem uma frase mágica: "Não consigo sentir. Não quero." Eles gostam dela e a respeitam. Galinha-mãe, Brigitte manda presentinhos de aniversário, champanhe no Natal, lírios no 1º de maio.

Sua fortuna, administrada com perspicácia, permite-lhe viver confortavelmente, apesar de ter doado a maior parte de seus bens à fundação. "Ainda tenho dinheiro do tempo em que trabalhava. Foi aplicado. E por sinal estou sujeita ao imposto sobre grandes fortunas", declarou a Henry-Jean Servat. Sua educação materialista a protegeu.

"Não tenho redes de lavanderias, como disseram. Não tenho nenhuma outra fonte de renda, apenas os livros que escrevi e que, por sorte, venderam muito bem, na França e no exterior, em trinta países, se não me engano! O primeiro quase chegou a 1 milhão de exemplares vendidos." Sem chegar a ser rica, ela tem uma situação suficientemente confortável para ajudar os outros. Pessoas abandonadas, especialmente velhinhas. Deu um teto até o fim da vida a Maguy e Odette, sua dublê e sua maquiadora, em Boulogne.

Em sua mesa de trabalho em La Garrigue vê-se a pilha de cartas a que deve responder. Ela cuida do diálogo com as autoridades. Brigitte escreve ao procurador de Montbéliard para que poupe gamos ameaçados de abate, ao prefeito de Boulogne para recomendar um bull-terrier trancado por ter mordido uma criança, ao presidente da France Télévisions para protestar contra o tratamento infligido aos animais na gravação de um programa. À rainha da Dinamarca para denunciar a caça aos golfinhos nos fiordes das ilhas Feroe. Seu veleiro de alta velocidade, o *Brigitte Bardot*, embarcação furtiva de 40 metros de comprimento, foi mobilizado nessa campanha. Nele tremula a bandeira com caveira da associação Sea Shepherd, protetora das espécies marinhas. Cinza metalizado como uma embarcação de guerra, o *Brigitte Bardot* deixa bem claras suas intenções belicosas: proteger os grandes mamíferos marinhos, se necessário atacando as embarcações inimigas. Militante polêmico por seus métodos radicais,

Paul Watson, o fundador do Sea Shepherd, assume o afundamento de nove baleeiros. No polo Sul, seus tripulantes atacam os barcos-usinas com uma espécie de kalachnikov ecologista carregada de bombas de manteiga rançosa. Seu anterior catamarã, o *Ady Girl*, barco de carbono kevlar de 1 milhão de dólares, acabou no fundo do mar, alvejado por um baleeiro japonês. Ele é financiado pela Fundação Bardot. Brigitte conheceu Paul no Canadá. Na foto de recordação tirada no acampamento de Belle-Île em 1977, o grandalhão de macacão azul à direita de BB é Paul Watson. Se ela aprova os métodos desse pirata, é porque ele ataca o material, e não os tripulantes. Como ela, Watson é um indignado. A "justa indignação" de que falava Yourcenar? Ou uma indignação com a espécie humana. Watson é um sujeito corajoso, sincero e completamente destituído do senso da nuance. Como ela.

Na correspondência que chegou pela manhã, Brigitte encontra perguntas sobre sua carreira cinematográfica e pedidos de autógrafos. Como não tem secretária particular, François Bagnaud cuida dessas cartas. Em caso de demandas de caráter pessoal, ela se recusa a usar os serviços da Fundação, reservada aos animais.

As cartas mais íntimas, confissões, pedidos de conselhos, merecem resposta pessoal sua, até o pôr do sol. Com a caneta de feltro azul, em sua caligrafia grande e redonda, assinando com uma margarida de sete pétalas. No Natal e no Réveillon, em 23 de julho, dia de santa Brígida, ou em 28 de setembro, dia de seu aniversário, a correspondência chega a La Madrague em grandes sacos postais.[9]

Brigitte Bardot não aparece mais em público. Quando lhe foi dedicada uma exposição em Boulogne, seu marido a visitou sozinho. Sua trajetória reconstituída com documentos e objetos. Os filminhos feitos pelo pai quando ela era criança, com sua Pathé Baby, seus vestidos, seus carros. Quadros de Warhol e pulseiras de três cores, mimos de Gunter. Ela se sentiu orgulhosa e atormentada. Sua vida inteira de uma só tirada. A juventude, os amores, o momento em que tudo brilha. Vendo seus vestidos expostos numa retrospectiva, Yves Saint Laurent desmaiou nos corredores do Metropolitan Museum de Nova York.

Os amigos de Brigitte, Henri Tisot, François, Frank, Bernard, fizeram-lhe relatos entusiásticos. Na entrada da exposição, a foto radiante de Brigitte no volante de um Floride deixou Nina Companeez tão impressionada que ela escreveu à amiga. "É perfeitamente compreensível que você tenha alcançado toda essa glória. Você era radiante em sua juventude, em sua beleza. Um sol parecia brilhar dentro de você." Essa imagem publicitária da Renault simboliza o elã, a energia, o dinamismo milagroso dos Trinta Gloriosos anos da reconstrução europeia no pós-guerra, de que Brigitte Bardot era o rosto. Brigitte respondeu com uma carta dolorosa. Confessava sua solidão e seu fraco desejo de viver. Ela nunca foi capaz de dominar a solidão. Uma saudade da terra natal que lhe aperta a garganta. De uma terra natal que não existe, que nunca existiu e que ela nunca deixou de buscar. Cada pessoa desenvolve sua estratégia para enfrentar a vida. Ao expulsar Brigitte do paraíso da infância, seus pais a obrigaram a recalcar muito fundo sua dor, para não desmoronar. A vida inteira ela parece ter lutado contra o aniquilamento. Bernard d'Ormale a acompanha, mas isto não altera o sentimento de abandono. Com suas escolhas, ela o acentuou. Vive exilada, na fronteira do circuito social, professando ideias que agravam seu isolamento. Se Brigitte se orgulha ao ver uma exposição dedicada a sua trajetória ainda em vida, o contraste entre essa celebração e sua própria solidão tem algo de pungente. Quando está triste demais, ela fica vendo bobagens na televisão e bebendo uma taça de champanhe.[10] Todo ano, a 11 de janeiro, chora. O dia do aniversário de Nicolas. Felizmente, ela ama as árvores, que retribuem à altura. Nos dias de tristeza, ela pratica um gesto animista muito próprio. Abraçando um tronco, encosta a têmpera ou a testa na casca. A vida interior da árvore se espalha nela e ela ganha força. No próprio coração da natureza, vai buscar a sua seiva.

Mais uma vez, ela se regozija por se ter libertado a tempo da ratoeira do cinema para cuidar dos animais. Salvou animais, mas eles também a salvaram. De uma carreira que ameaçava devorá-la, conseguiu sair-se da melhor maneira possível. Desgastada, certamente. Misantropa, talvez. O ódio do gênero humano é um antídoto. Mas viva e útil. Ela tem todos os defeitos e todas as virtudes dos franceses. Suas fraquezas saltam aos olhos. Vez por outra, mostra-se altiva e desdenhosa. Seu jeito é rude: se exalta, se impacienta, intimida, provoca. Ela não sabe agir de outra maneira. E não o esconde. Ela é humana.

Notas

I love Bardot

1. Ela disse o mesmo numa entrevista coletiva em Veneza, *Time Magazine*, 15 de setembro de 1958.
2. Fiquei muito impressionada quando a conheci, por seu charme, claro, como todo mundo, mas também por sua mesa estar coberta de relatórios, por se mostrar muito bem informada", disse Marguerite Yourcenar. Debaixo de chuva torrencial, pouco depois de ser eleita para a Academia Francesa, a escritora tinha visitado Brigitte Bardot em La Madrague.
3. Jean Cocteau, *Mes monstres sacrés*, Éditions Encre, 1979.

Como Brigitte inventou a beleza de Bardot

1. Já a fábrica Bardot fica na rue du Pilier, 18, em Aubervilliers.
2. Brigitte Bardot, *Initiales B.B.*, Grasset, 1996, p. 373.
3. Marcel Aymé, "La patte du chat", *Nouvelles complètes*, Quarto Gallimard, 2002, p. 903.
4. Bardot, *Telle Quelle*, 19 de dezembro de 1982.
5. Brigitte Bardot, *Initiales B.B.*, op. cit., p. 36.
6. Bardot, *Telle Quelle*, 19 de dezembro de 1982.
7. Jean-Max Riviére, conversa com a autora, 2003.
8. Jean-Max Rivière, conversa com a autora, 2003.
9. Brigitte Bardot, *Passion Classique* (Olivier Bellamy), Radio Classique, 2 de outubro de 2009.
10. Brigitte Bardot, *Initiales B.B.*, op. cit., p. 39.

A GAROTA QUE BRILHA

1. Nadine Trintignant, *Ton chapeau au vestiaire*, Fayard, 1997.
2. *Cinémonde*, nº 1148, 5 de agosto de 1954.
3. "Leurs reins féconds sont pleins d'étincelles magiques": Charles Baudelaire, "Les chats", *Les Fleurs du mal*, 1857.
4. Roger Vadim, *Les Mémoires du diable*, Stock, 1975.
5. Lorde Byron, *She walks in beauty*, 1814.
6. Roger Vadim, *D'une étoile l'autre*, Éditions nº 1, 1986, p. 18.
7. Leslie Caron, conversa com a autora, 21 de junho de 2011.
8. A população francesa recebia cupons e tíquetes de racionamento em função da idade: J1 de três a seis anos completos, J2 de seis a doze anos e J3 de treze a 21 anos.
9. *Pour Elle*, a antecessora, fora fundada em 1940.
10. Segundo Raymond Cartier na *Paris Match*, nº 506, 20 de dezembro de 1958.
11. Leslie Caron, conversa com a autora, 21 de junho de 2011. As mulheres acham as cartas de Vadim tão poéticas que têm dificuldade de descartá-las. Leslie destruiria as suas ao se casar... para logo vir a lamentá-lo.
12. Roger Vadim, *Les Mémoires du diable*, op. cit., p. 101.
13. Observação equivocadamente atribuída por Raymond Cartier a Marc Allégret, *Paris Match*, nº 506, 20 de dezembro de 1958.
14. *Telle Quelle*, 19 de dezembro de 1982.
15. Danièle Delorme, conversa com a autora, 3 de março de 2011.
16. Lilou Marquand, conversa com a autora, 14 de novembro de 2011.
17. Nadine Trintignant, conversa com a autora, 14 de novembro de 2011.
18. Roger Vadim, *Les Mémoires du diable*, op. cit., p. 108.
19. De 15 de maio a 26 de junho de 1952.
20. www.brigittebardot.eu, Bruno Ricard, outro fã, possui 12 mil revistas, mil e duzentos discos de vinil, 300 mil fotos e 120 mil objetos BB. Ele próprio pode ser considerado um bibelô BB, pois seu corpo tem tatuada uma efígie de Bardot.
21. Leslie Caron, *Une Française à Hollywood*, BakerStreet, 2011, p. 83.
22. Leslie Caron, conversa com a autora, 21 de junho de 2011.
23. Os dados são contestados. Segundo os historiadores, vão de 11 mil a 80 mil mortos.
24. Roger Vadim, *D'une étoile l'autre*, op. cit., p. 266.
25. *Paris Match* nº 506, 20 de dezembro de 1958.
26. Pascal Thomas, conversa com a autora, janeiro de 2010.

27. Yves Robert, *L'Homme de joie*, Flammarion, 1996.
28. Danièle Delorme, conversa com a autora, 3 de março de 2011.
29. Pascal Thomas, conversa com a autora, janeiro de 2010.
30. Roger Vadim, *Le Goût du bonheur*, Fixot, 1993.
31. Brigitte Bardot, conversa com a autora, 13 de novembro de 2011.
32. Jeffrey Robinson, *Bardot*, L'Archipel, 1994, p. 179.
33. Em 1958 e 1959.
34. Pierre Billard, *André Gide — Marc Allégret*, Plon, 2006, p. 301.
35. Roger Vadim, *D'une étoile l'autre*, op. cit., p. 31.
36. Jean-Max Rivière, conversa com a autora, 2003.
37. Jeffrey Robinson, *Bardot*, op. cit., p. 49.
38. John Coldstream, *Dirk Bogarde. The Authorised Biography*, Weidenfeld and Nicolson, 2004, p. 195.
39. Roger Vadim, *D'une étoile l'autre*, op. cit.
40. Jeffrey Robinson, *Bardot*, op. cit., p. 49.
41. Que não ignorava suas atividades na Resistência. Patrick Buisson, *1940-1945 Années érotiques. Vichy ou les infortunes de la vertu*, Albin Michel, 2008, p. 159.

E DEUS CRIOU A MULHER

1. *Paris Match*, nº 99, 7 de junho de 1952.
2. Christian Brincourt, entrevista com Brigitte Bardot, *Paris Match*, nº 3225, 24 de fevereiro de 2011.
3. Sarah Leahy, *The Matter of Myth, Brigitte Bardot, Stardom and Sex*, French Cultural Studies, 2003.
4. *Actuel 2*, 9 de abril de 1973.
5. André Halimi, entrevista com Jean-Louis Trintignant, 7 de outubro de 2005, Editing Productions.
6. Lilou Marquand, conversa com a autora, 14 de novembro de 2011.
7. Brigitte Bardot, Europe 1 (por ocasião de seu aniversário de 75 anos).
8. Jeffrey Robinson, *Bardot*, op. cit., p. 43.
9. Jane Fonda, *Ma vie*, Pion, 2005, pp. 152-153.
10. Mylène Demongeot, conversa com a autora, 15 de julho de 2011.
11. Danièle Delorme, conversa com a autora, 3 de março de 2011.
12. *Point de vue — Images du monde*, nº 582, 7 de agosto de 1959.
13. André Halimi, entrevista com Jean-Louis Trintignant, 7 de outubro de 2005.

14. André Halimi, entrevista com Jean-Louis Trintignant, 7 de outubro de 2005.
15. *Arts*, 5 de dezembro de 1956.
16. *France-Observateur*, 13 de dezembro de 1956.
17. Françoise Sagan e Ghislain Dussart, *Brigitte Bardot*, Flammarion, 1975.
18. Mylène Demongeot, conversa com a autora, 15 de julho de 2011.
19. *Actuel 2*, 9 de abril de 1973.
20. *Paris Match*, nº 506, 20 de dezembro de 1958.
21. Estatística INSEE.

Brigitte versus Marilyn

1. Brigitte Bardot e Henry-Jean Servat, *Vies privées*, Albin Michel, 2006.
2. Brigitte Bardot, *Telle Quelle*, 19 de dezembro de 1982.
3. Arquivo Pathé.
4. Brigitte Bardot, *Initiales B.B.*, op. cit., p. 140.
5. Paul O'Neill, "A lot more than meets the eye, Critics contrary, B.B.'s appeal is not limited to her body", *Life*, 30 de junho de 1958, p. 57.
6. Norman Mailer, *The White Negro*.
7. "O que é ainda menos suscetível de ser aprendido é a compreensão moral do retratado — uma ágil habilidade que estabelece comunicação com o modelo, leva a entendê-lo e observar seus hábitos, em suas ideias, em função de seu temperamento, e permite fornecer, não de maneira banal nem casual uma indiferente reprodução plástica ao alcance de qualquer servente de laboratório, mas a aparência mais familiar e favorável, a aparência íntima. É o lado psicológico da fotografia, expressão que não me parece pretensiosa." *Catalogue de l'exposition Nadar*, Nancy.
8. Simone Duckstein, conversa com a autora, 26 de outubro de 2010. *Hôtel de La Ponche, un autre regard sur Saint-Tropez*, Simone Duckstein, Le Cherche-Midi, 2008.
9. Henry-Jean Servat, *La Légende de Saint-Tropez*, Assouline, 2003.
10. Na Exposição Universal de Bruxelas, nesse mesmo ano, o pavilhão do Vaticano dedica uma sala ao Bem — os santos, os milagres — e uma outra é reservada à perversidade do Mal — o demônio, a luxúria. Nesta, uma foto de BB dançando o mambo endiabrado de *E Deus criou a mulher* simboliza o vício. A imagem e a vida da atriz são associadas ao escândalo, à imoralidade, ao pecado da carne, à depravação. Católica convicta, Bardot fica magoada, mas sua aura com isto brilha ainda mais.
11. *Ciné Revue*, nº 53, de dezembro de 1963.

12. Anne Dussart, conversa com a autora, 2003.
13. Jean Durieux e Patrick Mabe, *Les Dossiers secrets de* Paris Match, Robert Laffont, 2009.
14. Paul Giannoli, conversa com a autora, 2010.
15. Em Hollywood, os produtores tinham tentado em vão impedir que Dietrich mencionasse a filha. Uma jornalista fez-lhe uma pergunta sobre os boatos a este respeito. "Como poderia esperar que eu negasse uma coisa dessa natureza? Eu jamais seria capaz de dizer que não tenho um filho."
16. Jacques Charrier, *Ma réponse à Brigitte Bardot*, Michel Lafon, 1997.
17. Paul Giannoli, conversa com a autora, 2010.
18. *Jours de France*, n° 445, 25 de maio de 1963.
19. José-Louis Bocquet e Marc Godin, *Clouzot cinéaste*, Horizon Illimité, 2002.
20. Roger Vadim, *D'une étoile l'autre*, op. cit., 1986.
21. Roger Tailleur, revista *Positif.*

CANTO, LOGO EXISTO

1. Jean Durieux e Patrick Mahé, *Jean-Louis Trintignant, Les Dossiers secrets de* Paris Match, op. cit., p. 46.
2. Paul Giannoli, conversa com a autora, 2010.
3. Brigitte Bardot, "Sidonie", 1962 (letra de Charles Cros).
4. Claude Bolling, conversa com a autora, 2003.
5. Jean-Max Rivière, conversa com a autora, 2003.
6. Brigitte Bardot, "La Madrague", 1963 (letra de Jean-Max Rivière / música de Gérard Bourgeois).
7. Brigitte Bardot, "Un jour comme un autre", 1964 (letra de Jean-Max Rivière / música de Gloria Lasso e Gérard Bourgeois).
8. Jeffrey Robinson, *Bardot*, op. cit., p. 153.

UMA FILHA DO SEU TEMPO

1. Ou como os protagonistas de *Rendez-vous de juillet (Eterna ilusão)*, filme de Jacques Becker, fascinados pela América dos fliperamas, do jazz, dos jeans e das camisas de lenhador. Ver Pierre Maillot, *Les Fiancés de Marianne, la société française à travers ses grands acteurs*, Le Cerf, 1996.
2. Laurent le Forestier, *Revue d'histoire moderne et contemporaine* n° 51-4, 2004.
3. Os acordos assinados por Léon Blum e James Byrnes concedem à França crédito internacional de 650 milhões de dólares, mais 720 milhões sobre os

excedentes americanos. Além disso, uma parte da dívida francesa (2 bilhões de dólares) frente aos Estados Unidos é anulada.

4. Como demonstra Kristin Ross em *Rouler plus vite, laver plus blanc, modernisation de la France et décolonisation au tournant des années soixante*, Flammarion, 2006.

5. "Quando eles surgiram nas telas europeias, objetos banais e comuns adquiriram toda a força da evidência", escreve Kristin Ross em *Rouler plus vite, laver plus blanc...* , op. cit.

6. Roland Barthes, *Oeuvres complètes*, tomo 1, Seuil 1993, p. 1135.

7. Em 1962. A moda das revistas femininas vem do pré-guerra. Em 25 de agosto de 1939, a *Marie-Claire*, revista fundada por Jean Prouvost, teve uma tiragem de 800 mil exemplares. Ler a propósito Patrick Buisson, *1940-1945 Années érotiques, Vichy ou les infortunes de la vertu*, op. cit.

8. Pesquisa IFOP em 1965.

9. Em 1966, o prêmio Neimann Marcus seria concedido a Hélène Lazareff, considerada "a pessoa de maior influência no que as mulheres vestem na Europa e agora também nos Estados Unidos". Não só no que elas vestem, mas também no que pensam. O que era de esperar. Se 30 a 50% das páginas da *Elle* são reservados à publicidade, o resto, voltado para a moda (18%), a culinária, a decoração (6%), reportagens (11%), beleza, consultórios sentimentais (sem a mais leve informação política, econômica, científica), fabrica modelos de beleza e planejamento de atividades sublimados pelas fotos em cores, gradualmente introduzidas.

10. Laure Adler, *Françoise*, Grasset, 2011, p. 98.

11. *Elle*, 15 de janeiro de 1960.

12. Desenhados pelo jovem Yves Mathieu Saint Laurent e fotografados por Nicolas Tikhomiroff. *Jours de France*, nº 284, 23 de abril de 1960.

13. François Nourissier, *Brigitte Bardot*, Grasset, 1960.

14. John Gaffney e Diana Holmes, *Stardom in Postwar France*, Berghahn Books, Nova York, 2007.

15. *Elle*, nº 423, 18 de janeiro de 1954.

16. *Elle*, nº 718, 28 de setembro de 1959.

17. *Citizen K*, verão de 2009.

18. Nas duas décadas de seu reinado, de 1954 a 1974, 25% da superfície de Paris foram demolidos e reconstruídos. Sob a alegação de imperativos sanitários, Montparnasse, Belleville, Bercy, Halles e a região da Place d'Italie são arrasados. Expulsos da capital para dar lugar aos altos executivos, os parisienses

modestos juntam-se nos subúrbios a repatriados da Argélia e imigrantes da África do Norte que chegaram para construir a sociedade moderna. Moram nos conjuntos habitacionais que se multiplicam por iniciativa pública ou privada em toda a periferia e são convidados a embelezar seu interior.

19. *Jours de France*, nº 218, 17 de janeiro de 1959.
20. De 18 de janeiro de 1954.

O DESPREZO

1. Roger Vadim, *Les Mémoires du diable*, op. cit., p. 171.
2. Godard repete o feito ao vivo no programa *Pour le plaisir, Le cinéma selon Jean-Luc*, ORTF, primeiro canal, 6 de janeiro de 1965.
3. *Pour le plaisir, Le cinéma selon Jean-Luc*, ORTF, primeiro canal, 6 de janeiro de 1965.
4. Richard Brody, *Jean-Luc Godard, tout est cinéma*, Presses de la Cité, 2010, p. 204.
5. *Les Cahiers du cinéma*, agosto de 1959.
6. Alain Bergala, *Godard au travail, les années soixante*, Cahiers du cinéma, 2006, p. 154.
7. *Arts*, nº 719, 22 de abril de 1959.
8. *Il était une fois* Le Mépris, documentário de Antoine de Gaudemar, 2009.
9. Richard Brody, *Jean-Luc Godard, tout est cinéma*, op. cit., p. 79.
10. Ibid., p. 205.
11. Godard e Dussart trabalhariam juntos até *La Chinoise*, e sua colaboração cessaria um belo dia sem qualquer motivo, como aliás parece ocorrer com frequência com Godard.
12. Philippe Dussart, conversa com a autora, 16 de novembro de 2010.
13. Se os participantes da entrevista coletiva em Roma se recordam com admiração de seu senso de humor, o fato é que não pude encontrar vestígios dele nos jornais da época. O diálogo aqui reproduzido ocorreu na verdade mais tarde, em entrevista coletiva em Nova York para o lançamento do filme *Viva Maria*.
14. *Jours de France*, nº 445, 25 de maio de 1963.
15. *Cinémonde*, nº 1523, 15 de outubro de 1963.
16. O italiano Osvaldo Civirani também filmou em Capri um documentário sobre a vida da estrela, *Tentazioni Proibite* (*Voluptés diaboliques*).
17. Catherine Rihoit, *Brigitte Bardot, un mythe français*, Olivier Orban, 1986, p. 277.

18. Anne Dussart, conversa com a autora, 2003.

19. Lançado em 1963.

20. "Quatro ou cinco quilômetros a pé, com penhascos em volta, tanto frescor, tanta beleza", recorda-se Piccoli. Alain Bergala, *Godard au travail, les années soixante*, op. cit.

21. Malaparte conta essa história em *A pele*. Malaparte pode ser considerado coautor de sua villa. Ele solicitara ao arquiteto racionalista Libera um projeto de que se valeu para obter o alvará de construção. Embora tenha utilizado ideias de Libera, alterou muito os planos iniciais, constantemente pedindo conselhos aos amigos.

22. Raoul Coutard, conversa com a autora, 14 de março de 2011.

23. Arte, 16 de dezembro de 2009.

24. *Il etait une fois* Le Mépris, documentário de Antoine de Gaudemar, 2009.

25. Richard Brody, *Jean-Luc Godard, tout est cinéma*, op. cit., p. 205.

26. *Numéro*, setembro de 2011.

27. Raymond Guérin, *Du coté de chez Malaparte*, Finitude, 2009, p. 71.

28. *Le Dinosaure et le Bébé*, diálogo entre Fritz Lang e Jean-Luc Godard, 61 minutos, Wild Side films, 1967.

29. Alain Bergala, *Sur un art ignoré, Nul mieux que Godard*, nº 98, coleção Essais, Cahiers du cinéma, 1999.

30. Raymond Guérin, *Du coté de chez Malaparte*, op. cit., p. 14.

31. Antoine de Baecque, *Godard*, Grasset, 2010.

VIVA MARIA

1. Brigitte Bardot, "C'est une bossa nova", 1970 (letra de François Bernheim).

2. O cônsul Ramon Avellaneda.

3. Gregor von Rezzori, *Les Morts à leur place, journal d'un tournage*, Le Serpent à plumes, 2009.

4. *Médias*, nº 8, março de 2006.

GUNTER SEXY

1. Roger Vadim, *D'une étoile l'autre*, op. cit.

2. Roger Vadim, *D'une étoile l'autre*, op. cit.

3. *Die Welt*, 27 de outubro de 2002.

4. Segundo Jerry Kroth, *Conspiracy in Camelot*, Algora, 2003.

5. The Beatles, "Drive my car", 1965 (letra de Paul McCartney).

6. Francine Rivière, conversa com a autora, 7 de março de 2011.

7. Simone Duckstein, conversa com a autora, 26 de outubro de 2010.

8. Francine Rivière, conversa com a autora, 7 de março de 2011.

9. *Die Welt*, em 27 de outubro de 2002, relata a mesma história, situando-a em Deauville.

10. *Nice Matin*, 18 de março de 2010.

11. *Süddeutsche Zeitung*, "Der Man den die Frauen liebten", 26 de outubro de 2005.

12. Gunter Sachs, *Mein leben*, Piper, 2005. Brigitte Bardot, *Initiales B.B.*, op. cit., p. 386.

13. Em junho de 2002, a revista se interessou pelos Riva de Gunter Sachs.

14. *Time Magazine*, 11 de novembro de 1966.

15. Brigitte Bardot, *Initiales B.B.*, op. cit., p. 369.

16. *Jours de France*, n° 615, 27 de agosto de 1966.

17. *Spiegel*, 31 de dezembro de 2005.

18. Jeffrey Robinson, *Bardot*, op. cit., p. 145.

19. *Jours de France*, n° 615, 27 de agosto de 1966.

20. Jeffrey Robinson, *Bardot*, op. cit., p. 143.

21. *Süddeutsche Zeitung*, "Der Man den die Frauen liebten", 26 de outubro de 2005.

22. *Spiegel*, 12 de agosto de 1968.

23. Andy Warhol, *Popisme*, Flammarion, 2007, p. 264.

TUTORIAL BARDOT

1. Merle Ginsberg, *Paris Hilton, Confessions d'une heritère*, Michel Lafon, 2005.

2. Victoire Dourreleau, conversa com a autora, 15 de outubro de 2010.

3. *Paris Match*, 8 de agosto de 1958.

4. Bill Harry, *The John Lennon Encyclopedia*, Virgin Books, 2000.

"INITIALS B.B."

1. Em 1969, Brigitte e Sacha Distel seriam testemunhas do sensacional casamento de Josiane Rousset, nascida em 1947, e Albert Debarge.

2. Foi o ator Sady Rebbot, amigo de infância de Bob desde a época de Casablanca, que apresentou Eddy a Bob. Em 1964, Matalon realizou um documentário de 18 minutos sobre Bardot, *À propos d'une star*, no qual mostra sósias da atriz.

3. Eddy Matalon, conversa com a autora, 18 de janeiro de 2011.
4. Bernard Frank, *En soixantaine, chroniques 1961-1971*, Julliard, 1996.
5. Brigitte Bardot, "L'Appareil'à sous", 1963 (letra de Serge Gainsbourg), LP Philips B 77 914.
6. Brigitte Bardot, "Bubble-gum", 1965 (letra de Serge Gainsbourg), EP Philips 437 102.
7. Marie-Dominique Lelièvre, *Gainsbourg sans filtre*, Flammarion, 2008.
8. Ibid.
9. Usadas com pulôver masculino, *Cinémonde*, n° 16661, 4 de outubro de 1966.
10. *Le Figaro*, 18 de novembro de 2001.
11. Eddy Matalon, conversa com a autora, 19 de janeiro de 2011.
12. Michael Houldey, *Faces of Paris, a day in the life of a young director*, BBC, 1968.
13. Jeffrey Robinson, *Bardot*, op. cit., p. 148.
14. Dominique Choulant, *Brigitte Bardot, le mythe éternel*, Autres Temps Éditions, 2009, p. 199.
15. Jeffrey Robinson, *Bardot*, op. cit., p. 149.
16. Gilles Verlant, *Gainsbourg*, Albin Michel, 2000.
17. Dominique Choulant, *Brigitte Bardot, le mythe éternel*, op. cit., p. 202.
18. Bardot canta a versão inglesa de "Comic Strip". Madeleine Bell, cantora soul americana, interpreta as onomatopeias da versão francesa gravada no estúdio londrino Chapel em junho de 1967.
19. Brigitte Bardot, "Ce n'est pas vrai", 1968 (letra de Serge Gainsbourg).
20. Élisabeth Levitsky, *Lise et Lulu*, First editions, 2010.
21. Serge Gainsbourg, "Initials B.B.", 1968 (letra de Serge Gainsbourg).
22. Charles Baudelaire, "Les Bijoux", *Les Fleurs du mal*, 1857.
23. Brigitte Bardot, "Oh qu'il est vilain", 1968 (letra de Jean-Max Rivière).
24. Ele ainda estaria lá, bem à vista, quando visitei o local depois da morte de Gainsbourg.
25. Jeffrey Robinson, *Bardot*, op. cit., p. 155.
26. Ibid., p. 155.

Ressaca

1. *Time Magazine*, agosto de 1968.
2. Em julho de 1965, a *France Dimanche* n° 988 afirmou que Brigitte tivera um caso com o dentista. Mais tarde, ele se casaria com uma de suas admiradoras, a atriz Arielle Dombasle.

3. Gregor von Rezzori.

4. Lista feita com base nos qualificativos que a própria BB se atribui em sua autobiografia.

5. Em 26 de fevereiro de 1967.

6. Roger Vadim, *Les Mémoires du diable*, op. cit.

7. Jacques Charrier, *Ma réponse à Brigitte Bardot*, op. cit., p. 89.

8. *Spiegel*, 19 de março de 2008.

BARDOT'S BOYS

Esta lista oficial foi feita com base nas memórias de Brigitte Bardot.

1. Bernard Frank, *En soixantaine, chroniques 1961-1971*, op. cit.

2. Roger Vadim, *Les Mémoires du diable*, op. cit., p. 177, e Jeffrey Robinson, *Bardot*, op. cit.

3. "Você fechou para sempre uma porta, existe um espelho que o esperará em vão", escreve Borges. O espelho da alteridade.

4. Jeffrey Robinson, *Bardot*, op. cit., p. 177.

5. Bernard Frank, *En soixantaine, chroniques 1961-1971*, op. cit.

BELA E SIMPLES

1. *Numéro*, setembro de 2011.

8. O Jardin de La Closerie, em Saint-Pierre-de-Manneville, pode ser livremente visitado no mês de junho. Tel.: 02 35 32 07 06. Mme Damamme.

3. Com *A verdade* e *E Deus criou a mulher*.

4. O crítico Michel Aubriant, *Paris Presse*.

5. Michel Deville, conversa com a autora, 22 de agosto de 2011.

6. E até Mijanou Bardot em seu primeiro filme, num vestido que infla como um para-quedas.

7. *Le Film français*, janeiro de 1972.

8. Catherine Rihoit, *Brigitte Bardot, un mythe français*, op. cit., p. 333.

9. A própria Bardot o confirma em suas memórias: "Eu que tinha deixado o cinema aos 39 anos para escapar à imagem do envelhecimento de uma mulher que foi bela e assim deveria permanecer para sempre na lembrança de todos", *Le Carré de Pluton*, Grasset, 1999, p. 370.

10. Brigitte Bardot e Henry-Jean Servat, *Vies privées*, op. cit.

11. Nina Companeez, setembro de 2011.

12. Roger Vadim, *D'une étoile l'autre*, op. cit., p. 303.
13. *Ciné Revue*, n° 53, dezembro de 1963.
14. Do outono de 1971 ao inverno de 1972.

Atração animal

1. Dominique Arrieu, o cameraman, e Gilbert Lorot, o operador de som.
2. Hubert Henrotte, conversa com a autora, 8 de fevereiro de 2011.
3. Hubert Henrotte e Jean-Louis Gazignaire, *Le Monde dans les yeux: Gamma-Sygma, l'âge d'or du photojournalisme*, Hachette, 2005.
4. A viagem custou 200 mil francos a Brigitte Bardot. Brigitte Bardot, *Le Carré de Pluton*, op. cit., p. 74.
5. Claude Francis e Fernande Gontier, *Les Écrits de Simone de Beau-voir*, Gallimard, 1979.
6. Segundo Rex Weyler, militante do Greenpeace, *Greenpeace: How a Group of Journalists, Ecologists and Visionaries Changed the World*, Rodale Press, 2004.
7. Thierry Desjardins, conversa com a autora, 11 de fevereiro de 2011.
8. Brigitte Bardot, "Mon léopard et moi", 1970 (letra de Darry Cowl e Hervé Roy).
9. Radio-Canada, 26 de abril de 2011.
10. Louis-Gilles Francoeur, *Le Devoir*, citado por Chantal Nadeau, *Fur Nation: from the Beaver to Brigitte Bardot*, Routledge, 2001.
11. Textos reunidos por H.-S Afeissa e J.-B Jeangène Vilmer, *Philosophie animale, différence, responsabilité et communauté*, Vrin, 2010, p. 183.
12. Jean-Paul Steiger, conversa com a autora, 12 de maio de 2011.
13. Marianne Frey se casaria com Paul Giannoli, o amigo repórter de BB.
14. Brigitte Bardot, *Le Carré de Pluton*, op. cit., p. 56.
15. *Info-Journal*, n° 71, quarto trimestre de 2009, p. 15.
16. Ela contempla então a possibilidade de participar da primeira campanha do Greenpeace no extremo norte do planeta, mas desiste por medo pânico de uma viagem que teria de fazer no ano seguinte.

Jojo ama Bardot

1. "Não aos casacos de pele", dizem 66% das francesas hoje. Pesquisa realizada pela revista *Elle* e a empresa MRC & C de 6 a 20 de abril de 2011, entrevistando 677 francesas de 15 anos ou mais vivendo na França metropolitana (das quais 74% com menos de 35 anos).

2. Jacques Tajan, conversa com a autora, 24 de maio de 2001.

3. Jacques Tajan, conversa com a autora, 24 de maio de 2001.

4. Jacques Tajan, conversa com a autora, 24 de maio de 2011.

5. TF1, noticiário de TV, 18 de junho de 1987, site do Ina.

6. Bernard Pivot, conversa com a autora, outubro de 2011.

7. *Stern*, 17 de novembro de 2005.

8. Brigitte Bardot e Henry-Jean Servat, *Vies privées*, op. cit.

NICOLAS EM PLENO FIORDE

1. Karen Berreby, conversa com a autora, 17 de outubro de 2011.

2. Karen Berreby, conversa com a autora, 17 de outubro de 2011.

3. *L'Officiel Homme*, 1983.

4. *France Dimanche*, 16 de fevereiro de 1964.

5. *L'Officiel de la mode*, nº 656, 1979.

6. Noticiário do canal France 2, 6 de junho de 1997.

7. "Merci Papa Maman", *L'Officiel Homme*, nº 46, 1984.

8. Noticiário do canal France 2, 23 de janeiro de 1997.

9. Cartas divulgadas em noticiário do canal France 2, 6 de junho de 1997.

10. Noticiário do canal France 2, 6 de junho de 1997.

11. Brigitte Bardot, *Initiales B.B.*, op. cit., p. 83.

12. Roger Vadim, *Les Mémoires du diable*, op. cit.

13. Suzanna de Bockay, conversa com a autora, 18 de dezembro de 2010.

14. Jacques Charrier, *Ma réponse à Brigitte Bardot*, op. cit., p. 292.

15. *Libération*, 18 de junho de 1997.

16. Não encontrei qualquer vestígio dessa obra no catálogo da Biblioteca Nacional da França. Nele se encontram, em compensação, alguns discursos de Joseph Goebbels traduzidos para o francês na década de 1930.

17. *Libération*, 18 de junho de 1997.

18. A família Bardot é originária de Ligny-en-Barrois.

19. Noticiário do canal France 2, 6 de junho de 1997.

20. Jean Durieux e Patrick Mahé, *Les Dossiers secrets de* Paris Match, op. cit., p. 44.

21. Bernard Pivot, conversa com a autora, 26 de outubro de 2011.

22. www.livres.rencontres.bardot.barbara.star.over-blog.com/article-premiere-rencontre-avec-colette-renard-64096226.html, blog de François Bagnaud.

23. Françoise Sagan e Ghislain Dussart, *Brigitte Bardot*, op. cit.

24. *Bouillon de culture*, 4 de outubro de 1996.
25. *Le Carré de Pluton*, op. cit., p. 475.
26. Brigitte Bardot, *Le Carré de Pluton*, op. cit., p. 668.
27. Karen Berreby, conversa com a autora, 17 de outubro de 2011.
28. *Libération*, 24 de outubro de 1997.
29. Noticiário do canal France 2, 23 de janeiro de 1997.
30. *Double Jeu*, Antenne 2, 14 de dezembro de 1991.
31. François Bagnaud, conversa com a autora, 31 de janeiro de 2011.

Alô, Brigitte Bardot falando

1. Brigitte Bardot, conversa com a autora, 30 de abril de 2003.
2. Christophe Marie, conversa com a autora, 5 de maio de 2010.
3. *On ne peut pas plaire à tout le monde*, apresentação de Marc-Olivier Fogiel e Ariane Massenet, 12 de maio de 2003.
4. *Médias*, nº 8, março de 2006.
5. Bruno Ricard, conversa com a autora, 12 de agosto de 2011.
6. *Le Monde*, Reuters, AFP, 3 de junho de 2008.
7. Em 23 de dezembro de 2006 no jornal da Fundação.
8. Antoine Bourseiller, conversa com a autora, 14 de setembro de 2011.

Notre-Dame-de-la-Garrigue

1. Em 27 de setembro de 1995.
2. Brigitte Bardot e Henri-Jean Servat, *Vies privées*, op. cit.
3. Charles Gounod, "Je veux vivre", *Roméo et Juliette* (libreto de Jules Barbier e Michel Carré).
4. Esta parte foi redigida com base em depoimento de Brigitte Bardot à Radio Classique, programa *Passion Classique* (Olivier Bellamy), 2 de outubro de 2009.
5. Em 31 de maio de 1996.
6. *Passion Classique* (Olivier Bellamy), Radio Classique, 2 de outubro de 2009.
7. Em 2006.
8. Quatro vezes por ano, com uma espécie de coque 1900 adornado com flores secas, que se transformou em sua marca registrada, ela apresentava um documentário realizado pela Sygma TV e Hubert Henrotte, que a acompanhava à banquisa. O primeiro, *SOS Éléphants*, a 17 de maio de 1989, produzido por Roland Coutas e Jean-Louis Rémilleux, foi assistido por 6,7 milhões de

telespectadores no canal TF1. O sucesso de público foi de tal ordem que a França imediatamente proibiu a importação de marfim.

9. Um recorde foi atingido depois do programa de 2003: quinze mil cartas foram enviadas. Foram necessários três meses para ler todas.

10. Brigitte Bardot, conversa com a autora, 13 de novembro de 2011.

AGRADECIMENTOS

Toda a minha gratidão a Florence Robert por seu valioso e eficiente acompanhamento editorial. Sua precisão, a agudeza de suas intuições e seus estímulos são insubstituíveis. Meu agradecimento também a Jean-Paul Kauffmann e Bertrand Burgalat, por serem eles.

Agradeço a Teresa Cremisi, que consegue o que quer com um sorriso, a Maud Simonnot e Anavril Wollman por seu rigor e bom humor, a Marie-Catherine Audet e François Durkheim por sua entusiástica obstinação, a Jean-François Amel, o preparador azul-turquesa, a Fanny Criton e Grégory Dehooghe por sua paciência, a Soizic Molkhou com seus mocassins alados,

E também a

Emmanuelle Alt, Marc Audibet, François Bagnaud, Patricia Barbizet, Gérard Bastian, Olivier Bellamy e sua assistente Anne, Karen Berreby, Suzanna de Bockay, Jacky Bonnier, Antoine Bourseiller, Serge Bramly, Claire Brière, Christian Brincourt, Miroslav Brozek, Leslie Caron, Frédéric Chaubin, Philippe Collin, Nina Companeez, Raoul Coutard, Anne-Marie Damamme, Albane e Donatienne Damamme, Danièle Delorme, Mylène Demongeot, Thierry Desjardins, Michel Deville, Victoire Doutreleau, Simone Duckstein, Anne Dussart, Philippe Dussart, Caroline Géraud, Paul Giannoli, Frank Guillou, Hubert Henroue, Just Jaeckin, Hans e Laurence Kourimsky, Marie-Hélène Kourimsky, Florence Malraux, M. Maniscalco, Lilou Marquand, Eddy Matalon, Brigitte Mathieu-Saint Laurent, Laurence

Mille, Luc Moullet, Arlette Nastat, Alain Paviot, Helène Plemianikov, Virginie Prévot, Bruno Ricard, Jean-Max e Francine Rivière, Willy e Dominique Rizzo, Christian Rothmeyer, Ariane Rouvet, Jean-Paul Steiger, Jacques Tajan, Jean-Marc Terrasse, Pascal Thomas, Valérie Toranian, Roxane Tota, Nadine Trintignant, Hélène Vager, Olivia de Villers, Bob Zagury.

Agradeço a Mathilde Jounnot, que me ofereceu a maravilhosa hospitalidade da Petite Rivière, seu Walhalla encantado.

BIBLIOGRAFIA

BARDOT, Brigitte, *Initiales B.B., Mémoires*, Grasset, 1996.

_____. *Le Carré de Pluton, Mémoires*, Grasset, 1999.

BARDOT, Brigitte e SERVAT, Henry-Jean, *Vies privées*, Albin Michel, 2006.

CHARRIER, Jacques, *Ma réponse à Brigitte Bardot*, Michel Lafon, 1997.

CHOULANT, Dominique, *Brigitte Bardot le mythe éternel*, Autres Temps Éditions, 2009.

CRAWLEY, Tony, *Bardot*, Henri Veyrier, 1979.

MONTSERRAT, Joëlle, *Brigitte Bardot*, PAC, 1983.

NOURISSIER, François, *Brigitte Bardot*, Grasset, 1960.

RIHOIT, Catherine, *Brigitte Bardot, un mythe français*, Olivier Orban, 1986.

ROBERTS, Glenys, *Bardot*, St. Martin's Press, 1985.

ROBINSON, Jeffrey, *Bardot*, L'Archipel, 1994.

SACHS, Gunter, *Mein Leben*, Piper, 2005.

VADIM, Roger, *Les Mémoires du diable*, Stock, 1975.

_____. *D'une étoile l'autre*, Édition n° 1, 1986.

_____. *Le Goût du bonheur, souvenirs 1940-1958*, Fixot, 1993.

COCTEAU, Jean, *Mes monstres sacrés*, Éditions Encre, 1979.

FRANK, Bernard, *En soixantaine, chroniques 1961-1971*, Julliard, 1996.

SAGAN, Françoise e Dussart, Ghislain, *Brigitte Bardot*, Flammarion, 1975.

ADLER, Laure, *Françoise*, Grasset, 2011.

AUDÉ, Françoise, *Ciné-modèles, cinéma d'elles*, L'Âge d'homme, 1981.

DE Baecque, Antoine de, *Godard*, Grasset, 2010.

BAUDRILLARD, Jean, *La société de consommation: ses mythes, ses structures*, SGPP, 1970.

BERGALA, Alain, *Godard au travail, Les années soixante*, Cahiers du Cinéma, 2006.

Bocquet, José-Louis e Godin, Marc, *Clouzot cinéaste*, Horizon Illimité, 2002.

Braudy, Leo, *The frenzy of Renown, fame and its history*, Random House, 1986.

Brody, Richard, *Jean-Luc Godard, tout est cinéma*, Presses de la Cité, 2010.

Buisson, Patrick, *1940-1945 années erotiques, Vichy ou Les infor-tunes de La vertu*, Albin Michel, 2008.

———. *1940-1945 Années érotiques, De la grande prosti-tuée à La revanche des mâles*, Albin Michel, 2008.

Coldstream, John, *Dirk Bogarde, The Authorised Biography*, Weidenfeld and Nicolson, 2004.

Demongeot, Mylène, *Mémoires de cinéma*, Hors Collection, 2011.

Duckstein, Simone, *Hôtel de La Ponche*, Le Cherche-Midi, 2008.

Durieux, Jean e Mahé, Patrick, *Les Dossiers secrets de Paris Match*, Robert Laffont, 2009.

Francis, Claude e Gontier, Fernande, *Les Écrits de Simone de Beauvoir*, Gallimard, 1979.

Guérin, Raymond, *Du coté de chez Malaparte*, Finitude, 2009.

Harry, Bill, *The John Lennon Encyclopedia*, Virgin Books, 2000.

Henrotte, Hubert e Gazignaire, Jean-Louis, *Le Monde dans Les yeux: Gamma-Sygma, L'âge d'or du photojournalisme*, Hachette, 2005.

Leahy, Sarah, *The Matter of Myth, Brigitte Bardot, Stardom and Sex*, French Cultural Studies, 2003.

Maillot, Pierre, *Les Fiancés de Marianne, La société française à travers ses grands acteurs*, Le Cerf, 1996.

Murat, Pierre, "Les unes, l'autre, les actrices et la naissance du mythe B.B.", *D'un cinéma l'autre*, Éditions du centre Pompidou, 1988.

Nadeau, Chantal, *Fur Nation: from the Beaver to Brigitte Bardot*, Routledge, 2001.

Ross, Kristin, *Rouler plus vite, laver plus blanc, modernisation de la France au tournant des années soixante*, Flammarion, 2006.

Rott, Wilfried, *Sachs-Unternehmer, Playboys, Millionäre*, Heyne Verlag, 2007.

Servat, Henry-Jean, *La Légende de Saint-Tropez*, Assouline, 2003.

Trintignant, Nadine, *Ton chapeau au vestiaire*, Fayard, 1997.

Vadim, Annette e Servat, Henry-Jean, *Les Liaisons scandaleuses*, Le Pré aux Clercs, 2004.

Vincendau, Ginette, "The Old and the New: Brigitte Bardot and the 50's", *The Journal of the Modern Critical Theory Group*, março de 1992, pp. 73-96.

Von Rezzori, Gregor, *Les Morts à leur place, journal d'un tournage*, Le Serpent à plumes, 2009.

WARHOL, Andy, *Popisme*, Flammarion, 2007.
WEYLER, Rex, *Greenpeace: How a Group of Journalists, Ecologists and Visionaries Changed the World*, Rodale Press, 2004.

Brune Blonde, la chevelure féminine dans l'art et le cinéma, catálogo da Cinemathèque française, Skira, Flammarion, 2011.
Philosophie animale, différence, responsabilité et communauté, textos reunidos por Afeissa, Hichan-Stéphane e Jeangène Vilmer, Jean-Baptiste, Vrin, 2010.

Sites

http://www.fondationbrigittebardot.fr
O site da Fundação Brigitte Bardot. Atualizado sobre suas iniciativas.
Fondation Brigitte Bardot, rue Vineuse, 28, 75116 Paris. Telefone 01 45 05 14 60.
François Bagnaud, amigo e colaborador de Brigitte Bardot, tem um blog em overblog.

http://www.brigittebardot.eu
Muito rico em fotografias e capas de revistas é o site de Virginie Prevot, apaixonada pela vida de Brigitte Bardot.

http://brigitte-bardot.over-blog.net
Site de Bruno Ricard, fã nº 1 de BB. Grande colecionador de objetos de Bardot, Bruno Ricard tomou a iniciativa da exposição Bardot montada em Boulogne Billancourt em 2009.

http://bardolatry.proboards.com
Um excelente site anglo-saxão.

Este livro foi composto na tipologia Adobe
Garamond Pro, em corpo 12/16, e impresso em
papel off-white no Sistema Cameron da
Divisão Gráfica da Distribuidora Record.